नान्या

उपन्यास

लेखक की अन्य कृतियाँ

पितृ ऋण

नान्या

प्रभु जोशी

राजकमल प्रकाशन

ISBN : 978-93-87462-35-9

मूल्य : ₹395

पहला संस्करण : 2018

प्रकाशक : राजकमल प्रकाशन प्रा. लि.
1-बी, नेताजी सुभाष मार्ग, दरियागंज
नई दिल्ली-110 002

शाखाएँ : अशोक राजपथ, साइंस कॉलेज के सामने, पटना-800 006
पहली मंजिल, दरबारी बिल्डिंग, महात्मा गांधी मार्ग, इलाहाबाद-211 001
36 ए, शेक्सपियर सरणी, कोलकाता-700 017

वेबसाइट : www.rajkamalprakashan.com
ई-मेल : info@rajkamalprakashan.com

मुद्रक : बी.के. ऑफ सेट
नवीन शाहदरा, दिल्ली-110 032

NANYA
Novel by Prabhu Joshi

बेटे पुनर्वसु और
अबोध बच्चे नान्या और
नानकी के लिए

प्रसंगवश...

दरअसल, 'नान्या', बचपन के मेरे कुछ 'आत्मकथात्मक' अनुभवों के आधार पर, सन् 1976 में लिखी गई, वह कथा-कृति है, जिसमें मालवा के छोटे से गाँव के, एक ऐसे अबोध बच्चे की दारुण कथा कहने की कोशिश की गई है, जिसके सोचने की प्रक्रिया में, अभी हिन्दी की खड़ी बोली का, 'नागर-मुहावरा' दाखिल नहीं हो पाया है। नतीजतन, कथा की संरचनागत चुनौती में, भाषा का एक नैसर्गिक रूपनिष्ठ मुहावरा, जो 'अबोध की अभिव्यक्ति की अधिकतम गढ़न्त' बन सके, खोजना, मेरी प्राथमिक कठिनाई थी।

ठीक आजादी के दिन जन्मे, 'नान्या' की दिक्कत भी यही है कि वह सीमित भूगोल में, पात्रों के बीच, सीमित शब्दों के ढेर को आलचाल करते हुए, अपने 'भीतर' के घनमथन के जरिये, अकेला ही, 'बाहर' के उथलधड़े से उलझता रहता है। अपने माता-पिता से दूर, दादी और बड़े'बा के बीच चलते, उसके दैनन्दिन गुनताड़े में, केवल एक मित्र और घर का कुत्ता है, जो उसकी सम्वेदना और समझ के दायरे में आवाजाही करते हैं। यह कथा-रचना, 'धर्मयुग' पत्रिका के दस अंकों में प्रकाशित होने के लिए, स्वर्गीय डॉ. धर्मवीर भारती द्वारा स्वीकृत की गई थी। लेकिन, उनका बहुत विनम्रता से किया गया, एक आग्रह यह था कि 'हमारे 'धर्मयुग' के पाठकीय भूगोल में, मालवी बोली के कुछ शब्द और सामासिक-पद, अपने अभिप्राय के लिए फुटनोट चाहते हैं, जिन्हें पुस्तक में तो दिया जा सकता है, लेकिन पत्रिका में यह सम्भव नहीं हो पाएगा। अत: आप उनकी जगह पाठकों से यथासम्भव अधिक, तादात्म्य बना सकने वाले शब्द रखकर, इस रचना को अविलम्ब हमें भेज दें।' वह 'आपातकाल' का समय था और कुछ दिक्कतें ऐसी थीं कि मैं इतनी लम्बी कथा-रचना में, तुरन्त कोई उलटफेर कर सकने की स्थिति में नहीं था। फिर नई नौकरी भी ज्वाइन कर ली थी। नतीजतन, मैंने उन्हें एक अन्य रचना भेज दी, जो बाद में, इसके स्थान पर धारावाहिक रूप से प्रकाशित भी हुई।

बाद इसके, मैं आकाशवाणी की नौकरी और जीवन की कई तरह की आपाधापी में उलझ गया जिसके चलते, मेरी कहानी लिखने की निरन्तरता लगभग स्थगित हो गई। कुल मिलाकर तेईस, ऐसी अप्रकाशित कहानियाँ हैं, जो पूरी लिखी जाकर

फेयर कर ली गई थीं, लेकिन, सब की सब जस की तस पड़ी रह गईं और मैं अन्य कामों में लग गया।

इतने बरसों के बाद, बेटे पुनर्वसु ने, अमेरिका से अपनी पी-एच.डी पूरी करने के बाद लौट कर, जब नष्टप्राय कागजों को, बेकदरी से गत्ते के एक बड़े डिब्बे में ठुँसा पाया तो उसने उन्हें निकाला और सभी, प्रकाशित-अप्रकाशित कहानियों को, टाइप करवाया। नतीजतन, चार किताबें राजकमल प्रकाशन को तैयार करके छापने को दे दी हैं। 'नान्या' भी उन्हीं में से एक है।

बहरहाल, प्रस्तुत कथा-रचना, पुनर्वसु के हिसाब से, 'आजादी मिलने के ठीक आस-पास विकास से दूर पड़े, मालवा के छोटे-छोटे से गाँव में जन्मे बच्चे के अबोध मन की, एक ऐसी करुण कथा है, जिसे इतने समय तक अप्रकाशित रख छोड़ना, मेरा अपने विरुद्ध किया गया, एक साहित्यिक अपराध है।' बहरहाल, इतने वर्षों के पश्चात, जब यह प्रकाशन के लिए दी जा रही है तो इसमें कोई भी परिवर्तन नहीं किया गया है। रचना, जस की तस ही है। जो सन् 1976 में लिखी गई थी। बहुत मुमकिन, है कि पाठकों को रचना में आये, कुछ आँचलिक शब्द, अपरिचय से भरे जान पड़ें, लेकिन 'तद्‌भव' शब्दों में, भाषा का मनोरथ, जिस सहजता से वास करता है, उसके चलते, वे 'पाठ' में एक दो बार सामना होते ही, पढ़ने वाले के आगे, अपना आपा खोलकर, उसके परिचय और प्रेम में शामिल हो जाएँगे।

मुझे यह तसल्ली है कि लगभग नष्टप्राय कागजों से उठकर, 'नान्या' अब आपके हाथों में है। इसके लिए, मैं पूरा श्रेय, अपने बेटे पुनर्वसु को देना चाहता हूँ। क्योंकि इसका अधिकांश उसी ने धीरे-धीरे टाइप भी किया। कदाचित् किसी बेटे के लिए पितृऋण से मुक्ति की यह एक छोटी-सी किस्त है। इसके साथ ही, मैं अपने अग्रज कथाकार और मित्र प्रकाश कान्त का भी शुक्रिया अदा करना चाहूँगा, जिन्होंने, मालवी-बोली के उच्चारणों और उसकी ध्वन्यात्मकता से अपने गहरे सरोकार के चलते बहुत मनोयोग से इसकी पाण्डुलिपि को पढ़कर, टाइप सम्बन्धी त्रुटियाँ ठीक कीं। इस रचना के साथ, स्व. भारती जी की भी स्मृति ताजा हो आई। क्योंकि वे 'धर्मयुग' से मुक्त होने के ठीक पहले तक, मुझे पत्र लिखकर, 'नान्या' की याद दिलाते रहे थे कि वह 'धर्मयुग' में छपकर, उसके पाठकों के लिए, एक अनूठा उपहार सिद्ध होगा। यह कथा, मेरे उस गाँव की स्मृति को भी समर्पित, जहाँ आजादी के अड़सठ वर्षों बाद, आज भी कोई मोटर नहीं जाती।

—प्रभु जोशी

नान्या

नान्या, जब पाठशाला से घरे आया, तो ओ'ने देखा कि बैठक के किवाँड़, खाली उढ़के हुए ही हैं और घर के पिछवाड़े से, बड़े'बा द्वारा कुल्हाड़ी चलाने की, खच्च-खच्च की आवाज आ रही है। नान्या को, ये बात माल्लम है कि दादी तो घर में होगी ही नी। बस, ई के वास्ते ही, लगे कि बड़े'बा ने, बाड़े के बँवल्ये और बेर के झाड़ों की, जमके छँटाई करने की सौगन्ध खा ली है।

तभी तो पट्ठे बड़े'बा, पता नी कब से, कुछ न कुछ तो भी काटा-कूटी में भिड़े हुवे हैं।

नान्या ने, धीरप से किवाँड़ खोले और घर के भीतरे आ गया। फिर ओ'ने, दबे पाँव औसारा पार किया और बैठक में पोंहँच के, धीरप से बड़े'बा का बाजोट[1] उठाया। बाद इसके, ओ के तरकीब के साथ, रोटीघर की भीत से भिड़ा दिया और अब, अपने जीमणे वाले हाथ में बस्ता ले के, बाजोट पे चढ़ गया।

बाजोट पे चढ़ के, ओने छींट के पुराने लुगड़े से, दादी के द्वारा बना दिया गया, अपना 'नया-नकोर-सा' लगने वाला, पाठशाला का बस्ता, जिसमें पेम-पट्टी, पोथी और पानी-पोते की शीशी धरी थी, मिट्टी की मोटी भीत में, काफी ऊँची ठुंकी, लकड़ी की खूँटी पे लटका दिया। बाद इसके, वो बाजोट से, धम्मदनी से नीचे कूद पड़ा।

वैसे, एक दफे ओ के, अपने छोटे-छोटे पँजे भी, थोड़े-से उचकाने तो पड़े, पे कामयाबी फटाक-दनी से ही हाथ लग गई। वो, अपनी इस चनिक-सी कामयाबी पे, तनिक-सा खुश भी हुआ। हालाँकि, क्या करो! ओ के, अपना बस्ता, इत्ती-ऊँची खूँटी पे टाँगने के वास्ते, 'बड़े'बा' की बैठक से उनका, वो लकड़ी का चौकोर बाजोट भी, उठाके लाना ही पड़ता है, जिसके नीचे बनी एक पेटी में, बड़े'बा अपना जर्दे का बटुआ, खेती-बाड़ी के हिसाब की वो मोटी वाली पोथी और सुपारी-सरौता वाला डिब्बा—मनेकि, कब तक और क्या-क्या गिनाव? वे तो, ओ में, और भी क-जाणे कँई-कँई, मुलक सारी, अगड़म-बगड़म चीजें, ठूँस-ठाँस के रखते हैं। ये तो, अभी भौतई अच्छा है कि ये बखत में बड़े'बा, अपनी बैठक में नी हैं, पिछवाड़े हैं। वरना तो, फुकट का गफड़ल्ला हो जाता। पिछवाड़े, बाड़े में चल रही खटर-पटर से, ऊ के सम्पट हो गई थी कि बड़े'बा, वाँ पे हैं।

ऐ'का वास्ते, उनको अभी ये काँ माल्लम है? कि पाठशाला से आके, नान्या ने उनका बाजोट उठाया है। नान्या ने, अपनी फिर वो ही जुगत लगाई और बाजोट को,

1. लकड़ी की चौकी

खींच-खाँच के जल्दी से ओ के, वापस जहाँ से उठाया था, वहीं का वहीं ही रख भी दिया है। नान्या, इस समै, खूँटी पे अपना झोला टाँगने के बाद, बैठक की जीमणे हाथ की भीत में बने झरोखे में, आके नज-मजे से बैठ गया। और अब दूर-दूर तक सेरी में देखता हुआ, दादी की बाट देखने लगा। क्योंकि, दादी येई सामने वाली सेरी से ही तो घर आती है।

दादी बड़े'बा के, इस बाजोट को ले के, सही कहती है—'अरे नान्या...! थारा बड़ा'बा तो बाजोट का वास्ते, ऐसी कालजी करे, जनेकि, इना बाजोट की पेटी में, उनने अपना पराण भी बन्द करी के धरी रखिया है।' पर, बड़े'बा ऐसे हैं कि बस इत्ती-सी ही बात पे पिन्नाटे में आ जाते हैं और सेरगामी बोली में, घाँघड़ल्ले पाड़ के, दादी से कहते हैं—'अरे, दयाराम की माँ ऽ...सुन रई हो...! बैठक से मेरे बाजोट को, कमबखत कौन और क्यों उठा के ले गया?' दादी मार अपनी चिढ़ में ही, बड़े'बा के बारे में बेल्कुल भी गलत नी कहती है—'नान्या, उनकी, ये ऐसेई ऐब्लई ज है कि ऊ'ई, रजीक-सी बात को, जमाना भर में, रापट-रौल्या[1] मचई दे है, रे। अरे, बाजोट, इना घर से जायगा भी तो काँ जायगा... ?...ऐं... ? यहीं'ज कहीं होगा, नी? पे, इत्ती देर में ज, ई आक्खो घर माथा पे तोकी ले...।'

पर, अब कोई अग्गे आ के, उसको बताय कि आखिर, वो खुद भी ऐसे में करे तो भी, भला क्या करे... ? और येल्लो...! अब बड़े'बा को कुण और कैसे बताये कि बाजोट पर चढ़ने के बाद ही, ये वाली खूँटी तक, उसके हाथ पोंहँच पाते हैं...!

पहले तो उसको, इस बाजोट पे चढ़ने के बाद भी, पीतल का, वो छोटा वाला भगौना[2], बाजोट पे औंधा रखना पड़ता था, जिसमें, दादी घर के गाय-बैल होण के खाने के वास्ते, रात का बाँटा[3] गलाया करती है। बाद इसके भी, ओ के अपनी ऐड़ियों को भी, भौतई ऊँची करना पड़ती थी। तब कहीं जाके, वो घणी मुश्किल से, अपने इस बस्ते की बद्दी को, खूँटी पर हिलगा पाता था। पर, अब ऐसी कोई कट-कट नी है। बस, थोड़ा-सा उठँग भर होना पड़ता है और बस्ता फटाक-दनी से, खूँटी पे लटक जाता है। दादी, भगवान् की कोई सौगन्ध खाये बिना भी कहती है—पे, सही ही कहती है कि ये सब, ओ'से बस इसी कारणे ही हो पा रहा है, क्योंकि, वो बिन-भूले रोज पण्डा-सेरी वाले परताब'बा गाडरी के घर जाके, ऐन सुभे में, बकरी का आक्खा गिलास भर के, काच्चा दूध पीता है।'

वो, ये सोच-सोच के, कभी-कभी तो भौतई चक्कर घिन्नी हो जाता है कि दादी को, ये सब की सब बातें, पेहले ई से कैसे पता रहती हैं... ? कहती है—'देख, नान्या! भैंस का दूध में नेंठूई[4] आलस भर्यो है, अने बकरी का दूध में रै है, भौतई फुर्ती। भले'ई अब तू ही देख, ओ'को पाड़ो, अपनी माँ को दूध धई के पड़ियो रै, अने बकरी को बच्चो, बाटे-बाट बगटुक-बगटुक भागे।' ठीक कहती है, दादी। एकदम, सौ-टँच।

1. हंगामा, 2. पतीला, 3. पशु आहार, 4. सर्वथा

वो, जब से बकरी का कच्चा दूध पीने लगा है, तब से, वो गाँव की गरवट[1] में, अपनी काबरी गाय के पूँछड़ी उठा के भागते केड़े के साथ-साथ, एकदम फर्राटे से दौड़ लेता है। केड़ा भी पट्ठा, खूब दुड़की पे दुड़की लगाता जाता है... । जबकि, किसन काकू तो उस से दौड़ में, कित्तेई तो भी पीछे रै जाते हैं। उनकी तो दौड़ने में, नेंठूई फें-फें हो जाती है। क्योंकि, वो बकरी का दूध नी पीते हैं। कहते हैं—'भई, नान्या ! बकरी का दूध में म्हारे तो हीक भौत आवै...अरे, और तो और म्हारा छोरा, छगन के भी हीक आवै रै। छगन तो है ही गेलसप्पा, पे किसन काकू तो नी हैं।'

दादी, नान्या को आगुन की राख से खूब चमका के, पीतल का वो बड़ा वाला गिल्लास, सुभे खुद ही दे देती है और कहती है—'ल्ले, अब जा और दौड़ी के पण्डा-सेरी चलियो जा।' वो, दादी से हाँसी-हाँसी में, पण्डा-सेरी को दूध-गली कह देता है, तब दादी बोलती है—'असली दूध-गली तो गोकुल में थी रे, नान्या...! जाँ पे, हरदमै दूध ही दूध बिखरियो रैहतो थो।'

'गली में दूध क्यों बिखरियो रैहतो थो, दादी... ?' वो पूछता है, तो दादी बताती है—'अरे, भगवान् कृष्ण, दूध बेचणे के वास्ते, गोपी होण की, माथे पे ले जाती मटकी के, काँकरी मार के फोड़ी देता था।'

'तो दादी, कँई उनका कने, बोन्दू की गुलैल सरीखी कोई गुलैल थी... ?' वो पूछता है, तो दादी कहती है—'राते, सोती बखत, थारे पूरी कैणी केऊवाँ... ! बस... ।' फिर वो सोती बखत, कृष्ण-भगवान्, गोकुल और गोपियों की लम्बी-चौड़ी कैणी, देर राते तक सुनाती रैहती है। कि कृष्ण भगवान नंई चाहता था कि गाँव को दूध, गाँव से बाहर बिके।'

वो, जब दफोर में, पाठशाला से, इक्की-पानी की छुट्टी में, घरे आया था तो दादी ने ओ के, पोंखड़े का एक लाड़ू खवाड़ दिया था। दादी ने, नान्या को तभी, ये भी बोला था कि वो, आज पण्डा-सेरी जावेगी। सो, अभी तो दादी पण्डा-सेरी ही गई होगी, बकरी के दूध का हिसाब-किताब चुकता करके, परताब'बा को पइसे देने। परताब'बा कहते हैं कि उनने, बकरी के ताजा निकले दूध से मालिश कर के, पूरणचन्द के पोते परसू के, पाँगले[2] पाँव को भी ठीक कर दिया था। फिर, खुद परताब'बा की छोरी प्रेमा को ही लो नी... ? बकरी का दूध पी-पी के, ओ की भी टाँगें, कित्ती तो भी बड़ी हो गई है। ऐं... ? कोई दो बालिस्त तो ऊँच्ची होगी ही, ओ से। जबकि, वो बकरी के दूध का छोटा ही गिल्लास पीती है। प्रेमा, ओ'से हमेसा ही बोलती रहती है—'नान्या... ! थारा दाँत कित्ता अच्छा है...मोती सरीखा...म्हारो मन होय कि हूँ थारे से, अपनी बत्तीसी बदली लूँ... ।'

फिर, नान्या एक दिन, जबै दूध पीवा के वास्ते, सुभे-सुभे ऊ'के, घर गया था तो, औसारे में ऐकल्ला देख के, प्रेमा ने ओ'का मूँ पकड़ा और जोर से अपना मूँ, ओ

1. गाड़ी का रास्ता, 2. लूले

के मूँ से भिड़ा दिया था। वो पट्ठी, उससे बत्तीसी बदलने की जुगत लगा रही थी, पर, ऐन घड़ी में, ओने गज्जब की होश्यारी बापरी और अपने सगले दाँत, इत्ते कस के भींच लिये थे कि प्रेमा की चालाकी, चल ही नी पाई और वो, ओ से, एक दाँत भी नी बदल पाई थी। घरे आके, ओ'ने भीत में छबे काँच में, अपनी ऐड़ी होण उचका के देखा था—सब के सब दाँत, वो के वोई थे और वहीं के वहीं। काँ बदल पाई वो दाँत? पर, कुछ भी कहो...! बकरी के दूध में, ताकत तो भौतई है...बताव प्रेमा ने, कित्ती ताकत से मूँ लड़ाया था, हाँ ओ'से, ऊ'ना दिन। प्रेमा के मूँ से, काच्चे दूध की बास आ रही थी...।

बड़े'बा, इस काच्चे दूध को, बैदजी की बोली में बोलते हैं और कहते हैं—'नान्या ये है, शत-प्रतिशत धारोष्ण दुग्ध।' दादी और वो, दोनों'ई मिल के, उनकी बात की इस चतरई पर, घणे हँसते भी हैं—'येल्लो...! अबै कृष्णवल्लभ बैदजी की होड़ा-होड़ी में फँस के, बिच्चारे बड़े'बा भी, कैसी-कैसी तो भी कठिन बात बोलने में लग जाते हैं। पर, किसन काकू की ये बात तो सोलह आना सही है कि बकरी का दूध पीते समै, ऊ में से, थोड़ीक-सी हीक तो आती ही है। हाँ, जाने कैसी-कैसी तो भी। पर, परताब'बा की छोरी प्रेमा कहती है कि उसको तो हीक नी आती है...! वो, कहती है—'हूँ तो, सबेरे और साँझे, दोनों'ई बखत, योई दूध पीऊँ...पर, म्हारे तो ई में, हीक कोई नी आवै...।'

पता है, दादी ने ओ के, एक तरकीब बताई थी—'ऐ छोरा, तू अपनी नाक के चिमटी से दबई के, सगलो दूध, एकदमै-ज से घुटकी ले।' अब, वो पीते समय रोजई ऐसा ही तो करता है। क्या बताव? सच्ची में, दादी के दिमाग में एक छोटी-सी पेटी है, जिसमें गंज-सारी काम की बारीक-बारीक बातें, कुच्चम-कूच भरी पड़ी हैं। कहीं भी, कोई भी मुश्किल आ जाये तो वो, सबको, एक साथ सुल्टाने की तरकीब और तुकतान, अपनी मुण्डी हिला के, फटाक-दनी से, ऐसे बता देती है, जनेकि, ओ'की जिभान पर ही, सब पहले से'ई रक्खा था।

दादी कहती है—'नान्या, देख तो...ये जिभान, ये नाक और ये कान...! बस इन तीनों'ई को तिगाड़ो को ही तो बिगाड़ो है, जिके कारण, यो सारो झगड़ो-झाँटो होवै रे, इना समैया और हाँ, इना जगत में भी। कँई कहो...? थारा बड़ा'बा कान का नेंठूई काच्चा है। अने, उई अपनी नाक के सबसे ऊँच्ची राखे। और, अपनी जिभान के जफोतनो[1] तो उनने जिनगी में सीखियो ई नी। ऐसो है, म्हारा छोरा नान्या, कि मूँडा से निकल्या बोल और अँवाड़ा[2] से काढ़ियो दूध—दोई वापस अपनी जिगेह नी जावै रे। बस...ऐ'का ही कारणे, उनको कुर-कुर काँकरो, हर बखत चलतो ज रै।

तभी, बड़े'बा ने नान्या को, पिछवाड़े से हेला पाड़ा—'नान्या...ऽऽ...! अरे ओ नान्या...ऽ...!! पानी की एक चरू भरी के ला तो...।' वो, अचरज में पड़ गया।

1. नियंत्रण में रखना, 2. थन

'बताव, बड़े'बा के कान ऐसे हैं कि जाने कैसे उनने सुन लिया कि उनका ये नान्या, पाठशाला से घरे आ गया है। दादी कहती है—'अरे, नान्या... ! घर में, यदि कहीं कोई चींटी भी चले तो, थारा बड़ा'बा का कान घोड़ा सरीखा खड़ा हुई जावै है... ।'

'हौ...ऽऽ... ! पानी लई के अई रियो हूँ, बड़ा'बा...ऽ... !' नान्या ने, अच्छे से ऊँच्ची आवाज में ही, जवाब दिया और झरोखे से उठ के, पण्डेरी से, पानी की बड़ी चरू भरी और फिर ऊ के, ओटली पे रखके, वहीं पिछवाड़े के दरवज्जे पे ही बैठ गया। और बड़े'बा की काटा-कूटी देखने लगा। तभी, नान्या को बड़े'बा की, कल की वो छूटी हुई बात, याद आई तो ओ'ने बड़े'बा से पूछा—'बड़े'बा, फिर वो रात वाली, अधूरी रै गई बात बताव नी... ? कि म्हारी दादी, यदि अजोध्या में दसरथजी का राजमहल में होती...तो भगवान् रामजी के, बनवास में जाने की नौबत, आखिर कैसे नी आती... ?' नान्या ने, ये बात ऐ'का वास्ते पूछी कि कल रात भर सोच के भी, ओ के, सम्पट नी बैठ सकी थी कि भला दादी, इसमें कँई कर लेती... ?

'अरे नान्या... !' बडे'बा ने बँवल्ये की डगाल काटना रोक के, बोलना चल्लू किया—'या, थारी दादी, पट्ठी कँई न कँई ऐसी तुकतान भिड़ई देती कि कैकयी की कुचमात का काँकरा हुई जाता...और हाँ, वा...कँई नाम थो रे ऊ को...नान्या, ऊनी कुचराँदी[1] बईराँ को... ?'

'मंथरा... !' नान्या ने फटाक-से बीच में बोल के, बड़े'बा को, ओ का नाम याद दिलाया

'वाह रे नान्या... ! थारे तो सब याद है...रे... ।' बडे'बा ने कुल्हाड़ी एक ओर रखी और पानी की चरू उठा के, पानी पीवा के बाद, वहीं ओटली पे बैठ के बताने लगे—'हाँ, तो नान्या, वा मन्थरा राँड, मुण्डा का माक्खा मारती, महल के बाहरे ही बैठी रै जाती।'

बड़े'बा ने, अपनी ये बात पूरी कर ही नी पाये थे कि इत्ते में, दादी अई गई। दादी ने, बड़े'बा की ये बात सुन ली थी। दादी ने बड़े'बा की, ये बात पे शरमा के अपना मूँ बिचका दिया फिर जी खोल के दाँत काढ़ने लगी। वैसे, दादी के दाँत भी भौतई मजबूत हैं। वो, उनको कालीगार से माँजती है, जबकि, बड़े'बा रोज नीम और बँवल्ये की दातौन से माँजते हैं, अपने दाँत। फिर भी, बड़े'बा के दाँत कमजोर हैं। बड़े'बा की बात पे, दादी की हाँसी रुक ही नी रही थी।

'येल्लो... ! तो ये दन्तौड़ी, अई गई...ऐं... ?' बड़े'बा की आवाज में, जनेकि दादी के अचानक आ जाने से, खिसियाणपत उतर अई थी। वो, अग्गे बोले—'अरे, नान्या... ! या थारी दादी, दिन में कोई सौ कावा[2] तो दाँत काढ़े है। थारे कँई माल्लम... ? है कि नी... ? याँ पे, सासरा में आते ज, ऐ'ने अपनी अक्कल के तो जूना-पानी की कुण्डी में डुबई दी थी। अब तो बस ईके, खाली-पीली दाँत काढ़नो याद है।'

1. ईर्ष्यालु, 2. दफा

नान्या को मजा आ गया। कल, निहाल बुआजी के सामने दादी की हँसी को, बड़े'बा ने फुलझड़ी कह दिया था तो दादी ने, बड़े'बा की हँसी को पटाखा कह दिया और फिर येई बात पे, दोनों'ई हाँसने लगे।

निहाल बुआजी ने, ओ की आड़ी देख के बोला था—'नान्या रे... ! थारा घर में, इन फटाका-फुलझड़ी से तो, रोज ई दीवाली मनती होयगी रे ! है कि नी... ? धड़ा-धड़...धड़ाम-धड़ाम।'

तो नान्या ने, निहाल बुआजी को बोला था—'बुआजी... ! ई दोई तो है, फटाका और फुलझड़ी। और हाँ...मैं हूँ, आगपेटी...।' निहाल बुआजी तो नान्या की इनी बात पे, खूबई जोर से हाँस दी थी। फिर अग्गे बोली थी—'नान्या... ! बस जरा-सी रगड़ की जरूवत भर रै...और कँई... ? फिर धाम-धड़ीका डेड़ सौ।'

वो, अचानक दादी के आ जाने से, भौत खुश हो गया। दादी बोली—'छोरा, भूख तो नी लागी री है... ? नी तो, थारे रोटी मेल दूँ... ?' और वो, नान्या की टाँटड़ी[1] पकड़ के, रोटीघर में ले आई। फिर रोटी परस के बोली—'तू जीम ले...हूँ, निहाल बई का याँ से घट्टी पे, चणा की दाल पीस के अऊँ...रोटी खई के, रोटी को डिब्बो, फिर से गारा की कोठी में रखी दीजै हो। वरना, वा मिनकी राँड, म्यऊँ-म्यँऊ करती आवैगी और चळत की चळत रोटी ली भागेगी।'

बड़े'बा, फिर से पिछवाड़े, अपनी उसी काटा-कूटी में लग गये और नान्या, रोटी खाने के बाद, फिर से जाके, बैठक की भीत के झरोखे में आके बैठ गया। नान्या ने, झरोखे में से देखा कि उसका दोस्त बोन्दू अपने दायजी के साथ, सेरी में से जा रहा है। ओ के, एकदमै-से याद हो आया—आज असल में बोन्दू ने पाठशाला में रक्खी, पानी की मटकी को, अपनी गुलैल से निशाना लगा के फोड़ दी थी। बोन्दू का केहना था कि मटकी ई'का वास्ते फोड़ी, कि उके पाणी में, गिण्डौले[2] पड़े हुए थे। गुरुजी नाराज़ हुए और उनने बोन्दू को डाँट के बोला—'सुनो बोन्दू... ! तुम पाठशाला की छुट्टी होने के पश्चात, आज अपने पिताजी को पाठशाला में लेकर के आना।' तो बोन्दू ने बोला—'गुरुजी, मेरे तो कोई पिताजी ही नी है।'

तब, गुरुजी घघा के बोले थे—'अबे मूर्ख... ! 'पिताजी' का अर्थ, मनेकि मालवी-बोली में, जिसको तुम लोग कहते हो—दायजी... ! समझे कि नहीं... ? हाँ, तो तुम, अपने उन्हीं दायजी को लेकर के पाठशाला आना।' बाद इसके, गुरुजी ने, नान्या की आड़ी देख के बोला था—'भई, कम से कम तुम तो 'पिताजी' बोला करो। क्योंकि, मैंने तुमको भी कई बार 'दायजी' शब्द बोलते हुए सुना है। अरे भई, ब्राह्मण परिवार की सन्तान हो। तुम्हारी भाषा तो परिष्कृत होना ही चाहिये...कि तुम भी वही गमड़ैली बोली ही में बोलते रहोगे...'दायजी-दायजी'...ऐं... ? बाद में, जब तुम शहर पढ़ने जाओगे तो वहाँ पर तुमको बड़ी मुश्किल आयेगी।'

1. बाँह, 2. केंचुए

वैसे तो बीच-बीच में वो, दायजी को, सेरगामी में भी बोलता है—'पिताजी'। पे, आदत तो 'दायजी' केहने की, जो पड़ गई तो फिर पड़'ई गयी...सो, अबे आदत का क्या करा... ? ऐं... ?'

'आदत का अग्गे, सब ही हार जावे है रे, म्हारा छोरा, नान्या...ऽ... !' दादी, पछतऊ बात कहती है—'अरे भई... ! जदे तू 'सेरगाम' जायगा...तो वाँ पे, तू अपना दायजी के, 'पिताजी' बोल्या कर जे। याँ तो 'दायजी' ही चलने दे। इम्में, म्हारे तो भौत हियाव लागे। देख... ! हूँ तो गामड़ा-गाम की बईराँ हूँ...तो म्हारी बाणी-बोली भी गामड़ा की है।'

वो, दादी की ये बात सुन के, गुरुजी के डर से, बाहर आ जाता है। दादी कहती है—'देख नान्या ! तू काय बात से भी डरिया ज मत कर...हाँ रे...भूत-पलीत से भी...। डर लागे भी तो तू गायत्री-मंत्र बोलने लगी जाया कर।' बड़े'बा ने, नान्या को, ये गायत्री-मंत्र, तब ही रटा दिया था, जब ओ के हरफ पढ़ना भी नी आता था। एक कावा ओने, जब दायजी सेरगाम से, माँ और नानकी के साँते, याँ गाम पे आये थे, वो बड़े'बा के भी बड़े भाई, बापू'बा मर जो गये थे, हाँ तब ही, उनके नुकते में। तबै, बड़े'बा के केहने पर उनको, ओ ने, पूरा का पूरा सुनाया भी था—'ओम् भूर्भुवः स्वः।' तो वो बोले थे—'अच्छा है, संस्कृत से तुम्हारी जबान साफ हो जायेगी।' जबकि, ऊ'की तो जबान वैसेई साफ रहती है, क्योंकि, वो अपनी दोई अँगुली होण से, उसे रोजई साफ जो करता है।

दायजी, शहर के वाँ, सरकार में नौकरी करते हैं। वो, जिसको कि कहते हैं—भोपाल में। माँ और नानकी भी वाँ पे रैती हैं। उनके साथ। हाँ, ओ'ने एक कावा, दादी से तपासा भी था—'दादी, म्हारे तू ये बता कि सेरगाम में कुण लोग रै... ? ऐं... ?' तो दादी ने, उसको बताया था—'पेलाँ, सेरगाम में गोरा लोग होण ही रहता था...पर अबै, उई सब का सब भागी गया। अपना देस, बिलायेत।'

'किनने भगई दिया, उनके... ?' ओ'ने पूछा था, तो दादी ने बताया था—'बापूजी ने, और किन्ने।' फिर दादी ने उससे पूछा था—'छोरा तू या बात जाणे है कि बापूजी कुण है... ?' तो ओ ने तुरतै ही हाँ बोली थी। ओने, झट्-से बताया था कि ऊ के माल्लम है कि बापूजी कौन हैं... ?

'हाँ, दादी, वो ही हैं, नी... ? जिन, दो जनों के छापे, गुरुजी ने काँच में मढ़वा के, पाठशाला की दो-ई आड़ी की भीत पे टाँग रखा है—उनमें से एक हैं, बण्डी-टोपी में, चाचा नेहरूजी। और दूसरे जिनका छापा, पाठशाला में गुरुजी ने, अपनी कुड़छी के पीछे की भीत पे टाँग रक्खा है, वो हैं—बापूजी। माल्लम है दादी, बापूजी के छापे के पिच्छे चिड़े-चिड़ी ने ऐसाई घोंसला बना लिया हैं, जैसा बड़े'बा के रामजी के छापे के पिच्छे बना रक्खा है। रामजी की चिड़िया रामजी का खेत...।

'हाँ, तो बापूजी, गोरा लोग से बोल्या कि 'भारत छोड़ो और अग्गा जाव रे, मुम लोग याँ से। घणी लूट खसोट करी ली/अबे फुटी लो याँ से ?' या बात कही-कही

के भगाया रे नान्या, गोरा लोग के।' दादी ने बात पूरी की तो नान्या ने अपनी तरफ से भी बात जोड़ी थी—'उनके हाथ में एक डाँग भी तो है, दादी...उन्ने वोई चला-चला के मार भगाया होगा। पर, दादी ये बता कि कबै, भगई दिया?' नान्या की बात अभी खुटी नी थी।

'देख, म्हारी बात सुन नान्या...! अँई राते, थारो जनम हुयो और उँई...थारा बड़ा'बा सवेरे-सवेरे दाँत काढ़ता हुवा आया और बोल्या—'ल्लो...! गोरा लोग होण, रातम-म-रात देस छोड़ी के भागी गया।...अबे, थारो बेटो दयाराम, गोरा-साब की नौकरी में नी रहेगा...।' हाँ, नानकी ने तो इस बात के भौत दिन बाद जनम लिया, इसी कारणे वो, अभी ऊ से छोटी है। वो, माँ के बिना तो बेल्कुल नी रह सकती। पहले वो, और भी भौतई छोटी थी, इत्ती छोटी थी कि नानकी का सारा काम, माँ को ही करना पड़ता था। अपने हाथ से तो वो, हाँ, कुच्छ भी नी कर पाती थी। माँ की गोदी में ही सोती थी और गोदी से उतारने पे रोने लाग जाती थी। पर, बड़े'बा को लिखी चिट्ठी में दायजी ने, ये बात लिखी थी कि 'उसका रंग अब गोरा-गट्ट निकल आया है। दिनभर, सरकारी बँगले के पास की, खाली पड़ी जगह में खेलती रहती है। उसको पड़ोस की छोटी लड़कियों के साथ में, पढ़ने को मेल दिया है। वो, अँग्रेजी का 'वन-टू-थ्री' भी बोल लेती है। कक्षा पहली में आ गयी है। वह फर्राक पहनती है।'

वे, चिट्ठी में पूछते भी हैं—'नान्या को, 'ए-बी-सी-डी' सिखाई कि नहीं...?' ओ के, दायजी की इस बात पे तो हँसी ई आ जाती है। येल्लो, बताव ...! दायजी को, ये इत्ती-सी बात भी माल्लम नी कि वो अभी से थोड़ेई 'ए-बी-सी-डी' सीखेगा...? वो तो, जब कक्षा छै में जायेगा, तब सीखेगा—ऐ-बी-सी-डी...ऐसी बीड़ी पीओ जी...! कक्षा छै के वास्ते तो ओ'के दो कोस दूर, पीपड़ल्ले भणने[1] के वास्ते जाना पड़ेगा। दादी बोलती है—'नान्या तबै, थारे वास्ते घोड़ो मोल लेनो पड़ेगो। बनेसींग की घोड़ी को बछेरो लई के देई देवाँगा, थारे।'

दायजी तो बार-बार, गाम पे काँ आते हैं...? वोई एक कावा आये थे, जदे वो बापू'बा के मर जाने से उनका नुक्ता हुवा था। दादी कहती है—'वो भौत बड़े ऐहलकार के साथ रैहते हैं। सेरगाम में। इसके वास्ते, उनको बेल्कुल छुट्टी नी मिलती है। वो, बताती है कि 'वो, अपने जैसे घर में थोड़ेई रहते हैं। बँगले में रहते हैं। हाँ, नान्या को, ये नी माल्लम कि बँगला कैसा होता है...? पर, दादी ने ही तो एक दिन बिठा के, ऊ के, अच्छी तरेह से बताया—'देख नान्या...! बँगला मनेकि ऐसी जगेह कि वाँ पे, काली चिड़कली भी, अपने पर नी मार सकती...।' नान्या ने पूछा भी था—'और दादी, ऐहलकार मने क्या...? तो दादी ने नान्या को अग्गे बताया था—'ऐहलकार मने ये, कि वो पतलूण पेन्ह के रैणे वाला ऐसा मनख, जो कोई की

1. पढ़ने

भी...और हाँ, किनी भी बात पे, जम के सुटाई करी सके है...रे...। थारा बड़ा'बा बतावे, कि ऊ का हाथ में, ऐसो रूल रै है...कि वो, कोई को भी, किनी भी बात पे, 'दे-दनादन' करी सके।'

मनेकि, 'क्यों रे नान्या...!, तूने मूँछ काय के वास्ते रक्खी...? ऐं...? दे-दनादन...!

'तूने मूँछ इत्ती बड़ी काय के वास्ते रक्खी...नान्या? ऐं...? दे-दनादन...!

'बता, नान्या ! तूने मूँछ रक्खी क्यों नी...? ऐं...? बस, दे-दनादन...!'

वो, ये सुन के अफसोंच में पड़ गया था—'पता नी, दायजी ऐसे बेण्डे ऐहलकार के कने, बँगले में कैसे रहते होगें...यो ऐलकार हुवो कि नट्ठारो रूलकार...? जब, ओने पतलून की पूछी तो दादी खूब हाँसवा लागी और बोली थी कि 'अग्गी बले पतलूण...ऊके पेन्ही लो तो फिर ऊबै-ऊबै फी-फी करो और कँई...?

'बाऽ साऽ.ब...! आज तो भोपाल से, दयाराम दादा की चिट्ठी अई है...। अई के लई जाव...!' नीचे बगड़ में से, ऊँच्ची आवाज में, हेला पाड़ने की आवाज अई, तो नान्या, तुरतै समझ गया कि पीपड़ल्ले से कन्हैया काका चिट्ठीरसा आये हैं। वो, हर-हम्मेशा दायजी की चिट्ठी आने पर, बड़े'बा को वहीं, बगड़ में से, ऊँच्ची आवाज में हेला पाड़ के बोलते हैं। पर, जब उनको चाय पीना हो, तो फिर वो, चिट्ठी को बैठक में, आके देते हैं। वो, दादी को पाँयलागी बोल के, दायजी के बारे में भी पूछते हैं—'बा'साब...! दयाराम दादा, कबै आयगा...? म्हारे तो जाँ तक याद कि है कि बापू काकाजी का शान्त होने पे, उनका नुक्ता में आया था। इनी बात के भी तीसरो साल लगी गयो है। अब तो नान्या के ही, ऐ का दायजी के पास पढ़ने के वास्ते मोकली दो।'

पिछवाड़े में काम करते बड़े'बा ने चिट्ठीरसा काका की आवाज सुनते ही, वहीं से, जोर से बोला—'हौ...ऽ...आया रे, कन्हैया...ऽ...ऽ...!'

पिछवाड़े के बाड़े से निकल के, जब बड़े'बा ने नान्या को, बैठक के झरोखे में बैठा देखा तो बोले—'अरे...जा तो रे छोरा नान्या..! अपना दायजी की चिट्ठी ली के आ...चिट्ठीरसा काका से...।' बड़े'बा हमेशा से ऐसाई करते हैं। बताव, खुद तो चिट्ठी लेने के वास्ते जाते'ई नी...और ओके ही दौड़ा देते हैं। नान्या को माल्लम है, वाँ से, भोपाल से, महीने की आखीर में, दायजी की, हरे रंग की एक चिट्ठी जरूर से आती है।

वो, बड़े'बा के बोलते ही दौड़ के गया। पहले, वो बम्म-से बरामदे से ओटले पे, फिर इस ओटले से दूसरे ओटले पे कूदा। फिर, ओटले पे से धम्मदनी से, बगड़ में कूदा और कन्हैया काका से चिट्ठी को लेके, हाथ में ऊप्पर का ऊप्पर, हनुमानजी की तरह, संजीवनी वाले पहाड़ की मुजब उठाये-उठाये, वापस दौड़ के बैठक में आ गया।

बड़े'बा ने, बाड़े से आके, अपनी कुल्हाड़ी मौळवे में रक्खी। फिर बाड़े के, दरवज्जे के कने रखी बाल्टी से पानी लेके, अपने हाथ-पाँव धोये और बैठक में आ गये। नान्या को माल्लम है कि बड़े'बा, अब ऐसाई करेंगे, वे उकी पढ़ाई की पड़ताल करने के वास्ते, चिट्ठी को अपने हाथ में नी लेंगे और कहेंगे—'नान्या...! भई, जरा बाँच के बता कि चिट्ठी की पीठ पर, कँई लिखा है... ?'

बड़े'बा ने वही किया।

नान्या ने तुरत ही सारे हरफ एक साथ जोड़ के फटाक-दनी से पढ़ दिया—'भेजने वाले का नाम—दयाराम शर्मा। बन-विभाग। बँगला-पाँच। भोपाल।' वैसे नान्या को, ये सब तो पेलाँई से रटे-रटाये थे।

बड़े'बा ने, नान्या के हाथ से चिट्ठी ली फिर बोले—'खूब होश्यार हो गया है रे...नान्या, तू तो।' और फिर बैठक में आके, अपने बाजोट के पास, छादरी बिछा के बैठ गये। फिर अपनी जनोई में बँधी कूँची से, बाजोट के नीचे की पेटी का वो, छोटा-सा ताला खोला और मूँछों के बाल काटने वाली, अपनी कैंची निकाल के, धीरप से चिट्ठी को कोने से काटने लगे।

'नान्या...! ये अन्तरदेसी पत्र है। हाँ, भई ! इसको बड़ी जुगत से खोलना पड़ता है...कोई अड़ग्यानी खोले तो इसको फाड़ ही दे... !' फिर वो खोलने की, पूरी जुगत बताते रहे। आखीर में, कहने लगे—'दयाराम में एक समझदारी है कि वो डाक में कभी कारड नी लाखता। कारड खुल्ला रहता है...तो कोई भी उसे बाँच सकता है।' पर, दायजी की, ये बात तो, ओ के भी माल्लम है कि केवल सावन की राखी-पुन्नम पे ही, दायजी लिफाफा भेजते हैं...क्योंकि दायजी उसमें, नानकी की तरफ से भेजी राखी को धरते हैं, जिसको याँ पे दादी, उकी कलाई में बाँध देती है। नान्या, हाँस के बोलता है—'दादी, अबे तू म्हारी बेन बणी गई। है कि नी... ?'

'हूँ, बाहर खेलने के वास्ते जऊँ...बड़े'बा... ?' नान्या ने, जब ये पूछा तो बड़े'बा ने, हामी में खाली अपनी नाड़ हिला दी। बोला कुच्छ भी नी। नान्या, बैठक से चल के, घर के बाहर बने, बड़े ओटले पे आ'के अपनी टाँगें लटका के बैठ गया। ओ के माल्लम है, अब बड़े'बा उस चिट्ठी को दस दफे बाँचेंगे। वो, बड़े'बा से अब नी पूछता कि चिट्ठी में, दायजी ने क्या लिक्खा है.. ? बड़े'बा भी, उसको ये बोल के नी बताते। पर, दादी को राते, चूल्हे की आगुन के सामने बैठ के, लालटेन के उजाले में, एक-एक हरफ बाँच के सुनाते हैं।

नान्या को, पता है कि दायजी क्या लिखते हैं। पर, बड़े'बा को दायजी, हर चिट्ठी में लिख के, ये जरूर पूछते हैं—'अब, नान्या कित्ता बड़ा हो गया है... ? वो, ठीक से पढ़ई कर रहा है कि नी... ?' बड़े'बा, दायजी की अई हुई चिट्ठी का जबाब लिखने के वास्ते, अपनी लकड़ी की पेटी में से, खास दवात-कलम निकालते हैं फिर स्याही बनाने की गोली को, आधी तोड़ के, दवात में डाल कर घोलते हैं और जब

अच्छी तरह से स्याही बन जाती है, तब एक डिब्बी में से पीतल वाला निब निकाल के, उसको टाँक में बैठाते हैं। फिर कहीं जाके, गते-गत, एक-एक हरफ जमा-जमा के लिखते हैं कि 'अब, मैं रोटीघर की छोटी वाली गारे की कोठी के कँगूरे तक ऊँच्चा हो गया हूँ।' वो बड़े'बा को हर बार याद दिलाता है कि वे, दायजी से खच्चित ये बात पूछें कि उनका नान्या मालूम करना चाहता है कि ओ की छोटी बेन, नानकी कित्ती बड़ी हो गई है? और, क्या वो भी, वाँ पे, पण्डासेरी जा के, बकरी का कच्चा दूध, पूरा बड़ा गिल्लास भर के पीती है? क्या वाँ पे, नानकी को भी दूध में, हीक आती है? अगर हीक आती हो, तो वो चिमटी से नाक दबा के, एकदमै से, एक ज साँस में, सगला दूध घुटक ले...तो पीवै की बन जावेगी।'

बड़े'बा को, जब ये लिखने को बोलो, तो कहो कि वो पट्ठे ऐसे हैं कि उसकी भौतई सारी बात को यों ज टल्ला मारके, गोल कर देते हैं और लिखते ई नी है। दादी, बेल्कुल ठीक कहती—'नान्या... ! थारा ई बड़ा'बा घणा अँकड़ू भी है और घणा नँखड़ू भी। इनकी गोम ये है कि इनको दूखै माथो, तो ई बतावे पेट... । अरे, छोरा नान्या... ! ई तो सदा से है ही, उल्टी खोपड़ी का...अरे, माँ का पेट से ही उल्टा, जो आया था।'...

तो ल्लो... ! अबे अई, आक्खी बात समझ में, कि तभी तो पट्ठे बड़े'बा, मेरी बात कम और अपनी ज्यादे लिखते हैं कि 'गाय ने अब की बार भी बछड़ा जना है। काँकड़िये खेत में खाद डलवाया है। बड़े खेत की ज्वार गल गई है। अपने बोड़िये बैल के खुर पक गये हैं। ग्वाड़े पे इस बार कवेलू बदलवाना है। तेरी माँ के वास्ते, माँग में भरने का सिन्दूर का डिब्बा खतम हो गया है, भिजवा देना।' और ऊ'की कही गई बात, ऐसेई कहीं कग्गद के कोने में लिख देते हैं—नेंठूई मकौड़े के पाँव जैसे बारीक-बारीक हरफ में। बताते भी नी कि उनने, उनको कुछ लिक्खा भी है, कि नी। ऐ'का कारणे ही, वो खुद ही दायजी को, अपनी कॉपी के कग्गद पे, एक लम्बी चिट्ठी लिख के लाखना चाहता है। लिफाफे वाली। हाँ, टिकट लगा के कि 'मैं याँ पे रोजई पण्डा-सेरी जाके बकरी का दूध पीता हूँ। दादी, खुश होके मेरे माथे पर हाथ फिराती है। और, जब से मेरी देव-महाराज वाली मान उतारी है, मेरे माथे के बालों के, बत्थिया बाँध ना कभी का बन्द हो गया है। मेरी, इकलेरा वाली माता की मान उतार देने के बाद से, मैं अब पूरा का पूरा ही पक्का लड़के जैसा दिखता हूँ। फिर भी, बामण-सेरी वाली मोहिनी'बेन, अब तक भी मेरे को 'नान्यो तो छोरी है' कह के चिढ़ाती है। खास कर के, जब से मैंने चड्डी पेन्हना शुरू की है, उसने बामणसेरी में, ये झूठी बात फैला दी है। मेरे को अब, जब भी रामा'बा खवास, घर पे अपनी, वो हजामत बनाने के सामान की पेटी ले के आते हैं तो वो खाली बड़े'बा की ही दाढ़ी बनाते हैं। बड़े'बा, अपनी तानकी भी गंजी करवा लेते हैं। हाँ, चोंटी को छोड़ के। कहते हैं—'शिखा का रखना जरूरी है...वरना सन्ध्या करने के पूर्व, शिखा-बन्धन कैसे होगा... ?' बड़े'बा उस्तरे से, अब मेरी चपड़गँजू भी नी कराते हैं। मैं सिर पे

बाल रखता हूँ और बालों में, बीच से पाटी पाड़ता हूँ। दादी, लाड़ लड़ाने के चक्कर में, मेरे माथे में हाथ फिरा के, मेरे बालों की पाटी बिगाड़ देती है। भीत में छबे काँच में, मैं अपना मूँ अच्छी तरेह से देख लेता हूँ। अक्कल दाड़ छोड़ के, मेरे मूँ में सगले दाँत आ गये हैं। दादी कहती है—'मेरी राड़ अच्छी है। मैं, भौत जल्दी ही ऊँच्चई में, बड़े'बा के कन्धे तक लगने लगूँगा। बलईपुरे के बालू को तप चढ़ता है, ईका वास्ते, वो पाठशाला नी आता है...दादी कहती है, 'उसको बड़ी माता निकली है। बोन्दू ने बीड़ी पी ली थी तो गुरुजी ने कक्षा के बीच में, उसको मुर्गा बना दिया था और कान पकड़ के दस उट्ठक-बैठक लगाने को कहा तो बोन्दू ने बोला—'गुरुजी क्या बीस लगई दूँ... ? पर, वो कभी ऐसे काम नी करता कि गुरुजी ओ'के मुर्गा बनने को या फिर उट्ठक-बैठक लगाने की बोलें।' वो, ऐसेई बहुत कुछ और इत्ती-इत्ती सारी बातें लिखना चाहता है कि बस। अब तो ओ'के टाँक से, बहुत अच्छे से हरफ काढ़ना भी आ गया है। ओने, दीवाली पे, हाट से बैल-गाय के सींगड़े रंगने के रंग से, खाँकरे की कूँची लेके; किवाँड़ पे लिख दिया है—'नान्या शर्मा का घर'। क्रमाँक कुछ नी था तो, वाँ पे माण्ड दिया है—शून्य बटे शून्य। दादी खूब खुश हुई थी। पर बड़े'बा ने मूँ मचकोड़ दिया था।

पर, वो क्या करे ? रात को सोते समै, नान्या को ढेर सारी बातें, याद भी आती हैं, पर जब सुभे उठता है तो बेल्कुल कुछ नी याद आता। एकदम अण्डा। सब की सब बात, गुलुप हो जाती हैं, कहीं तो भी। नी माल्लम काँ ?

जबकि, बड़े'बा खूब सारा लिखते हैं और कहते हैं—'दयाराम, थोड़ा लिखा है, ज्यादा बाँचना।' वाभ्भई, वाह! पता नहीं, बड़े'बा दायजी को ये झूठी बात, हमेशा क्यों लिखते हैं ? बड़े'बा को ये बात समझ में क्यों नी आती कि 'जित्ता वो लिक्खेंगे, उत्ता ही तो दायजी बाँचेंगे।' दायजी जादा कहाँ से बाँच लेंगे ? अब देख लो कि पाठशाला में, मैं अपनी पट्टी पे जित्ता लिखता हूँ, उत्ता ही तो पढ़ पाते हैं, गुरुजी भी...वे जादा काँ से पढ़ पाते हैं... ? ऐसा काँ हो पाता है कि मैं पट्टी पे, दो तक का पहाड़ा लिख दूँ और गुरुजी को बोल दूँ—'गुरुजी, कम लिक्खा है, जादा बाँचना'...तो, वो क्या दस तक का पहाड़ा बाँच लेंगें... ? आके, मेरे को उल्टे हाथ का एक लप्पड़ लगायगें। पर, पता नी बड़े'बा ऐसा क्यों लिखते हैं... ? दादी कहती है कि ऐसा, ऐ कारणे भी है—'क्योंकि वे खजूर की खाट पे सोते हैं और बामण होके भी, कान्दा जादा खाते हैं, जनेकि जात से बामण नी, खाती-मुकाती होय।' ऊ की बात नी सुनने की तो उनने जैसे 'आदरी' ली है। हाँ, नेठूई गाँठण बाँध ली है, अपनी जूनी पड़ गई जनोई में। दादी साफ बात कहती है—'थारा बड़ा'बा खिज्जू है रे...नान्या... ! और या बात भी सुण कि बेल्कुल चीन्दड़ा गोळ सरीखा। मीठा तो कम, उल्टा चीठा ज्यादा। अरे कँई भरे, ने बोळ दे...ई अपनी किच-किच से, अच्छा-भला आदमी को दिमाग बट्ठर करी दे।'

पर, कुच्छ भी बोलो, ये बात तो मानना ही पड़ेगी, कि फिर भी बड़े'बा ऊँच्चे कित्ते हैं? टाण्ड पे या मौळवे में रक्खी कोई भी चीज, बिना बाजोट पर चढ़े उतार लेते हैं। ऐड़ी तक ऊँच्ची नी करना पड़ती है, उनको। पर, उनकी ये बात, ओके भौतई बुरी लगती है। ये वो, कि उसके खेलने को लेकर, बड़े'बा हर-हमेसा कुढ़ते हैं और नित-नवी कुचरई करते रैहते हैं।...अब, येई लो कि वे, चाहे जब, मेरे गुल्ली डण्डे और खिलौकणों को उठा के, मौळवे पे, खूब पिच्छे पटक देते हैं। बताव, अब मैं खेलूँ भी तो खेलूँ ज काय से... ? बस, पाठशाला से आके, झरोखे में, ऐकल्ला गेलसप्पे जैसा बैठा रहता हूँ या फिर ओटले पे। कहीं भी गाम की गली में खेलता मिल जऊँ तो तुरन्त ही पूछेंगे—'क्यों रे नान्या, याँ पे कँई भटा बघारी रह्यो है? ऐं? चल जा, घर जा।' आधी चिढ़ तो ओ के भटे से ही है। फिर उनको बघारने का झूठा ऐल्जाम।

नान्या, ओटले से उठके, वापस बैठक में आया तो ऊने देखा कि अभी तो बड़े'बा पट्ठे अपने बाजोट के अग्गे, मजे से पालथी मार के बैठे हुए हैं और दायजी को लिक्खे अन्तरदेसी का मूँ चिपका रहे हैं।

नान्या, समझ गया कि अब बड़े'बा खिसकने वाले हैं। क्योंकि, वे उस अन्तरदेसी को, डाक के डब्बे में लाखणे के वास्ते, कचरू'काका को, उनके घर देने जावेंगें, जो कल पीपड़ल्ले जाके, डाक के डिब्बे में डाल आवेंगें। चिट्ठी चिपकाने के बाद, बड़े'बा ने, दवात-कलम, बाजोट की पेटी में बन्द कर के रक्खी। फिर, अपने वोई वाले बाजोट की पेटी में ताला लगाया। फिर खेंच के देखा कि ताला ठीक से लगा है कि नी... ? और उठ गये। दादी कहती है—'थारा बड़ा'बा निवरा ई कग्गद गोदता रै...अने, दयाराम के, ई एक ज बात के, कित्ती-कित्ती कावा लिखता रैगा...ऐं... ?'

बड़े'बा उठे। उनने अपनी बण्डी पेन्ही फिर पाँव में पनीही डाली, और आखिर में, घर के बाहर निकलने के पहिले बोले—'नान्या... ! घर छोड़ी के कहीं दूर खेलवा मत जा जे, हो...हूँ अभी अऊँ... !'

बड़े'बा, जैस'ई घर से निकले कि नान्या दौड़ के बाहरे आ गया।

वो, ओटले पर खड़ा होके, सेरी में दूर-दूर तक देखता रहा, कि कोई तो ओ के संग-संग, खेलने वाला मिल जावे। आक्खी सेरी में, ओ'की उमर का कोई भी नी है, जिके वो अपना गोंई बना के, कोई भी खेल, खेलवा लग जाय। सोचने लगा कि कोई मिल जायगा तो वो, पकड़ा-पाटी का खेल ही, खेल लेगा। ऐसे में, दादी के आने तक, ऊका मन तो रमा रहेगा। नान्या ने सोचा कि ये समै में, कहीं से बोन्दू आ जाय तो वो मौलवे में, बड़े'बा के द्वारा बे-कदरी से पटक दी गई, अपनी गुल्ली और डण्डा के साँथे ही, अपने दूसरे खिलौकणे भी निकालने में मदद कर सकता है। जिनमें, सेठ-सेठाणी, बान्दरे-बान्दरी, चींथड़े की दड़ी, मनेकि नरी चीज है, खेलवा के वास्ते। बोन्दू में भौत ताकत भी तो है। क्योंकि, वो बँवल्ये और धावड़ी के झाड़ पे चढ़के, उसका गोंद खाता है। वो, इमली के झाड़ पे भी चढ़ जाता है, हाँ, ठेठ

तिलंगी तक। एक दफे तो बोन्दू ने, इमली के झाड़ से इमली तो तोड़ी ही, साँथ में पट्ठा शहद का छत्ता भी तोड़ लाया था। वो, अपने कन्धे पे चढ़ा के, मेरे हाथ मौळवे तक पोंहँचा सकता है। मैं अपनी सगली चीज निकाल के, ऐसी जगह छुपा दूँगा, गोदड़मच्ची के नीचे कि बड़े'बा ढूँढते-ढूँढते थक जायँगें।

नान्या को चिढ़ आई कि बताव, बड़े'बा आखिर ऐसा क्यों करते हैं कि वो, ऊके खेलने की सारी चीजें ही, उठा के मौळवे पे पटक देते हैं... ? क्या करे, वो भी... ! ऐं... ? क्योंकि, वो अभी इत्ता ऊँच्चा भी तो नी हो पाया है, कि खिलौने को मौळवे से, ऐकल्ला ही बाहर हेड़ लै। नान्या को, ये बात की फिकर हो गई कि पता नी, मैं बड़े'बा के बिरोबर ऊँच्चा कब होऊँगा... ?

तभी, नान्या के कान पे आवाज पड़ी। जनेकि, घर के पिछवाड़े, बाड़े में 'ट्याँ-ट्याँ' कर के, कोई मदद के वास्ते, ऊके बुला रहा है। ट्याँ-ट्याँ के साँथे ही, 'हट्-दूर-रै...दूर-रै' करते मनख और पत्थर फेंकने की आवाज भी मिली हुई है। नान्या, ओटले से वापस घर में घुसा और पिछवाड़े का दरवज्जा देखा तो दंग रै गया। ल्लो..! बड़े'बा तो ये पिछवाड़े वाला दरवज्जा बन्द करना ही भूल गये। नान्या ने देखा कि कुतरे का एक नाना-सा बच्चा, बाड़े की बागुर के छेन्दे में से घुस के, बाड़े के भीतरे आ गया है और दादी की कण्डे की थेपनार के पास बनाये गये, छन्देरे[1] के भीतर जाके, कहीं अलोप गया है। ओ ने, पिछवाड़े की भीत से लगी ओटली पे चढ़ के देखा, वाँ, बाड़े के बाहर...हाँ, ओ पार। वाँ, बोन्दू था और वो कोई बड़े टेगड़ों को ढगल्या फेंक के, भगाने में लगा था। बड़े वाले कुतरे, भौंकते हुए भागते जा रहे थे। बोन्दू का निशाना भी सई-साट है। ओ ने गुलैल से ऐसी काँकरी मारी कि बड़ा कटखणा कुतरा, अपना ढँढेर सँभालता हुआ, भाग लिया। नान्या फटाक-दनी से कूद के बोन्दू के कने पोंहँच गया।

बोन्दू ने, उन दूर जा चुके कुतरों की तरफ, दो-एक ढगल्ये और फेंके तो वो टेगड़े, सेरी छोड़ के ही भाग लिये। नान्या, बोन्दू को देख के भौतई खुश हो गया कि वो अभी ही तो ओ'के बारे में सोच रहा था और इत्ते-में वो बताव, घर पे ही आ गया।

'यार, नान्या... ! दो-तीन बड़ा टेगड़ा, एक नाना-सा पिलका के लिथेडी़ रहिया था। वो ऊ'के मार ही डालता, जदि मैं,उनको मार के नी भगाता तो...। देख ऊ पिलको भाग के, थारा बाड़ा में भरई गयो है।' बोन्दू ने बोल के बताया।

इस समै, अब वो दोनों बाड़े में थे।

वो, अब दोनों, अपने बचाव में भाग के, छन्देरे में छुप चुके पिलके को, बाहर हेड़ कर लाने की जुगत पे, मिल-जुल के घनमथन कर रहे थे। नान्या की हिम्मत नी हो पा रही थी, कि वो छन्देरे में घुस जावे। क्योंकि, दादी बोलती है—'नान्या... ! वाँ पे कोई कीड़ा-काँटा, या साँप-बिच्छू होय तो ऊ चटकारी ले, तो तू ओ का भीतरे जा

1. कण्डे रखने का भंडारा

जे मत।' ये ही बात का वास्ते, छन्देरे के भीतर से, हमेशा दादी ही कण्डे निकाल के लाती है।

'ऐ नान्या, वाँ से, पिलका के तो हूँ निकाल के लई अऊवाँ, क्योंकि, साँप से म्हारे ऐ'का वास्ते डर नी लागे है कि हूँ जबरेश्वर महादेव की जलाधारी पे, रोज-ई एक चरू पानी चढ़ऊँ हूँ। जो जल चढ़ावे, ऊके साँप काट ई नी सकता...क्योंकि, जबरेश्वर महादेव, साँप के मूँ पे ताला लगई दे।' बोन्दू ने नान्या को, अग्गे ये गियान भी बताया कि ओ ने, गुपचाप घर में कोई को बताये बगैर, एक कालबेलिये से, अपने कान की कड़ी उतार के दी, और बदले में ओ से, साँप का जहर-मोहरा ले लिया है। साँप काटे भी तो वो, फटाक से साँप का जेहर उतार देता है। नान्या ने, बोन्दू से ये बात सुनी और खुश हो गया। ओने, तुरतै तै किया कि वो भी एक दिन जा के, जबरेश्वरजी को एक लोटा जल चढ़ई के आ जायगा तो साँप के मूँ पे, उसको भी देख के ताला पड़ जाया करेगा और अगली नागपंचमी पे, जब वो कालबेलिया, अपने टिपारे में साँप लेके, गाम में आवेगा तो साँप का एक जहर-मोहरा, वो नान्या को भी दिला देगा।

बोन्दू छन्देरे के भीतर घुस गया। थोड़ी देर 'ट्याँ-ट्याँ' की आवाज आई और वो बाहर निकला तो ओ'के हाथ में, भूरे रंग का, एक खूब गब्दू और सुन्दर-सा पिलका था। बोन्दू ने, पिलके को नान्या को भी, हाथ में उठाने के वास्ते दिया। पहिले तो वो, थोड़ाक हिचकिचाया, पर बाद में, नान्या हाथ में लेने से, एकदम पुलक से भर गया।

वो, दोई, पिलके को लेके, पिछवाड़े से चल के, बैठक में आ गये।

जब नान्या ने, पिलके को जमीन पे छोड़ा, तो बजाय दूर भागने के, वो कूँ-कूँ करता हुआ, ओ के पाँव पर चढ़ के, फिर से उठा लेने की जिद करने लगा। नान्या के मन में, ओ'के लिये लाड़ भर आया। तभी, बोन्दू ने देखा कि पिलके की पिछली टाँगड़ी में, बड़े टेगड़े ने, अपने दाँत लगा दिये हैं। बोन्दू ने पूछा—'नान्या यार, थारा याँ ग्वाड़े में, बैलों के खुर के कीड़ै मारने की दवाई की शीशी है, कँई... ? अपण, ई की टाँगड़ी में, वोई दवा लगा देते हैं तो, ऐ की टाँग ठीक हो जायगी।' नान्या, दौड़ के ग्वाड़े में जाके, दवाई की शीशी ले के आ गया। कुल मिला के, तत्काल पिलके की टाँग का, पक्का इलाज भी हो गया था।

इसी बीच नान्या को भूख जैसा लगने लगा। नान्या ने बोला—'यार बोन्दू... ! म्हारे लागे कि ई के, बिचारा के भूख भी लगी रई है।' ये कह के, नान्या ने हाथ धो के, रोटीघर से कटोरदान में से दो रोटी लाके, पिलके के आगे चूर के डाल दी। वो, भूरे पिलके ने, पहिले अपने थूँथन से चूरी हुई रोटियों को सूँघा और पँजे से रोटी के टुकड़ों को आल-चाल करने लगा।

'बदमाश है, शक करी रियो है, अपन दोई पे...कि कोई गड़बड़ चीज तो नी दे दी, इन्ने।' नान्या ने पिलके की हरकत पे, गौर करने के बाद बोन्दू से बोला।

'हौ...ठीक कही तूने। हुश्यार दिखे है, यो एकदम से।' बोन्दू ने भी नान्या की बात पे, पिलके की बड़ाई करी।

'म्हारी समझ से पेले के जनम में, कौव्वा होगा। भौत स्याणा।' नान्या ने थोड़ीक ऊँच्ची बात जोड़ी।

पिलके ने दो-एक बार और पँजे मारे और फिर देखते-देखते ही, पूरी की पूरी रोटी चट कर गया। नान्या और बोन्दू दोनोंई भौत खुश हो गए कि उनने, ऊकी भूख को समझ लिया था। लेकिन दूसरे ही पल दोनों 'ई उण्डे'[1] बिचार में पड़ गये। क्योंकि, सबसे बड़ा संकट तो अबे सामने था कि अगर उनने, यदि पिलके को घर के बाहर मेल दिया तो खच्चित है कि वो मोटे अने, बड़े टेगड़े उसको खा जावेंगे...और घर में रख लिया तो बड़े'बा उनको खा जायगें...और वो तो कचरू काका को, दायजी को लाखने वाली चिट्ठी सौंप के, बस घर लौट के आने वाले ही तो हैं।

तभी बोन्दू का दिमाग एकदमै-से चला और ओ'ने रास्ता बताया—'यार नान्या...! अपन तो इस पिलके को, अभी तो दादी के आलनिये कण्डे बीनने के टोपले के नीचे, छुपा के रखी दाँ। दोनों इस अचूक-सी लगती जुगत पे, तुरत राजी हो गये। खुशी में दोनों'ई ने ताली बजाई तो पिलका 'ट्याँ-ट्याँ' कर बैठा। उनको हँसी आ गई। नान्या बोला—'यार बोन्दू...! ये अपनी बात समझ गया है...है कि नी...?' बाद ईके, उनने पिलके पे, टोपला रख के, ओ को छुपा दिया।

'अरे...तम दोई, याँ पे कँई करी रिया हो...?' ये दादी थी, जो हाथ में तगारी लेके और अचानक ही परगट हो गई थी। क्योंकि वो निहाल बुआजी की घट्टी पे, चणे की दाल जल्दी ही पीस के आ गई थी। दादी के, ऐसे अचानक आ टपकने से, वो दोई गफलत में पड़ गये कि अब क्या माल्लम दादी क्या बोलेगी...? दोनों'ई, एक दूसरे का मूँडा देखने लगे। उनको लगा कि उनके खेल में, खलल पड़ गई है। फिर नान्या ने, धीरे-से टोपला उठाया तो दादी ने देखा कि टोपले के नीचे, एक भूराभस्स पिलका था। वो, पट्ठा इत्ते में ही सो गया था।

'यो कँई...? बोल, कुण लायो ई के...? दादी पिलके को देखते ही तैश में बोली।

'कोई भी ई'के लायो नी है...हाँ, वो खुदई आयो है..।' नान्या ने हिम्मत भेळी कर के, खुद को कसूरी में फँस जाने से बचाया।

'तो यो पावणो है, जो थारा घरे खुद अई गयो...ऐं...?' दादी ने नान्या की तरफे देख के खीझ में कहा और हाथ की तगारी को, वो बैठक के तखत पे रख आई। नान्या समझ गया। कि दादी को अब सगळी बात, साफ-साफ बता दी जाय। क्योंकि दादी कसूरी हो जाने पे, मारा-कूटी नी करती है। खाली डाँटती भर है। सो, ओ'ने पूरी की पूरी, जो असल बात थी, वो की वोई बोल-बता दी।

'अरे, नान्या...! चल तू अभी ही, इना पिलका के बाहर छोड़ी के आ, वरना,

1. गहरे

जब थारा बड़ा'बा आई के, ई'के देखेगा तो पिन्नाटा में अई जायगा।' तब तक वो, गब्दू पिलका जाग गया। और उठ के दादी के पाँवों के पास लोट लगाने लगा। दादी के मन में, जाने क्या आई कि ओने, पियार से पिलके को उठा लिया। दादी भी इत्ते छोटे-से, भूरे और भरे-भरे पिलके को देख के, शायद से रीझ उठी थी। बोली—'चल रे नान्या...! अभी तो ईके, पिछवाड़े, टोपलो ढाँकी के छोड़ी दे...फिर देखाँगा कि थारा बड़ा'बा को मिजाज कँई है।'

दादी के मूँ पे, इधर बड़े'बा का नाम आया और उधर बड़े'बा ही बैठक में आ गये। पहिले उनने, दादी की गोद में, ओ पिलके को देखा फिर नान्या और बोन्दू को। सब के सब, बड़े'बा के आते ही एकदमै से चुप हो गये, जनेकि मुन्नी का बरत। बड़े'बा के बारे में दादी कहती है—'नान्या, थारा बड़ा'बा का सगन चले...ई तो भज्या पेलाँई, तेल पी ले।' वो समझ गये कि गुनताड़ा क्या चल रहा है।

'अरी, ओ भल-मानसी...! हमारे से, एक नान्यो तो ढँग से पली नी रहियो है...और अबै हम कँई टेगड़ा पालाँगा...? अरे, पालनो है तो फिर गाय पालो, हाँ, गाय...! दूध मिलेगा तो हमारा हाड़का, थोड़ा-भौत तो काठा हुई ही जायगा।' नान्या समझ गया कि अब बड़े'बा को पिन्नाटा उठने लगा है। वो, दादी को हड़काने पर उतारू होने को हैं। नान्या तो सेहम के दादी के लुगड़े का कोना पकड़ता हुआ, लगभग दादी से एकदमै से चिपट-सा ही गया। बोन्दू ने भाँप लिया कि अब याँ से खिसक लेने में ही अपनी भलई है...नी तो फिर, सगली बात ओ'के माथे ही पड़ जावेगी तो वो, सई मौका देख के तुरत ही सटक लिया।

'हमारा घर में पेलाँई से पाँच-पाँच गाय है...अने इतरी गाय कँई कम है...? जो हम दो-चार गाय और बाँधी लेवाँ...ऐं...? हम बामण ही रहाँगा कि गाय ही गाय पाली के, नेठूई गवली हुई जायँगा...? ऐं...?' दादी बोली। दादी की आवाज में दबंगई भरी थी।

नान्या को दादी के बदले पैंतरे से निरात हो गई कि चलो, अबै दादी ने खूँपो सँभाली लियो है। बड़े'बा की, दादी के अग्गे, देर तक घलेगी नी। क्योंकि बड़े'बा को ठण्डा पड़ते देख, दादी अब तुरतै ई अपनी वाली पे आ गई थी। सो, आवाज को थोड़ीक और ऊँच्ची करती हुई बोली—'अरे, तम तो खाली जबान की लपाललपी करो...उठई और भेड़ दी तालू से। याद करो कि गाय होण को दूध तो, म्हारे ज निकालणो पड़े कि नी...? तमारा हाथे तो आक्खा ग्वाड़ा में से, एक बूढ़ी गाय भी, 'पानो' तक नी मेले...नान्या को मन रमी जावै, ऐक। वास्ते एक पिलको पाल भी लो, तो ओ'में ऐसो कँई और कितरो नुकसान हुई जावेगा...? ऐं...? ऊ बिच्चारो तो हमारा घर का ऐंठवाड़ा पे, यूँ ही पली जायगो...।'

दादी ने बोला और उना पिलके को, गोदी से उतार के, जमीन पे छोड़ा तो पिलका बड़े'बा की पनीही को सूँघने लगा। बड़े'बा चुप जरूर से थे, पर उनके भीतरे तो पिन्नाटा, उनकी चपड़गंजी तप्पल से पाँव तक सनसनाता हुवा भरा हुआ तो था, सो उनने अपने

पाँव को, थोड़ा–सा ऊँच्चा उठा के, पिलके के थूँथन को लगा दिया तो पिलका मारे डर के जादे ही 'ट्याँ–ट्याँ' कर बैठा...। नान्या को लगा, पट्ठा ये भी कोई कम नाटकबाज नी है। खाली पाँव के जरा सेटणकोले पे ऐसी ट्याँ–ट्याँ कर बैठा। अभी ऐ ने बड़े'बा की ठेपर[1] ही काँ देखी है। उनकी, एक ठेपर ही ढोर[2] का ढँढेर तोड़ लाखे।

दादी, झट से झुकी और ऊके, ओ ने अपनी गोद में वापस उठा लिया।

'नमस्कार...! दा'साब...!'

ल्लो, ऐसे में दो कोस का रस्ता नाप के, जाने काँ से, लौ के लपट बनावा के वास्ते, घी लाखणे, पीपड़ल्ले के पण्डित पन्नालाल परसाई आ गये। नान्या को लगा कि ये म्हाराज भी कोई कम नी है। अब और कँई जाने कौनसी ऐसी बात बोलेंगे कि बड़े'बा का पिन्नाटा बढ़ जावेगा और दादी और बड़े'बा की कटा–छैणी बढ़ के अखीर में, मार माथाफोड़ी में बदल जावेगी। वो मने–मन डरने लगा।

'प्रणाम...! भाभी'जी...प्रणाम...! अरे, आपने क्या इस श्वान को पाल लिया है...?' पण्डिज्जी दादी को भाभी बोलते हैं। नान्या चिढ़ गया— 'अब ल्लो, उनने आखिर आते ही चल्लू करी दी नी अपनी चतरई...। ये भी कोई कम नारद नी है। बड़े'बा के पिन्नाटे में, आगकड़ी घीस के लगा देंगें लाय।

'ये तो बहुत अच्छा है, भाभीजी...! कि इस श्वान का रंग भूरा है...।' पण्डिज्जी केहने लगे—'भाभीजी, इससे इस घर के राहू के दोषों का निवारण हो जायेगा...फिर इस समय में, दा'साब को तो राहू की महादशा ही चल रही है...इस श्वान के पाल लेने से, ये राहू के विपरीत प्रभाव से बच जायेंगे। क्योंकि श्वान तो भैरव–देव का ही रूप है। राहू के कुप्रभाव को केवल भैरव–देव ही नष्ट कर पाते हैं। कोई अन्य देव नहीं। चलिये, आप के परिवार में एक और नए प्राणी का प्रवेश हो गया है। अब आप चार हो जावेंगे, जो कि राहु का ही आँकड़ा है।' पण्डिज्जी ने तो कोई ऐसी अनोखी बात बोल दी, जो दादी की तरफदारी की थी। बस, दादी ने तो फिर बड़े'बा के कुतरे के, नी पालने की बात को, नेंठूई सोर–समेट के कुन्ने में धर दी। नान्या खुश हो गया था कि नज–मजे की, कोई ऐसी ऊँच्ची बात हो गई है कि अब, बड़े'बा पिलके को भगायगें नी।

नान्या, झट–से दौड़ा और पिलके को, ओने दादी से छीन के, अपनी गोदी में उठा लिया।

'नमस्कार भई...! बटुकपुत्र...!' पण्डिज्जी ने, नान्या की आड़ी देख के बोला। वो, उसको नान्या नी बोलते हैं। हमेशा ही बटुकपुत्र बोलते हैं। नान्या को, उनकी इस बात पे भौतई हँसी आती हैं, पर वो, उनके चले जाने के बाद ही हाँसता है। सामने हाँसो तो न कहो, बड़े'बा उठा के, एक चक–झन्नाट रेपटा ही ठोंक–ठाँक दें।

'क्यों रे, नान्या...! तूने अभी तक पण्डिज्जी की पाँयलागी भी नी की। ऐं...? चल, दौड़ के पाँव तो लग।' बड़े'बा ने, हड़का के हुकूम किया तो नान्या ने पिलके

1. ठोकर, 2. पशु, जानवर

को गोद से नीचे उतारा और और दौड़ के पण्डिज्जी की पाँयलागी निबटा दी। पाँयलागी में, खासकर नान्या की मंसा, पण्डिज्जी का मन रखने से जादे, तो बड़े'बा को बस खुश करने की थी।

'कुछ भी कहिये दा'साब, इस दयाराम-पुत्र में, आज्ञाकारिता का गुण तो बहुत अधिक है...फिर क्यों न हो...? आखिर संस्कार तो आप ही दे रहे हैं न...!' पण्डिज्जी बोले। दादी ने, ये बात पे दाँत काढ़े,पर हाथ में लुगड़े का पल्ला ले के, अपना उत्ता मूँ छुपा लिया।

'अरे, मैं तो गीता का पन्द्रहवाँ अध्याय कण्ठस्थ करवाने के वास्ते, अब के नवरात्र में, इसको आपके पास पीपड़ल्ले, बस भेजने वाला ही हूँ...।' बड़े'बा बोले तो उनकी ये बात सुन के, नान्या तो भीतरे-भीतरे बुरी तरेह से कुढ़ गया। ये पट्ठे बड़े'बा, ओ के, कँई न कँई फँसाने का, कोई न कोई फाँचरा और फन्दा ढूँढने में ही, हर घड़ी अपनी कुचमाती अक्कल को जोते रहते हैं। इसके बिगैर बड़े'बा को तो रोटी ज नी पचती है।

'अभी इसकी शीघ्रता नहीं कीजिये...अभी उसको केवल खेलने भर दीजिये...।' नान्या पण्डिज्जी की ये बात सुन के, खुश हो गया। कि चल्लो अच्छा हुआ,पण्डिज्जी ने, ये बात बोल के पेहले'ई पाप काट दिया वरना तो समझो कि अपने तरफ से, बड़े'बा ने ओके जम के जोतने की एक नवी जुगत तो लगई ही दी थी।

पाठशाला से आने के बाद से नान्या, बगड़ में भूरिया के साथ खेलने में लगा था। और, अब साँझ होने वाली थी। पर, अभी तक नान्या को, दादी ने आवाज नी दी थी। आजकल पट्ठा भूरिया, बगड़ में निकलते मनख और ढोर-ढाँढों पर भूँकता है। फिर नान्या, भूरिया को अपने मालिक होने की रौबदार और कड़क आवाज में, डपटता और हलकारता है...तो वो भूँकना बन्द करके वापस ओके कने आके खड़ा हो जाता है। वो, बार-बार पूँछ हिला के बताता है कि ओ'ने ऊ का कहना मान लिया है। भूरिया के कारणे, अब नान्या में भौत हिम्मत अई गई है। जैसे कि अब कोई ओ की तरफ से भिड़ पड़ने वाला आ गया है। काबरी गाय के केड़े के साँथे, जब वो दौड़ लगाता है तो भूरिया भी भौंकता हुवा केड़े का पिच्छा करता है तो वो केड़ा भी और दुड़की मार देता है। इसी बीच भूरिया की आड़ी देखते-देखते, ओ'के दिमाग में खयाल उठा कि ल्लो भूरिया तो इत्ता जल्दी, इत्ता बड़ा हो गया है कि वो अब खुदई, चाहे जाँ चढ़ जाता है। फिर जल्दी से ऊँच्चा भी हो गया है। जबकि वो है, कि भौतई धीरे-धीरे बढ़ रहा है। ऐसा क्यों है? वो, कई कावा ऐकल्ला बैठ के, इस बात पर खूब अच्छे तरेह से सोचता भी है, कि ये इत्ती जल्दी, इत्ता बड़ा और ऊँच्चा कैसे हो गया... ? ..ऐं... ? जबकि, दादी भूरिया को रोटी तो, गाय के दूध के साथ ही देती है—बकरी के दूध के साथ नी।

वैसे तो, आज पाठशाला से आने के बाद, नान्या का मन, अपने खिलौणे के साथ खेलवा का ही था। पर, उसके सगले ही खिलौणे, बड़े'बा ने खूब ऊप्पर मौळवे में, पटक दिये हैं। वो, सोचने लगा कि अब अग्गे से, वो अपने सारे खिलौणों को, गारे की छोटी कोठी के माँय छुपा के रखी देगा। अबे ल्लो... ! बड़े'बा, कर लो क्या करते हो।

दादी, बाहर ओटले पे निकली और तुलसी के क्यारे में, दीया लगाने के बाद बोली—'चल तो रे नान्या... ! अब घर में अई जा...ठण्ड बढ़ी री है...। और हाँ, भूरिया के भी रोटी और दूध दई दे...अने, तू भी बखत छते, रोटी जीम ले। वरना, देर से खायगा तो फिर थारे आधी रात के झाड़ो आवेगा...।' पर, नान्या ने, ये तै कर लिया है कि आज से, वो रात को जीमेगा ही नी। खाली बकरी का दूध ही पीया करेगा। भूख लागी भी तो वो, थुल्ली को भी बकरी के दूध में ही घोल के खायगा। वो जित्ता जादा दूध पीवैगा, उत्ता ही जल्दी ऊँच्चा हो जावैगा।

वो भूरिया को लेके, अन्दर आ गया। और ओ ने, ऊके दूध रोटी भी दे दी।

खाट में सोने के वास्ते लेटते ही,नान्या के दिमाग में, येई बात का घनमथन चलने लगा कि दादी, ये बात हरदमै, भौतई जोर दे के ही तो, ओ से कहती रही है कि मैं जल्दी ही बड़े'बा के कन्धे तक जा लगूँगा। पर, बैदजी ने भी तो उल्टा बड़े'बा को डाबर का चुवनप्राश चाटणे का चस्का लगा दिया है। डर लगता है, कि अखीऱ में, ये हो कैसे पायेगा... ? ऐं... ? क्योंकि बड़े'बा भी तो इस सबके चाटणे-चूटणे से, रोजीना ऊँच्चे होते चले जायेंगे ! बताव, फिर मैं कैसे हो पाऊँगा ? उनके बिरोबर ? कहीं ऐसा तो नी कि ये सब बातें, दादी केवल मेरा मन रखने के सरू, 'झूठ-म-झूठ' कहे देती है। खाली-पीली गपलाने के वास्ते। कहीं, वो मेरे को गेलसप्पा तो नी समझती है... ? ऐसा सब सोच कर, वो गहरे पसोपेस में पड़ा रहा फिर धीरे-धीरे भौतई रात हो गई, लेकिन ओ के नींद ज नी आ पा रही थी...तो वो, उत्ती ठण्ड में भी उठ के, मटकू जैसा बिस्तर में बैठ गया। खाट सण की रस्सी से बुनी होने के बाद भी, ओ'की अदवायण ने थोड़ी-सी चूँ-चकर तो की, लेकिन दादी रजीक-सी सलमलाई भी नी। दिमाग चिकरघिन्नी हो रहा था, हाँ, इस फिकर में कि आखिर बड़े'बा के बिरोबर, वो कब होवैगा... ?

बाहर ठण्ड काफी थी।

एकदम कड़के घाव। दादी, अपनी खाट में दुलई[1] ओढ़ के पड़ी हुई थी। नान्या ने, दुलई को शरीर के चारों-तरफ लपेट लिया। सोचा, कि क्या वो दादी को, अभी ही जगा कर पूछे ? इस बात के दिमाग में आते ही, ओ'ने तै किया कि पहले धीरप से, वो दादी की खाट के कने जाये और फिर पहिले, अच्छे-से, ये जाँच ले कि दादी सो रही है कि जाग रही है ? दादी की नींद के बारे में, बड़े'बा हमेशा ही कहते हैं—

---

1. रजाई

'अरे नान्या...! थारी दादी, ऐसी है कि वा, अपनी नींद सोवे और अपनी नींद जागे है।' जाग रही होगी तो वो, दादी को, अपना ये वाला डर बेहिचक हो के बता ही देगा। दादी को, सब बात की पुख्ता माल्लम रैहती है। वैसे, दादी की नींद भी तो बेल्कुल अपने भूरिया की मुजब है। अब भूरिया को देखो नी, जराक-सी भी इधर-उधर खटर-पटर हुई नी...कि वो, कैसा भड़ाक-से भौंक पड़ता है। दादी भी, चणिक-सा कोई खटका हुआ नी कि तुरत ही, बमाक से बोल पड़ती है—'कारे, वाँ कुण हैं? बोले क्यों नी? क्यों रे, तू नेठूई गूँगो बळे हैं, कँई?...जो बोली नी रियो है... ?'

नान्या अचकचा गया।

बताव, दुलई को बदन से हटा के, नान्या ने ज्यों ही इधर जमीन पे पाँव रक्खा, त्यों ही उधर दादी दुलई में, दुबकी-दुबकी हुई बोली—'क्यों रे नान्या...! कँई चईये थारे?...भूख लगी है, कँई... ? कि तीस लागी है... ? कि साँझे खाया, पोंखड़ा पचिया नी है... ? ऐं... ? म्हारे बोल...तू काय बल्ले उठे, इत्तरी ठण्ड में ? हूँ...पँढ़ेरी से थारे पाणी लई के दूँ। सोती बखत, खाट का नीचे, थारा माथा कने, पाणी को गड़ू भरी ने धर तो दियो थो, म्हने।'

दादी ने रजाई के भीतर से ही इतनी बड़-बड़ की। पर वो, बोला कुच्छ भी नी। चुपचाप दादी की खाट की ईंस पे, अपनी मुण्डी टिका के जमीन पे ही बैठ गया। फिर धीरे-से ओने, अपने भीतरे भर-भचक भुराळे होते भेम को, बाहर निकालते हुए कहा—'दादी, तू अभी ज ये बात म्हार के बता कि आखिरकार मैं, बड़े'बा के बरोबर कैसे हो पाऊँवाँ? क्योंकि, बड़े'बा भी तो रोजीना बड़ते ही रहेंगे।'

'क्यों रे, नान्या...! थारा बड़ा'बा बकरी को दूध काँ पीवै...ऐं... ? ऊई तो म्हारो खून पीवै...तू कँई फिकर मती कर...और हाँ, नज-मजे से फिकर छोड़ी के, अपना खाटला में सोई जा। तू कोई गाँगड़ियो थोड़ेई रै गा। मार ऊँच्चो पठाण हुई जायगा। इत्तो ऊँच्चो हुई जायगा कि मौलवा में माथो अड़ेगा, थारो।' दादी ने दुलई के भीतर से, कछुए के मुजब, अपनी मुण्डी बाहेर निकाल के, ऊकी संका का समाधान, फटाक-दनी से किया...और अपनी मुण्डी, फिर से दुलई में दुबका ली। पर, नान्या के दिमाग में, पल भर बाद ही, एक नई संका उठी तो नान्या ने फटाकदनी से, दादी को फिर से, बोल के बता दी—'पे दादी, बड़े'बा, डाबर का चुवणप्रास भी तो चाटते हैं, चटोरा बण के...वे तो इसे कारणे बड़े होते ही जावेंगे।'

'अरे छोरा, चुवनप्रास से ऊँच्चई थोड़ेई बढ़े...ऊ से खाली मूँछ बढ़े... !' दादी ने बोला। नान्या की संका सिरा गई। वो, दादी के जवाब से भीतर ही भीतर, रोम-रोम में खिल-खिल हो उठा। एकदमै गळतान हो गया। तभी दादी ने अग्गे और बोला—'फिर, थारे अभी मूँछ से कँई मतलब... ? ऐं... ? अभी थारी लाड़ी काँ अई री है, ऐं... ?' ये सुन के नान्या का तो, इतरा-इतरा मन होने लगा कि दादी को वो, ऊके

गाल पे, एक मटी दे और बाकी रात दादी से लिपट के, ओके कने, खाट में ही सोया रहे। पहिले की तरेह ही। जब, वो भौतई छोटा था।

पहले, वो दादी के कने ही, ऊकी ही खाट में तो सोता था। दादी, रात को सोने के पहिले राजा-रानी की भौत मजेदार कैणी जो सुनाती थी। फिर कैणी खतम होते ही केहती—'जा रे छोरा...पेलाँ पिछवाड़े जई के, 'फी-फी'[1] कर के अई जा।' वह दौड़ के जाता। पीछे के दरवज्जे से निकल कर, बाड़े में बागुर पर, 'तुर्री' मार के आता और लौट के, दादी की देह से दुबक के सो जाता। दादी बताती—'जादा गरम दूध पीने से, रात में, बिस्तर में फी-फी निकली जाय और बिस्तर गीलो हुई जावै।'

बड़े'बा ने तो परसों, गायत्री-मंत्र पढ़ के, ओके अपनी जूनी जनोई पिन्हा दी, जिसको वो, अब थोड़ी-सी, अपनी कमीज के बाहर निकाल के लटका लेता है। नान्या के गले से बाहर लटकती जनोई को देख के, गुरुजी ने ओ से पूछा—'क्यों क्या, तुम्हारा द्विज-संस्कार हो गया है... ?' तो नान्या को तो कुछ समझ में ही नी आया कि वे जनोई के बारे में बोल रहे हैं कि कोई और बात के बारे में। फिर उनने ही, ये बात बताई कि जनेऊ धारण करने का मतलब, द्विज हो जाना है। अर्थात् दूसरा जन्म...। ओ ने, आके दादी को बोला—'दादी... ! येल्लो, क्या बात बोलते हैं, गुरुजी भी... !' तो दादी दाँत काढ़ के बोली थी—'काय को दूसरो जनम रे छोरा...ई सब तो, बामण लोग होण की बात है रे, नान्या... ! अरे, फी-फी के रोकणे में, सूत का धागा से कान के लगाम लगई देणे से, कँई दूसरो जनम हुई गयो... ? ऐं...तू ज सोच... ?'

पर, बड़े'बा तो ऐसे चण्ट हैं कि वो, नान्या को जनोई पेन्हाने के बाद, वो समझो कि धमकाते से बोले थे—'अग्गे से फी-फी करना...तो इसको कान पर लगाने के बाद ही। और बैठ के। समझा कि नी नान्या... ?' तो ओ'ने बड़े'बा को बोला था—'अग्गे से ई तो करूँवाँ पिच्छे से फी-फी कैसे करूवाँ बड़े'बा ?' पे, इससे नान्या के सामने, एक नवी मुस्किल आ गई, वो ये कि बताव कि ऊके कान पे चढ़ाने के झँझट में, ओ की तो फी-फी ही रुकी रहती है। हो सकता हो, कि जनोई के डर के मारे ही, ओ'की फी-फी, अबै बिस्तर में, नी निकलती हो। वो रात को, सोते समै भी कान पे जनोई का, एक आँटा, मार के ही सोने लगा है।

दादी को ओ'ने, कोई पाँच दिन बाद, अपनी ये मुस्किल बताई—'अब देख दादी... ! फी-फी तो म्हारे बार-बार आवै है...तो तू ज बता कि हूँ...कब तक ई'के पेन्ह के रखूँ... ? ओ'ने दादी को, जब अपनी ये मुस्किल बोली-बताई तो दादी ने कहा—'अरे, तू तो या जनोई अपना भूरिया का गला में पेन्हई दे रे...अने फिर मजे से रै...यू भी थारा भूरिया के घणो ज मूतणो आवै है...अग्गो बळो रे, जनोई की जरूवत भूरिया के है...थारे नी है...ऊ'को मूतणों, थोड़ोक तो रुकेगा...।' वो, सुन के

1. पेशाब

साँकड़े[1] से घिर गया था कि आखीर अबै वो, किसका कहना माने... ? दादी का, या कि बड़े'बा का... ? पे, अब वो बकरी का दूध पीने से बड़ा भी तो हो गया। है...खुद'ई तै कर सकता है। घुटने मोड़ता है तो दादी को पेट में लगते हैं। तब से बड़े'बा ने, ओके वास्ते, नई खाट बना के बुनवा दी। सण की रस्सी की अदवायण वाली खाट, भौतई अच्छी है। करवट बदलो तो जादे चकड़-चूँ भी नी करती है।

रात में कई बार भूरिया आके, ऊकी खाट के नीचे ही सो जाता है। जिस रात के जादे ठण्डी हो, उनी रात में खास करके। कभी-कभी, वो बाहर जाके रोता भी है। अक्कास की आड़ी मूँ ऊँच्चा कर के। ओ के, रोता देख के, नान्या का मन भीतरे तक, कच्चा-कच्चा हो जाता है। एक दफे नान्या ने, दादी से पूछा भी था—'दादी... ! तू ये बता कि अपना ये भूरिया, रात में रोता क्यों है... ?' तो दादी ने बोला था—'नान्या... ! बात या है कि भूरिया के भी, ओ'की माँ-बेन की याद आती होगी रै...जैसे कि थारे, थारी माँ, दायजी और नानकी की याद आवे...है कि नी... ? बता तू नानकी के कितरो-कितरो याद करे है—है कि नी... ?'

उस दिन, वो देर रात तक, येई बात घोघता रहा कि भूरिया की माँ काँ होगी... ? उसके कित्ते भई-बेन होंगे ? ऊकी बेन काँ होगी... ? और मिली भी गई तो क्या वो, भूरिया को पिचाण पायेगी... ? या येई कि क्या भूरिया भी पिचाण पायेगा...उन सब को ? भूरिया को वो, जिस रात, रोते देखता है तो सुभे नान्या ओ के, खूब लाड़ करता है और अपने कने की घी लगी, एक रोटी भी भूरिया को दे देता है। फिर थोड़ेक दिन बाद, दादी ने एक दिन, भूरिया के बारे में, एक ऐसी नवी बात बोली कि वो नेठूई चकद्दम रै गया। दादी ने कहा—'अरे, ऊ थारो भूरियो, अक्कास में ऊँच्चो मूँडो करी के, रोई-रोई के, भगवान्जी से, अपनो बीतियो जनम माँगे है, रे...।' तो वो, आक्खी रात, येई सोचता रहा था कि भूरिया अपने बीते जनम में क्या होगा... ? बैल कि घोड़ा... ? कि हत्थी... ? कँई माल्लम न्हार ही होगा...दहाड़ मारने वाला। तबै तो वो इत्ता जबरा है...आखिर में, वो ये सोच के भौतई खुश हो गया कि हो सकता है कि मेरे, उसको जनोई पेन्हा देने से, भूरिया को अग्गे से, बामण का ही जनम मिल जावै।

नान्या, चुपचाप गते-गत उठके, वापस अपनी खाट पर आके, ठण्ड में गुड़ी-मुड़ी होके सोने के बजाय, पैर लम्बे कर के सोया, तो ओके पँजे तो खाट की ईंस से जा लगे।

'सच्ची में, बकरी का कच्चा दूध पीने से, ऊकी टाँगें कित्ती तो लम्बी हो गई हैं कि खाट की ईंस से जा लगती हैं। लम्बी करने पर, थोड़ेक दिन में इत्ती लम्बी हो जायगीं कि ईंस से बाहेर हो जायेगीं। फिर तो बड़े'बा को, मेरे वास्ते फिर से नई खाट तो बनवानी ही पड़ेगी।' ऊके, मन में, एक तरह की निरात हुई। अपनी

1. संकोच

ऊँच्चाई के जल्दी-जल्दी न बढ़ने को लेके, भीतर भराया भय, जो इत्ती देर से ओकी नींद को निगले बैठा था, दादी के केहन के बाद, फुर्र हो गया। पे, रातभर,नान्या को मारे खुशी के ही, नींद नी अई। वो, दुलाई से मुण्डी निकाल के देखता हुआ, सोचता रहा था। तब नान्या को, पहली कावा ये पता चला, कि भूरिया रात में 'मुत्ती' आने पर, औसारे से बाहर, आँगने में भागळ के नीचे से निकल के, बगड़ में टाँग उठा के 'तुर्री' मार के आता है, फिर, वापस कुन्ने में पड़े, अपने उसी टाट के थैले पर, गुड़ी-मुड़ी होके चुपचाप सो जाता है। भूरिया की गाबड़ी में, अब तो दादी कोई रस्सी भी नी बाँधती है। कहती है—'अरे, थारो भूरियो, अबे बड़ो हुई गयो है रे, नान्या...! अब, यो इना घर के छोड़ी के, कँई नी जायगा। हमारा घर को ऐंठवाड़ो खाते-खाते, यो हमार से हिली गयो है। फिर थारो भी तो दोस्त हुई गयो है रे यो...गोंई। लगे, यो पहिलाँ जनम को अपनो करजदार होगा। शायद से ऐ'का ही वास्ते ही, यो अपना याँ अई गयो।'

कभी-कभी, नान्या को लगता है कि बड़े'बा ने, पण्डिज्जी की भूरिया के बारे में, बोली-बताई बात, वो दिन सुन तो जरूर ली थी। पर, ऊके बाद भी, वे भूरिया के साथ कुतरे के जैसाई बेवार करते हैं। हाँ, फूटी आँख पसन्द नी करते। वो, ये तक भी भूल जाते हैं कि इसके डर के मारे बिल्ली जात का, अपने घर से, नेंठूई पाप ही कट गया। जबकि, हर तीसरे-चौथे दिन, वो रोटीघर में घुस के, दादी की दूध की दोणी उलट दिया करती थीं।

क्योंकि, दादी काल से ही, पर-गाम गई है, पीपड़ल्ले। तो बड़े'बा आज काफी जल्दी उठके, परभाती में चले गये हैं, भजन-मण्डली के साँते, भजन गाने के वास्ते। दादी कहती है—'हूँ,जबै घर नी होऊँ तो थारा बड़ा'बा, जरा जादे ई भगत बणी जावै।' याँ तक कि आज तो भूरिया भी भगत हो गया है, जो पट्ठा, बड़े'बा के साथ, लवारे[1] सरीखा लग लिया। बड़े'बा, जाते समै, ओ के हड़का के गये थे—'नान्या...! देर तक खाट ही मत तोड़तो रै जे। उठी के खूँटा से गाय छोड़ दीजै। पर, काबरी गाय के बाँधी रख जे, थारी दादी आवेगा तो ऊको दूध निकालेगा। और सुन, बासी रोटी धरी है, दूध तो है नी, ऐके वास्ते लहसुण की चटणी से, रोटी को सुनसाड़ी करके, सिरावणी कर लेना।'

बडे'बा उठ के उधर गये, इधर नान्या दौड़ के, बड़े'बा के बिस्तरे में भराके, और फिर अच्छी तरे से दुबक गया। वो छोटीक-सी नीन्द खेंचणे की जुगाड़ में था। बड़े'बा के बिस्तर में सो जाव तो लगे, जनेकि अपण तो मन्दर में जई के सोई गया है। उनके सिरहाने रहता है, चन्दन की अगरबत्ती का पूड़ा, कपूर की बट्टी। सँजा में,

1. बछड़े जैसा

वो धुपाड़े के अँगारे पे गुग्गल रख के, वो अपनी पूरी ओड़ली में घुमा देते हैं। ऐ कारणे भी, सब जगेह मन्दिर सरीखी गन्ध भरा जाती है, हौ, ओड़ली के डाण्डे के डाण्डे में। पर बड़े'बा बोलते हैं—'इससे घर की बिपदा भाग जाती है।' एक दिन दादी से, ओने पूछा था तो बोली—'अरे, नान्या... ! बामण और बिपदा को बासो, सदा से साँथ-साँथ...कँई खाली गुग्गल का धुँआड़ा से, वा भागी जावेगा... ? ई से खाली-मच्छड़-माखा भागे, बिपदा नी। देख, बिपदा भगाणे का वास्ते, थारा बड़ा'बा सुन्दरकाण्ड को पाठ करे, और लँकाकाण्ड खुद'ई मचाता रै।' दादी बोलती है और हाँसती जाती है। बड़े'बा के सिरहाने लाल कपड़े में बँधी, मोटे हरफ वाली रामायणजी भी धरी रैती है। नान्या को, रामायणजी के छापे देखना, भौत अच्छा लगता है। सीताजी, रामायण के छापे में, कित्ती गोरीगट्ट लागती है। बड़े'बा कहते हैं—'ऐसो है, नान्या... ! जब थारी दादी, ब्याह के आई थी, तो दादी का रंग, एकदम'ई, इस छापे से मिलता था।'

दादी, बड़े'बा की, ये'ई बात पे सरमा जाती है। और बोलती है—'चलो हटो, हाँ नी तो।' तब बड़े'बा नान्या को बोलते हैं—'नान्या, जरा तू देखी के म्हारे यो तो बता, कि थारी दादी का का दाँत सरम का मारे कँई लाल तो नी हुई गया है... ?' इस बात पे दादी, मूँ पे अपने लुगड़े की किनोर रख के हाँसने लग पड़ती है।

दादी को, हमेशा ही कोई-न-कोई काम आ जाता है। परसों, रायसींग'बा के याँ नुक्ते में, गाय परन्हाई थी, तो दादी तेड़े में, जीमणे चली गई थी और ल्लो, अबै कल रात से, पीपड़ल्ले वाले पण्डित पन्नालाल परसाई जी के याँ पे, तुलसीमाता के ब्याव में गई है। ई'का वास्ते ही तो बड़े'बा ने, बोला था कि काबरी गाय के, बाँध के रख जे। छोड़णा मत, क्योंकि, पीपड़ल्ले से थारी दादी आने ही वाली है। अब वोई अई'के काबरी को दूध निकालेगी।' बड़े'बा को माल्लम है कि उनके हाथ से, कोई भी गाय दूध नी देती। वे, किसी भी गाय के थन को छूने के वास्ते, जैसेई ओके अँवाड़े में हाथ लगाते हैं, कि गाय फटाकदनी-से कूद के दूर हो जाती है।

'नान्या..ऽ..! ओ नान्या...ऽ.!!' दरवज्जे खटखटाने के साथ ही, जब हेला पाड़ने की आवाज अई तो वो पिचाण गया कि निहाल बुआजी आ धमकी हैं। नान्या को, बिस्तर में से बाहर निकलने में ही, कण्टाल आ रहा था। फिर भी वो उठा और ओ ने किवाड़ खोल दिये।

'अरे नान्या, थोड़ो दूध हे कँई... ?' निहाल बुआ ने, दरवज्जे पे आके पूछा, तो ओ'ने बताया कि घर में दूध तो घुटका भर भी नी है, बुआजी। क्योंकि, आज दूध तो निकाला ई नी हैं...दादी पीपड़ल्ले गई है। सगली गाय छोड़ दी, पे काबरी अभी खूँटे ही बँधी है।'

'ला, देगची म्हारे दे रे...दूध हूँ ज निकाल दूँ...नी तो निवरो, काबरी को अँवाड़ो फाटेगा..।' निहाल बुआ ने, जब ये बोला तो वो खुश हो गया। फिर जब बड़े'बा,

परभाती से आवेगें तो वे, उसको शाब्बाशी देके कहेंगें—'वाह रे नान्या...ऽ.! गज्जब को आदमी है, यार...तूने दूध निकलवा लिया।'

निहाल बुआजी ने, दादी के लत्ते-कपड़ों के बारे में पूछा, तो नान्या ने, घर के भीतरे जाके, डोर पे सूखता, दादी का लुगड़ा खींचा और निहाल बुआजी को लाके दे दिया उनने, लुगड़े को अपने बदन पे लपेट लिया फिर देगची उठा के, छेड़े में अपना मूँ छुपाके, गाय के ग्वाड़े में दादी की नकल करती हुई गई तो काबरी तो ठीक ऐसे रम्भाई, जैसी कि वो दादी को आती देखके रम्भाती है। फिर निहाल बुआजी ने, काबरी की पीठ पे, हियाव से हाथ फेरा और काबरी के पाछले पाँव बाँध ने के वास्ते, नान्या से दौड़ली[1] माँगी। नान्या ने तब तक केड़े को छोड़ा। वो छूटते ही वो अवाँड़े में अपना मूँ लगा के दूध पीने लाग गया। नान्या ने ढूँढ के रस्सी दी और केड़े को खींच के खूँटे से अटका दिया, काबरी केड़े को चाटने लगी। वहीं ग्वाड़े में, काबरी से थोड़ीक छेटी से खड़ा हो गया। काबरी, नान्या को देख के भी रम्भाई। नान्या ने, रम्भाणा देखा तो अग्गे बढ़के, काबरी के माथे पे हाथ ही फेर दिया।

निहाल बुआजी काबरी गाय के पाछले पाँव बाँधने में लगी।

तभी, नान्या को याद आया तो वो दौड़ के, गाय के वास्ते, बाँटे का भरा बरतन लाया और ओने काबरी के मूँ के अग्गे रख दिया काबरी, केड़े को चाटना छोड़ के, बेकली से, मूँ मार के बाँटा खाने भी लगी। इसी के बीच निहाल बुआजी ने, काबरी का अँवाड़ा[2] देगची के पाणी से धोया। फिर दूध काढ़ने का सरू, देगची को गोड़े पे लेके बैठ गई। दूध की, बस चार-पाँच सेड़ ही देगची में गिरने की आवाज अई और फिर भनन-भट्ट की जोर की आवाज अक्खे ग्वाड़े में भर गई।

असल में, देगची में काबरी गाय ने लात जड़ दी थी।

तब तक बड़े'बा ही आ गये। वो बरतन की आवाज सुनके ग्वाड़े में आये और अचरज से भर गये कि 'अरे, नान्या की दादी कब आ गई... ?' फिर निहाल बुआजी ने जैसेई दादी का पेन्हा लुगड़ा उतारा तो बड़े'बा दाँत काढ़ उठे। भूरिया भी बड़े'बा के पिच्छे-पिच्छे ग्वाड़े तक आ गया था, तो वो भी पट्ठा लगे हाथ भूँकने लगा।

'अरे, निहाल बेन तम... ?' बड़े'बा के बोलने में, अचरज अने हाँसी दोई ज, साँते-साँत थी।

'ऐसो है, दादा कि...जे को काम जैके'ई के छाज्जे...और करे तो डींगल बाजे... !' निहाल बुआ, बड़बड़ाती हुई चल धरी। उनने देगची भी नी उठाई। शायद से थोड़ीक चोंट काबरी के खुर से, उनके हाथ पे भी लग गई थी। नान्या को तो ऐसी हँसी छूटी, कि बस बोलो'ई मत। नान्या तो बेल्कुल पोमा ही गया। —'कुच्छ भी बोलो, दादी तो म्हारी दादी ही है। सबकुच्छ को सटासट सलटा देने वाली।'

---

1. रस्सी, 2. थन

बड़े'बा भी भौत मजेदार हैं। दादी घर में होती है तो, ओ से कटा-छैणी करते हैं और ना हो, तब ऊकी पीठ पीछे, बढ़-चढ़ के, बड़ई करते हैं। बड़े'बा बोलने लगे—'नान्या... ! थारी दादी का हाथ में कुँजी है। हाँ, रे...सब चीज की...अरे ओ'का हाथ लगते'ई गाय पानो मेल दे...गोळ मीठो हुई जावे, चटणी चरकी लागवा लागे और रोटी फूलके दड़ी हुई जाय। रोटी भी बनावे तो इत्ती नरम-लुच्च और गोल जैसे कटोरदान के ढक्कन से काटी हो।'

फिर बड़े'बा कुँए पे न्हाने जाने के सरू, पंछा, धोती और लँगोट, अपने कन्धे पे लाखते हुए बोले—'नान्या..ऽ. ! तूने सिरावणी करी ली... ? कर ली होय तो अपनी पट्टी पे, पन्द्रा तक का पहाड़ा लिख। बस, अभी न्हाके आयो...पर तू अभी जईके, रामरतन की भतीजी, उनी छोरी मोहिनी के बुलई के, लई आ। आज, रोटी वो ही अई के, बनई देगी... ।

नान्या ने, मोहिनी बेन को जाके बोला तो वो तुरतै आ गई। आते ही बोली—'बड़ा'बा तम कुआ पे न्हाणे मत जाव, यहीं पे घर में ही न्हाई लो। हूँ...अभी गरम-गरम रोटी सेंकूँ।'

'हौ...!' बड़े'बा ने बोला और पिछवाड़े, बाड़े में न्हाने चले गये। मोहिनी बेन ने, फटाफट आटा गूँथा और चूल्हे में झरकल झोंक के उस पे रोटी सेंकने के वास्ते कड़ैला चढ़ा दिया।

मोहिनी बेन ने नान्या को आटे की पीण्ड में से, एक लोई दी और बोली—'ले, तू भी रोटी बेलनो सीखी जा। आदमी के भी रोटी बनानो आनो चइये। हनुमान मन्दिर का, हरीराम पुजारी के देख, उई कैसा 'सोयम-पाकी' है। मनेकि, खुद अपने हाथ से'ई रोटी बनावे है—हाँ, भई, अपना हाथ से अपनो भोजन... । सबकुछ, तू भी सीखी ले। जिनगी में, कँई जाने काँ काम पड़ी जाय तो साँसो नी रैगा।'

बड़े'बा न्हाके, रोटी-घर में आ गये थे। ये बात, उनने बात सुन ली।

'क्यों री छोरी मोहिनी... ? कँई हमारो नान्यो, हरीराम पुजारी मुजब, कुँवारो थोड़ेई रही जायगा कि ऊ स्वयंपाकी बणे...ऊ'का वास्ते, हम ऐसी गोरी-आग लाड़ी लावाँगा कि जो गोलगट्ट रोटी बनावेगा... । वो इके खिलायेगी...और हम दोई डोकरा-डोकरी के भी।' बड़े'बा ने फटाक दनी से बोला। ओ के बड़े'बा की, ये बात पे तो, एकदम से भौतई शरम अई गई। बताव, अगर इनने लाड़ी ला दी और वो मेरा छेड़ा काढ़ेगी, तो फिर मैं रोटी-घर में ई, कैसे घुस पावूँगा... ?...एँ... ?

वैसे, नान्या को शरम तो तब भी अई थी, जब पेहिली बार, ओने रोटी बेल के बनाई थी तो बेल्कुल लमतोतली हो गयी थी। बाबाजी की लँगोटी जैसी। तो फिर दादी ने, वो वाली रोटी को भूरिया को दे दी थी।

'मोहिनी बेन...! दादी, जो पेहिली तीन रोटी बनाती है, वो उनको अलगै धर देती है।' नान्या ने दादी के रोटीघर का रोजीना का, नेम-धेम बताया—'पेहिली रोटी

गाय माता की। दूसरी कुतरे की। तीसरी कव्वे के वास्ते। माल्लम है, मोहिनी बेन... ? कव्वे की रोटी को, दादी खग्रास कहती है, जि'के वो टुकड़े-टुकड़े कर के, म्हारे देके बोलती है तो मैं ऊके, घर की मगरी पर फेंक देता हूँ। रोटी के टुकड़े फेंकते ही, कव्वे भेले हो के कागारौल मचा देते हैं। दादी कहती—'बामण की जात और कागला की जात एक जैसी रै है...एक कागलो होय तो ऊ, काँव-काँव करी के दस कागळा होण के भेला करी ले... ।' मोहिनी बेन, दादी, शायद से पण्डिज्जी के चक्कर में पड़ के ही, कव्वे की रोटी को, खग्रास बोलती है...और भूरिया की रोटी को श्वानग्रास।' नान्या ने, जब ये पूरी बात बोली बताई तो रोटी सेंकती मोहिनी बेन बोली—'घणो समझदार हुई गयो। रे नान्या, तू तो... ।' फिर मोहिनी बेन झुकी और ऊके लाड़ में आके, ओ गाल पे मटी दे दी। नान्या भौत भरा-भरा हो गया। वो मोहिनी बेन को बताना चाहता था कि परताब' बा की प्रेमा, ओ के मटी नी देती। वो उससे बत्तीसी बदलने के जुगाड़ में लगी है। पे चुप ही रहा।

'मोहिनी बेन... ! माल्लम है... ? ओ दिन म्हने अपने हाथ की बनई रोटी, भूरिया के अग्गे डाली तो भूरिया ने पहिले अपने नक्सूड़े चढ़ा के, ऊके अच्छी तरेह सूँघा...फिर मूँ में दाब के, बाहर लिये गया। म्हारे भूरिया पे भौतई पिन्नाटा आ गया। था...म्हने ओ के फिर डाँटा भी—'क्यों रे, म्हारा सामने खाने में कँई शरम आय... ?' पर, बाद में भूरिया आके, मेरे पाँवों में, लोट लगाने लगा था। कसूरी की माफी के वास्ते।' नान्या ने अपनी बात पूरी की।

'नान्या, म्हारा छोटा-सा भइया... ! जिनावर का कने भी भासा होय रे... । उनकी भी बाराखड़ी होवे...थारा, 'अ आ इ ई उ ऊ... ' जैसी... ।...समझियो कि नी... ?' मोहिनी बेन ने रोटी बेलते-बेलते बोला।

'हा...भ-भा...भि-भी...भु-भू...भे-भै...भो-भौं... ।' नान्या ने कहा था तो मोहिनी बेन ने दाँत काढ़ दिये थे।

'नान्या, थारो ऊ भूरियो काँ गयो है रे...ओ के भूखो मत राख नी तो फिर ऊ काबर-तीतर के मूँ में भरी के नी ले आवै... ।' बड़े'बा ने रोटीघर में आ के, जीमणे बैठने वास्ते पाटला बिछाते हुए बोला।

बड़े'बा ऐसा बोलते हैं तो नान्या को ये बात सरेआम भूरिया की भौत ई भद्द लगती है। ओ पे निवरो ऐल्जाम। एक तो ओके वो, टेगड़ा बोलते हैं...दूसरे, हर-बार भूरिया को तीतर-काबर पकड़ने वाला, कँजर का कुत्ता ठावा करने लगते हैं। जबकि, दादी कई-कई कावा बोलके बता चुकी है—'यो, थारो भूरियो, बामण का घर को अन्न खई-खई के, दत्तात्रय भगवान्जी का कुतरा जैसा हुई गयो है...बताव, एकादसी के दिन, यो भी एक दफे ही रोटी खावे। एकासनो करे।'

रोटी जीमणे के बाद, जैसे'ई बड़े'बा बैठक में आये तो दन्नाक से दादी आ गई। पीपड़ल्ले से पण्डिज्जी पन्नालाल परसाई खुद'ई दादी को, अपने छकड़े से, छोड़ने

के वास्ते आये थे। बड़े'बा ने बैठक के तखत पे, उनको बैठने का बोला। दादी के आने से नान्या, एकदम से खुश हो गया। नान्या को याद था। वो ने दौड़ के, तुरतै पण्डिज्जी की पाँयलागी कर दी। भूरिया भी पण्डिज्जी के पाँव के कने आ गया था।

'काफी बड़ा हो गया है, ये श्वान अब।' पण्डिज्जी ने भूरिया की आड़ी गौर से देखी के बोला। फिर बात पूरी नी हुई थी तो अगे बोला—'लेकिन, दा'साब...सचमुच ही बड़ा चैतन्य श्वान है, आपके यहाँ। एकदम स्वामी-भक्त।' फिर वे नान्या की तरफे, मूँ कर के संस्कृत में श्लोक बोल के बताने लगे—'विद्यार्थियों में, श्वान-निद्रा होनी चाहिये। ऐसी नींद, जिसमें जागरण भी समाहित हो...। तुमने कभी देखी है, तुम्हारे श्वान की निद्रा को ? एक चौकन्नी-नींद। नींद के भ्रम में, हर क्षण जागरण चलता है, उसका। समझे कि नहीं, बटुक-पुत्र ? अरे, अपने इस श्वान से सीखो...इसको, अपना गुरू बना लो...।'

नान्या, दौड़ के दादी के पास रोटीघर में आ गया। पण्डिज्जी ने, उसे क्या बोला-बताया नान्या को सम्पट नी बैठी। बस, इत्ती बात पल्ले पड़ी कि वो कोई नीन्द की बात के रहे हैं... ? ओ ने सोचा कि वो अभी ही दादी से पूछे कि दादी, ये चौकन्नी-नींद क्या होती है... ?

उसने रोटीघर में जाके देखा, दादी मोहिनी बेन के माथे पे हाथ फेर रही थी। दादी बोली—'बेटा, माहिनी अब तू जा...चौको-बासण, हूँ करी लूँवाँ।'

'दादी..! पण्डिज्जी बोलते हैं, म्हारी नींद चौ-कन्नी होणी चईये...तू बता कि ये चौ-कन्नी नींद कँई और कसी होवै... ?' नान्या बेकली में था।

'अरे नान्या...! चौकन्नी-नींद मनेकि जि'मे...'चार कान जित्ता सुन लेने' की ताब हो।' नान्या ने, ये बात सुन के दादी को बोला—'तो दादी...! क्या भूरिया के दो कान के भीतरे, दो और कान हैं ? तो फिर मेरे पास तो खाली 'दुकन्नी' नींद ही रैगी...है कि नी... ?' दादी ने सुन के डपट के बोली थी—'चल, अभी तो तू पाठशाला जा...फिर राते बात कराँगा।'

नान्या को, दादी ने थोड़ा डपट के बोला, तो वो रोने लगा कि वो, आज पाठशाला नी जावेगा। वो रोता हुआ दौड़ता हुआ, ओड़ली की आड़ी गया। और, गोदड़मच्ची पे चढ़ के, ओ में छुप गया।

पर, नान्या को गोदड़मच्ची में छुपे-छुपे भी, ये अफसोंच घेरे रहा क्योंकि फिर ओ'के कने भूरिया जैसी नींद तो है ही नी...!' और तो और, दादी कभी-कभी उल्टा ही बोल देती है—'वो दिन, जबै दादी ने, घर में तुलसी माता का ब्याव किया था, और बामणसेरी की सगली बईराँ होण अई थी, तबै, दादी ने सब के सामने, भर-मुँह भद्द कर दी थी। बोली—'अरे बई, हमारा नान्या की नींद तो बस ऐस्सी है, कि नींद में ऊ की, कोई 'फीफी'[1] भी चोरी के लई जाये...तो भी ऊ'की नींद नी खुले।' तब,

1. जनेन्द्रिय

मारे शरम के, वो पानी-पानी हो गया। था। ऐसी सरम लगी कि भाग के वो, दादी के 'सात ताले वाली कैणी' की खोली में, जाके घुस जाय और ऊप्पर से, तमाम गोदड़े-गोदड़ी ओढ़ के छुप जाय...किसी को नी दिक्खे...।

अरे, ओ म्हारी माँ...! ये बात तो, तब की है...जब, वो चड़्डी भी नी पेन्हता, क्योंकि वो भौतई छोटा था। अब तो वो मलेसिया के कपड़े की निकर पहनता है और जि'में भी बटन लगे हैं। पतरे के। खुद दादी के हाथ के। एकदम मजबूत। कोई तोड़ भी नी सकता। नान्या ने अन्दाजा लगाया था कि शायद 'फीफी' की चोरी हो जाने डर के मारे ही, बड़े'बा लँगोट बाँधते होंगे। बड़े'बा कित्ती तो भी कस के गाँठण बाँधते हैं, जनेकि पंछे में पोंखड़ा।

वो तितिर-भिन्नाट हो गया। लो बताव बताव ! ये पट्ठी दादी बड़े'बा की नींद के बारे में कुच्छ भी नी बोलती बताती, है...। हाँ, एक अक्खर भी नी...। दादी, क्या ये बात नी जानती कि बड़े'बा की नींद भी कौन भूरिया की सरीखी है? ऐं...? नींद में, उनकी तोते जैसी नाक तो, खर्राटे की आवाज ऐसी करती है कि ऊँदरी भी दर से, मूँ निकाल के देखती है और मारे डर के, फिर घुस जाती है। हाँ...हाँ...खर्राटों से पूरी बैठक गूँजती रहती है...खुर्र...खुर्र। ओ ने, दादी को कहा था—'दादी...! तू बड़े'बा की बात और बुराई निहाल बुआजी को क्यों नी बताती है...? ऊके खीझ होती है, कुछ भी कहो, दादी भी योंई है...सब फटाफोल कर देती है। पट्ठी, ये भी कोई कम ऊँच्ची रकम नी है। दादी, कभी-कभी तो नेंठूई उल्टा ही बोल देती है—'बताव, ऐसी बदनामी से म्हारी सगाई ही कैसे हो पावैगी...? ओ के, मोहिनी बेन की बात याद कर के, संका भी हुई कि क्या ऐसा तो नी, कि हनुमान मन्दिर वाले हरीराम पुजारी जैसा मैं कुँवारा रै जऊँवा...?

नान्या को सोचते-सोचते, जाने कब ही गोदड़मच्ची में ही छुप कर पड़े-पड़े नींद आ गई।

नान्या, दादी को वह सबकुछ बिना साँस लिये, लगे-लगट बताता जा रहा था कि गाम की पूरी हथई में, इमली के निच्चे, ऊँट ही ऊँट थे। वो'ने गिनती भी की थी कि समझो कि कोई पाँच पचौल। ऊँट देखवा के वास्ते, गुरुजी ने भी पाठशाला की, कुछ देर पहिले'ई सब बच्चों की दफ्तर-पट्टी की ही छुट्टी कर दी थी। बोन्दू बता रहा था, कि वो सगळे ऊँट, ऊके काँकड़िया वाले खेत में, आज पूरी रात बैठेंगे। दादी ने, तब नान्या को अच्छे-से समझा के बताया था—'ई ऊँटड़ा-ऊँटड़ी, जब बनेसींग के खेत में रातभर बैठेगा, तो आते साल उनके खेत में ज्वाँर, खूब ऊँच्ची-ऊँच्ची उगेगी। मनेकि, ओ को राड़ो, थारा बड़ा'बा का भी माथा से भी ऊँच्चो। ऊँट की लेण्डी और मूतर को पौधा को खाद लगे, जो गोबर का खाद से

जादा गुणकारी और मातबर रै। नान्या...! ई ऊँट वाला लोग भी, खेत में ऊँट बिठाड़वा का भी पइसा ले है।' दादी, शायद से बताते-बताते उकता गई थी। ऐ'का लेने बोली थी कि—'बस, अब तू सोई जा, बाकी बात काल कराँगा...।'

वो'ने भी, दादी की बात मान के, रजाई को चारों-ओर से लपेट के, चुपचाप ऊँट के बारे में घोघना शुरू कर दिया था कि बताव ऊँटड़ों की गरदन कित्ती बड़ी थी—मनेकि, वो तो अपने गाय के ग्वाड़े में भी बँध नी सकता। उनको तो अलगै ही बथान चईये। धीरे-धीरे, सोचता हुआ, वो धीरे-धीरे नींद में गुड़गप्प होने के कने पहुँचता जा रहा था। नींद की घुमेर में, वो ऊँट की पीठ पे बैठ गया। फिर वो ऊँट को लेके, भागने लगा सेरगाम की ओर। वो, ऊँट को भगाता हुआ नानकी और माँ से मिलने जा रहा है। ऊँटवाले लोग समझते हैं कि वो ऊँट की चोरी करके भाग रहा है। लोग ओके पिच्छे दौड़वा लगे। ओने भी ऊँट को और तेजी से दौड़वा दिया। वो हड़बड़ा के नींद की घुमेर का घेरा तोड़ के बाहर आ गया। नान्या, अभी अध-नींद में था तो ओने, अपनी आधी-अधूरी नींद में, बड़े'बा से दादी को बोलते सुना—'तम कँई सोची रिया हो कि बनेसींग, ऊ'ना काँकड़िया खेत पे कब्जो करी लैगा...? तो हूँ तो कहूँ कि ऊँट की चोरी बनेसींग, छुपे-छुपे करी लेगा...?' नान्या कान पे, ये बात पड़ते ही वो अध-जगा तो था ही। उठ के बिस्तर में बैठ गया। ऊँट की चोरी...? और बोन्दू के दायजी बनेसींग करेंगे...? कुछ समझ में ही नी आया नींद की घुमेर में ही, नान्या ने तै किया तब, कि वो जब सुभे उठेगा, तो चुपचाप दादी से बनेसींग के द्वारा की जाने वाली, ऊँट की चोरी के बारे में पूछेगा। लेकिन, तभी ऊके, जोर-म-जोर की नीन्द आने लगी और उसमें वो, एकदमे-से भूल ही गया।

कुछ देर बाद, हुवा ये कि भूरिया बड़ी जोर-जोर से भूँकने लगा। वो जाग गया। बड़े'बा अपनी ऐड़ियाँ ऊँच्ची कर के, भीत की मोखी से बाहर बाड़े में देख रहे हैं। उनने देखा और देख के दादी को बताया—'काले साफे के पल्ले में, अपना मूँ बाँधे चार-पाँच आदमी लोहाँगी लट्ठों के साथ खड़े हैं।' वे दादी को बोले—'पक्की बात है कि ई चोड़ला ही है, शायद।' बड़े'बा ने दादी की ऊँट की चोरी की बात की बेध्यानी कर दी और जोर से हड़का के बोले—'कुण है रे, वाँ...? इत्ती राते...कुतरा को गरू...?'

'ओ, दयाराम का दायजी...! तम लट्ठ के तो यहीं ज छोड़ो और...या अपनी बारा-बोर की बन्दूक लई के बाहर जाव...अने, फोड़ी दो चारी के।' दादी मोखी में अपना मूँ डाल के भौतई जोर से अल्ड़ाके[1] बोली। दादी की इत्ती ऊँच्ची आवाज तो ओ'ने कभी सुनी ही नी थी। साथ ही जोर-जोर से बोलने लगी—'भूरिया छू...ऽ...ऽ...। भूरिया छू...ऽ...ऽ...!' नान्या की नींद तो, इस रापटरौल्या में जाने काँ ही फुर्र हो गई। ऊँट की चोरी के बारे में, पूछने की बात को तो वो, एकदमे-से भूल ही गया। उल्टी डर के मारे, ऐसी धूजणी धरी कि ओ'ने माथे से पाँव तक दुलई खींच ली।

1. चीखना

भूरिया भौंका तो गली के, वे सारे कुत्ते भी दौड़के आ गये, जिनकी भूरिया से, रोजीना ही बिना बात की भौं-भौं वाली लड़ई होती है। सब के सब, लड़ई भूल के मिल-जुल के ऐसे लपके कि चोड़लों को तो भागते बाट नी मिली होगी। इत्ती देर में तो आसपास के घरों के, सारे लोग भी बाहर निकल के आ गये थे—'कँई हुई गयो बा... ? कँई हुई गयो बा... ? 'करते-करते।

सवेरो हुओ तो नान्या ने, दादी से पूछा—'दादी, अपन घर में, बन्दूक तो है ज नी, पर तूने कैसे बड़े'बा को बोला कि तम बन्दूक लई के जाव। तो बड़ा'बा बन्दूक काँ से लाता... ?'

'अरे, छोरा... ! खाली चौड़ला होण के डराने वास्ते...बारा-बोर की बन्दूक को नाम सुणी के सबका ही पोटा-फाटी पड़े है...बस, भागता ही बणे।' फिर आगे बोली—'बन्दूक तो म्हने आज तक देखी ही नी, नजीक से। खाली, गजकुण्डी देखी थी। हूँ, जदे थारी उमर की थी, म्हारा दायजी ने 'धाड़ा' डालने वाला के, गजकुण्डी छोड़ के भगई दिया था।' इसके साथ दादी की हँसी की फुलझड़ी छूट गयी। नान्या ने, जब पूछा कि दादी 'धाड़ा' डालने वाला मनेकि कुण लोग... ? तो दादी बोली थी—'पिण्डारी लोग आता था रे... ! गाम में, घोड़ा पे बैठ के...गाम का गाम लूटने का वास्ते। उनके ज 'धाड़ा' डालने वाला बोलता था।'

बड़े'बा ने, दादी को बोला—'अरे...दयाराम की माँ... ! भई, सुनो तो...देखो, आज से भूरिया को गाय-बैल के बाँटे में से, थोड़ा भाग रोज ही निकाल के देना शुरू कर दो।' तो भूरिया और गब्दू हो गया। बड़े'बा, एक दिन भूरिया को देख के कहने लगे—'कसाई का घर को कुतरो और बामण का घर की गाय...ई दोई, कभी दुबला नी होय...और, अब तो लो...बामण का घर को कुतरो भी जाड़ो हो जावैगा।' इसके बाद, दफोर को, बड़े'बा ने काबरी गाय के केड़े के वास्ते, पीपड़ल्ले के हाट से दीवाली पे खरीद कर लाया गया, एक लाल पट्टा, भूरिया के गले में बाँध दिया, जिमें काँच की एक गोल टिपकी थी, जो तड़के में चिलकती, जनेकि, कोई हीरा हो। वो, लाल और ऐसा चिलकता पट्टा देख के, दादी बड़े'बा को दाँत काढ़ के बोली भी—'येल्लो ! अपनी बईराँ का गला का वास्ते, सुन्ना को एक बारीक़ सो डोरो तक नी लाया, और कुतरा का वास्ते गलसरी ? म्हारी कदर से ज्यादा कदर तो, याँ टेगड़ा की कदर है...इना घर में।'

तभी कालूराम कुल्मी काका आये और रात के रापटरौल्ये के बारे में, बड़े'बा से, वे बात करते-करते बोले—'बा-साब, तमारो यो भूरियो भौंके तो ओगळा मनख को, तो ऊकी धोती में 'झाड़ो[1]' ही छूटी पड़े। चोर की पिण्डली, ई का मुण्डा में अई जाती तो समझो पाव भर माँस तो यो हेड़ी ही लातो।'

नान्या को, कालूराम कुल्मी काका के 'झाड़ा' छूटने की बात पे, पाठशाला की बात याद अई गई। पाठशाला में एक दफा ओ'ने, गुरुजी से छुट्टी माँगते हुवे कहा

1. शौच, पाखाना

था—'गुरुजी, मेरे को 'झाड़े' जाना है...।' तो गुरुजी ने ऊके, भौतई जमके डाँट लगाई थी—'अरे नान्या...! तुम बड़े'बा के पोते होकर भी, बेल्कुल बलई-सेरी के छोकरों की बोली बोलते हो...? ऐं...? बाद इसके, वो गुरुजी को अपनी दो अँगुली दिखई के, दुक्की जाने की छुट्टी माँगने लगा था। बड़े'बा तो 'शौच' बोलते हैं। दादी, ये बात पे मूँ मचकोड़ के कहती है—'अरे, नान्या...! शौच करवा वास्ते भी तो झाड़ की ही आड़ में तो जाणो पड़े है...ऐ'का वास्ते, ऊ'के 'झाड़े जाणो' बोले और कँई...? अने, शौच बोल देणे से, ओ में कँई बास नी आय...? कँई ओ'मे सुगन्ध भरई जावै...? ई सब तो निवरी बात है, बामण होण की...थारे तो मन में आवे, जो ही कहिया कर...।' नान्या को याद आया—एक कावा, पण्डित पन्नालाल परसाई बड़े'बा से बोले थे—'अब बताइये, दा'साब, कुछ लोग तो शौच-अशौच का, किंचित् भी ध्यान नहीं धरते हैं...ऐसा बताते हैं कि गोरे तो ऐसे मनुष्य हैं, जो शौच के पश्चात् जल से, गुदा-प्रक्षालन भी नहीं करते...।' ये बात सुन के ओ'ने ऐसी कठिन बात का भेद, दादी से जानने के वास्ते पूछा, तो वो खूब दाँत काढ़वा लगी थी—'अरे, नान्या...! तू इणकी बात पे, कान मत धरिया कर...या तो ढेका धोणे की बात है रे...।'

नान्या को, कालूराम कुल्मी काका की भूरिया की, माँस हेड़ लई आने वाली कुब्बत की बड़ाई सुन के, भौतई खुशी हुई। भूरिया भी बार-बार, अपने कान ऊँचे करके, अपनी बड़ाई सुनता रहा था। भूरिया पोमा रहा था। जब वो पोमाता है, तो अपनी पूँछड़ी गोल और ऊँच्ची कर लेता है। नान्या नस-नस जानता है, भूरिया की, कि कब-कब, वो क्या-क्या करता है। बड़े'बा बोले—'हमने भूरिया को अपनी डेल पे, सिरफ ई'का वास्ते, बाँध लिया था कि इसके नाखून गिनती में बावीस थे।' बाद इसके, उनने ऐसी ग्यान की बात बतई थी कि वो एकदमै-से चकद्दम रै गया था।

'कालूराम...! कुतरा का बारा में, एक केवात या है कि 'अठारहवियों अटके... बीसियो झपटे और बावीसिया का मुण्डा में शिकार लटके। मनेकि, जिके पँजे में बावीस नाखून हों, वो निश्चित ही शिकारी कुतरा होगा...ऐसा शिकारी-कुतरा या तो कँजर कने होवे या कि फिर बँजारा कने, समझे? यो शिकारी कुतरो है...बामण के याँ पे पल गया तो भी ठीक है।'

दादी, रोटी जीम के बीड़ में, आलनिये कण्डे बीनने चली गई। वो पाठशाला। और भूरिया भी लवारे जैसा दादी के साँते-साँते लग जाता है।

पाठशाला से आये को भी ओ'के काफी देर हो चुकी थी। बड़े'बा को भी, हनुमान मन्दिर की आड़ी निकले को, इत्ती देर हो अई थी कि दादी के हिसाब

से बोलो तो—'भूखो बामण दो बार जीमी ले।' नान्या अबे तो खीझने पे उतारू हो आया था। वो, झुंझला उठा और उठके, घर के दरवज्जे से बाहर आ गया। ।

अब, वो ओटले पर खड़ा हो कर, बेकली से अँई-वँई देखने लगा।

तभी ओ'ने देखा कि दूर गली में, भूरिया भौंकता हुआ, उसकी आड़ी ही चला आ रहा है। पेल दफे , उके, इस तरह जान छोड़ के भागते देख, लगा कि जरूर से भूरिया को, कोई दूसरे कुतरे ने, दमीच-दमीच के मारा है। पर, वो आया और आके ओका, कमीज खींच-खींच के उधर ले जाना चाह रहा है, जिधर से वो, जान छोड़ के भागके आया है। रह-रह के वो, उधर ही मूँ करके भौंके भी जा रहा था। एक दफे, ऊकी भी, ठाकोर-बाखल के कालूसींग नाम के छोरे से भिड़न्त हो गई, तो वो रोता-कलपता बड़े'बा के पास दौड़ता हुआ आया था और ओने रोते-रोते बताया था कि ओ'के कालूसींग ने कीमड़ी की मार दी है...तो फिर क्या था, बड़े'बा ने झपाटे से घर में जाके, ओसारे से पहिले अपनी कूबड़ी उठई और फिर पिन्नाटे में भरके बोले—'चल तो जरा...म्हारा सांते...! ये कौन कमीणा काळूसींग है...! ओ'के अपनी कूबड़ी से कूट-कूट के, कालूसींग से लालूसींग बणा देता हूँ...ओ'की, ये हिम्मत कैसे हुई कि वो'ने मेरे नान्या को कीमड़ी मार दी... ? ऐं... ? अरे...मेरे नान्या को कोई उँगली लगा दे, तो फिर मैं उस स्साले का, नेंठूई गोड़ से हाथ उखाड़ दूवाँ...समझे कि नी ?'

वो भी, फटाक-दनी से, घर में गया और, फिर झटके के साथ अपना, गुल्ली खेलने वाला पुराना डण्डा बाड़े में लेकर, दन्नाक-से बाहर आ गया। और बोला—'चल रे भूरिया...किसने तेरे को भभोड़ा...ऐं... ? मैं उसकी कस के कुटाई कर देता हूँ...वो लाल कुतरा होगा, तो मैं मार-मार के उसको काला कुतरा बना दूवाँ...ओ की गोड़ से गाबड़ी उखाड़ दूवाँ... ।'

बस, भूरिया अग्गे-अग्गे और वो पिच्छे-पिच्छे। पेली कावा लगा कि भूरिया भी भागने में, कोई कम नी है। जब, वो गाँव की पाटी को पार करके, गोयरे में पहुँचा और जो देखा तो नान्या, जो डण्डा लेके भौतई जोश में भर के, घर से भूरिया के साँते निकला था, ऊके तो हाथ-पाँव में नेंठूई धूजणी धरा गई... । वाँ, उसने देखा कि वाँ पाटी में तो दादी, जमीन पे आड़ी पड़ी है और ऊका आलणिये कण्डा का टोपला, बगल में बिखरा पड़ा है।

ओ'ने जोर से चीख के, दादी को पुकारा...पर, लगा कि दादी के तो कोई, सुध-बुध ही नी है। ओ'के तो जने कि कान, कँई अलगै लोक में ही खुल गये हों। दादी को कुच्छ भी सुनाई नी दिया। हिलाया तो भी उसने, नी तो कोई कुच्छ हुँकारा भरा, और नी ही वो टसकी...और अपनी आँख तो ओ'ने खोली ही नी।

नान्या, वहीं पे अपना डण्डा छोड़ के, घर की ओर बगटुक-बगटुक भागा। ओ के पाछे-पाछे भूरिया भी भागणे लगा तो नान्या ठिठका और भूरिया पे घघा के

बोला—'अबे म्हारे पीछे काँ आ रहा है... ? रुक, यहीं पे दादी के पास रुक... ।' भूरिया झिड़क सुनके, वहीं का वहीं खड़ा रै गया। नान्या ने तै किया कि बड़े'बा घर आगये होगें, तो उनको जाके, एकदमै से बताये कि—'बड़े'बा... ! अभी ही मेरे साथ चल के देखो...दादी, वाँ पाटी के पास, एकदम आड़ी पड़ी है। बेलकुल सीनी-बीनीं। हाँ, एकदमै से बेसुध... ।'

ऐसे में, भगवानजी ने ऐसी करी कि बड़े'बा, ओ'के हनुमान मन्दिर के मोड़ पे जाते दिख गये...शायद से ही घर की आड़ी ही जा रहे थे। फिर क्या था, ओ'ने जोर से बड़े'बा को हेला पड़ा। बड़े'बा ने, पीछे मुड़ के देखा और रुक गये। वो, दौड़ के उनके कने पहुँच गया। फिर एक ही साँस में सगली बात बखान दी...कि दादी को क्या हुआ है और वो काँ पे पड़ी है।

'तू क्या बात कर रहा है, नान्या...ऐं... ?' बड़े'बा ने, ऐसे कहा कि जनेकि उनको, नान्या की बात पे बिसास ही नी आ रहा हो। उनकी आवाज में, भर्राटा भरा गया था।

'हाँ, सच्ची बोली रह्यो हूँ...बड़ा'बा।' बोलते-बताते हुवे, नान्या का दम फूल रहा था। ओ'ने कसम खाने के वास्ते, कण्ठ के वाँ पे अपना जीमणां हाथ भी लगाया—'बड़ा'बा... ! वाँ पे दादी बेसुध पड़ी है।'

'पर, वो घर से तो नज-मजे से गई थी...फिर ओ'के, अचानक ऐसो कँई हुई गयो।' बड़े'बा ने अपन-आप से ही बोला। फिर वो, ऐसे सपाटे से पाटी की तरफे चले धरे कि नान्या को दुलकी चाल से भी बड़े'बा के बिरोबर चला नी जा रहा था। आखिर में तो ओ ने, दौड़ ही लगा दी। पाटी में पहुँचते ही, उनने दादी को हिला-डुला के देखा और बोले—'अरे यार नान्या... ! या थारी दादी तो बेहोश है रे... ।' नान्या, ये सुन के जोर से रोने लगा तो बड़े'बा पिन्नाटे में आ गये—'चुप रै, अरे, रोवा की बात कँई है, इम्मे... ? ..ऐं... ? बेहोश होने को मतलब मरी जाना थोड़ेई है ?' फिर उन्होंने कहा—'दिखे कि थारी दादी के, चक्कर अई गये हैं, इसको रोज'ई तो कहता तो रहता हूँ कि इत्ता बजन मत उठाया कर...पर, सुनती कब है। अब, तू दौड़ के सीधा, कृष्णवल्लभ बैदजी के घरे जा...और बोल कि 'बस अभी खड़े-दम चलो, दादी की तब्बियत भौतई खराब हुई गई है...ठीक है, दौड़ता हुआ जा और उनके तू घरे लीके आ, मैं तेरी दादी को लेकर घरे पहुँच रहा हूँ।' बड़े'बा गुस्सा जावैं या फिर हड़बड़ी में भर जावैं तो आपो-आप ही वो रोरगामी बोली बोलने लग जाते हैं। बड़े'बा बोले और एक'ई झटके में उनने, दादी को अपने दोई हाथ में, ऊप्पर उठा लिया। दादी, जिके सिर से, पल्ला कभी भी नी गिरता दीखा, वो इनी बखत में नेंठूई उगाड़-मत्था हुई गई थी। बारवट्टी की तरेह, बाल बिखरे हो गये थे, ओ'के।

बड़े'बा के आने से, वो'के भीतरे तर्राटी आ गई तो नान्या ने जोर की दौड़ लगा दी। बैदजी के घर की ओर। बाट में, धाणी सिंकाणे जा रही, मोहिनी बेन मिल गई।

ओ 'ने उकी हड़बड़ी देखी तो दौड़ के वो भी ओ के पिच्छे ही आ गई। और ओ ने नान्या का कन्धा पकड़ लिया।

'ऐ, नान्या... ! ऐसो बेल्कुल ही जान छोड़ी के भागतो हुओ, हाबरियो-काबरियो सो काँ जावे है रे... ?' जब, मोहिनी बेन ने ये पूछा, तो नान्या ने जल्दी-जल्दी में सब का सब एक ही साँस में बोल-बताया। ये सुण के मोहिनी बेन तो तुरतै बोली—'ठीक है, नान्या... !, तू तो जा, जल्दी से दौड़ी के जा, और बैदजी के लेके आ...और हूँ दादी का कने जऊँ...बड़ा'बा ऐकल्ला होगा...ऐं... ?' और फिर मोहिनी बेन ने धाणी की पोटळी काँख में दबाके, घर की आड़ी फर्राटा-से दौड़ लगा दी। मोहिनी बेन का ऐसा मदद करने वाला मन देख के, नान्या को रुलाई-सरीखी आने-आने को हुई। फिर सोचा कि बताव, कित्ती कालजी करने वाली है, ये मोहिनी बेन।

बैदजी को लेके, जब नान्या घरे पहुँचा तो देखा कि बड़े'बा ने, औसारे के तखत पे, सुफेद जोट बिछा के, दादी को लिटा दिया था। मोहिनी बेन, दादी के मूँ पे खजूर के बिजणे से, हवा कर रही थी। बड़े'बा, बेकली में औसारे में पग-फेरा किये जा रहे थे। दादी के मूँ पे, बड़े'बा ने, शायद से ठण्डे पानी के छींटे मार दिये थे। ई'का कारणे ही, दादी के मूँ पे, पसीने की बून्दों की तरह वो चिलक रहे थे। दादी को, ऐसी हालत में देख के, अब नान्या की तो छाती भीतरे से, जनेकि फाटवा लाग गई थी।

'म्हारी दादी ठीक हुई जायगा कँई... ?' नान्या ने मोहिनी बेन से पूछा। मोहिनी बेन ने, धीरे से कहा—'नान्या तू घबराय मत हो...अपनी दादी, बस अभी ठीक हुई जायगा रे। बैदजी अई गया। है नी... ?'

दादी का गळा में से, थोड़ीक-थोड़ीक देर में, बारीक-सी कराँजने की आवाज आ रही थी, जिससे आक्खा औसारा में, टीस-सी भरई रही थी। नान्या में, ओ से जादा 'भे' भर रहा था।

बैदजी ने, घर में पहुँचते ही सबसे पेलाँ, उनने दादी की पलक को उलट के देखी फिर दादी की कलाई पकड़ी। फिर कलाई पकड़ने के बाद, आँख मूँदी ली। उनको मूँ ऐसो लगने लगियो, जनेकि बैदजी ध्यान में चली गया है। बड़ी देर तक, वे दादी की कलाई पकड़ी के, आँखें मूँदे बैठे रहे। मोहिनी बेन, धीरप से ओ'के कान के कने, फुसफुसा के बोली—'नान्या... ! मन ही मन में तू काँकड़ वाला हनुमानजी महाराज को सुमिरण कर के, मन्नत माँग लैवे कि दादी के ऊई तुरन्त भली-चंगी करी दे...भगवान् बालक की बिनती पे पेलाँ कान धरे। मदद का वास्ते दौड़ी के आय है।' नान्या ने, तुरत अपनी आँख मींची और मन्नत माँगते हुए बोला—'ओ, हनुमानजी म्हाराज... ! म्हारी दादी के तमने चंगी करी दी तो मैं जरूर से, अपनी बान्दरी तो नी, पे बान्दरा के तमारा मन्दिर में मेल अऊँगा... ।' नान्या को ऐन बखत पे, दादी की बताई वो बात याद अई गई थी—'हनुमानजी का मन्दिर में बईराँ थोड़ेई जावै... । बान्दरी, ओ'का बान्दरा की बईराँ ज तो है... । उसको वो मन्दिर के भीतर कैसे रख सकता है।'

नान्या ने, आँख खोली तो देखा की बड़े'बा का मूँ उतरा हुआ है। वो ऐसे कभी भी नी रैहते हैं। हमेशा ही तो अपनी अँकड़ में ही तो रैहते हैं। पे अभी तो वे नान्या को ऐसे'ई लगे। दादी के मुताबिक काट्ठी और कड़क छाती वाले बड़े'बा, नान्या को पेहली कावा, काच्चे मनख लगे। जैसे कि ऊई, पस्तई गया हो। दादी कहती है—'ई, थारा बड़ा'बा बस बाहरे से काट्ठा दिखे, पण भीतरे से नेंठूई पोल्लापट है रे, नान्या... एकदम से उना काँदा की पुँगी जैसा...घर का मनख के बीमार देखे लै तो एकदमै-से हैदस में अई जावै...।' बड़े'बा गुपचाप से बैदजी के मूँ आड़ी एकटक देख रहे थे, ऐसे जनेकि नान्या खुद'ई कभी-कभी दादी की आड़ी कोई चीज माँगती बखत देखता है। ओ के, याद आया—जो कि दादी, बैदजी के बारे में बोलती है—'अपना, ई किसनबल्लभ बैदजी के भीतरे, बड़ी करामात है...नान्या...! उनके पास सिद्धि है... भगवान् धन्वन्तरी की। उनके हाथ में जस भी है...जैसे ही बीमार मनख को हाथ, इनका हाथ में आयो कि ऊ'ई आँख मूँदे, और फिर बेल्कुल ही 'सूक्षम' रूप धर के, बीमार मनख का खून में गोतो लगाई दे...फिर समझले कि उई ओ'का आक्खा सरीर में, भीतरे-भीतरे ही, आँग-आँग का, चप्पा-चप्पा में भटकता रै...अने, बेमारी का कीड़ा के पकड़ी ले कि ऐल्लो मसाण-को-ल्यो, ऊ...याँ बैठो है...फिर एक ऐसी पुड़िया बाँधी के दई दे कि बेमार मनख घड़ी भर में, घोड़ा सरीखो दौड़तो हुई जाय...।'

काफी देर तक बैदजी ने, दादी का हाथ वैसा का वैसा'ई पकड़े रहने के बाद, धीरे से छोड़ के तखत पे रख दिया...और साँस खेंची ने 'श्रीराम-श्रीराम' बोला। बड़े'बा, मोहिनी बेन और वो उनके मूँ आड़ी टकटकी लगाके देखवा लाग गये थे।

'दा'साब...! देखिये मुझे लगता है कि चिन्ता की ऐसी कोई विशेष बात तो नहीं है, किंचित् मूर्च्छा है...मैं घर से औषधि भिजवाता हूँ...लेते ही भाभीजी, मूर्च्छा से बाहर आ जायेंगी...क्षीण-सा रक्तचाप बढ़ा हुआ है। परन्तु उसका यथोचित उपचार हो जायेगा...वैसे, तो ये माँस-भक्षियों में ही हृदय या रक्तचाप सम्बन्धी रोग होते हैं, शाकाहारियों में नहीं...शाकाहार ही जीवन का सत्य है...एक दिन माँसाहारी को भी शाकाहारी हो जाना पड़ता है...माँस-भक्षी सिंह के उदर में भी एक दिन घास-फूस पहुँच जाती है...। बस, आप तो भाभी को, केवल इतना भर कहिये कि वे इस वय में, हरी-सब्जी खूब खायें और उपवास रखना छोड़ दें...हाँ, कुछ दिन अभी कुण्डी से खुद पानी ना खींचें और घी में तर-बतर बाटी ना खायें।'

बैदजी जाने लगे तो मोहिनी बेन बड़े'बा को बोली कि वो बैदजी के साथ जा रही है और वोई दादी की दवई की पुड़िया ले आयेगी—'बड़ा'बा, तम दादी का कने ज रहो...।' ओ'ने बात पूरी की। नान्या को बिसास हो गया कि बस, दादी को जैसेई इधर पुड़िया खवाड़ेगें, उधर दादी घड़ी भर में, घोड़ा सरीखी दौड़ती हुई हो जावैगी।

बैदजी जाने लगे। मोहिनी बेन और बड़े'बा, बाहर बगड़ तक, उनको छोड़ने का वास्ते गये। नान्या रोज अने हर समै, ओ'से बोलती-बात करती दादी को, ऐसी,

बिन-बाचा की पसुड़ी-सी गूँगी पड़ी देख के, हैदस में आ गया। और अपनी दादी की छाती पे आड़ा पड़ गया। वो खूब फूट-फूट के रोने लगा था। ओ'ने मन ही मन भगवान्जी को भी, काळजा-काट आवाज में कोसा कि ऊ,ने ओ'की दादी के साथ ये सब क्यों किया... ? दादी ने, उनका ऐसा क्या बिगाड़ा था, कि ये गफड़ल्ला कर दिया अरे, वो रोजई तो अग्गरबत्ती लगाती थी...कभी नागा नी करती थी। फिर जो भी मन में आया, वो बोलता रहा और अखीर में तो रोते-रोते ऊ'की ऐसी डिक्की बँधी गई कि ओ'से फिर कुछ भी नी तो बोला गया।...नी ही, आगे ऊ से रोने की बनी। वो, बेलकुल सीना-बीना होकर, खाट की ईंस से माथा टिका के बैठ गया था।

बाद इसके, क्या हुआ... ? नान्या को माल्लम नी रहा कि वो कहाँ है... ? और ओ की दादी का क्या हुआ... ?...बड़े'बा क्या करते रहे... ? मोहिनी-बेन रुकी कि चली गई... ? बैदजी ने पुड़िया दी कि नी... ? दादी ने पुड़िया खाई कि नी... ? भूरिया क्या करता रहा... ? गाय-बैल आये कि नहीं ? उनको किन्ने बाँधा ? किन्ने उनका निरा-पूला किया ? नान्या को कुच्छ भी नी पता। बस, रात में, जबै नान्या की नीन्द खुली, और वो इन्धारे में, घबड़ा के जागते'ई, 'दादी-दादी' कह कहता हुआ, जोर से चिल्लाया तो जिसने ओ'के खेंच के छाती से चिपटाया, वो दादी ही थी। ये बात का भान होते ही फिर तो नान्या हिचकियों के साथ फूट-फूट के रोने लगा। अब, नान्या के रोने में घबड़ाट और दादी के जीवती होने की खुशी, दोई भेळे-म-भेळ थी। वो दादी की छाती में अपना मूँ छुपाकर बस रोता रहा।

जब थोड़ा मन हल्का हुआ तो नान्या ने पाया कि उसको तो सम्पट नी बैठ पा रई थी कि वो बैदजी की दी गई पुड़िया में बिसास करे कि काँकड़ वाले हनुमान म्हाराज को, ओका कहना मान लेने का वास्ते धोक दे दे। कँई ऐसो तो नी कि वो पुड़िया हनुमानजी म्हाराज ने, उड़ी के लाके तो नी दे'दी हो, दादी को... ? जैसेकि, ओटले से ओटले पे कूद के, बड़े'बा को, वो लाके देता है, दायजी की चिट्ठी। तो क्या बालक की बिनती पे जल्दी से कान धरते हैं, हनुमान जी... ? जैसेकि मोहिनी बेन बता रई थी।

नान्या, दादी के अच्छी हो जाने से तो भौतई खुश हो रहा था, पर, अब नई बिपत आ डटी थी कि—'क्या अब ओ के, कल सुभे, अपना वो बान्दरा, काँकड़ काँकड़ वाले हनुमान मन्दिर में मेल देना पड़ेगा... ? अगर, मन्दर में ओने, बन्दर को नी मेला, तो क्या हनुमानजी दादी को फिर से बेसुध करी देगा... ?

वो दादी के फिर से बेसुध होने की सोच के डर गया। और दादी से जोर से चिपट गया। नान्या को रोते-रोते, अबे हिचकियाँ जादे आने लगी थीं।

पाठशाला में, गुरुजी ने, छुट्टी देते हुए सभी बच्चों को बोला—'हरेक बच्चा...! इस दी जा रही छुट्टी में, पूरे पाँच पृष्ठ सुन्दर लेखन के भर कर के लायेगा— और पूरे ही पाँच पृष्ठ बरू से भी लिक्खे हुए चाहिये...।' नान्या अभी सुभै से उठके, बिन रुके, लगातार यही कर रहा था। बड़े'बा ने, ओके स्याही की आधी गोली और अपनी जूनी दवात सौंप दी थी। दवात में स्याही खुटणे वाली थी।

पाँच दिन से ही आक्खे गाँव में, सुन-सनाका छाया रहा मीठे पानी की कुण्डी तरफ तो और भी जियादा है और अभी भी है। गाम के कुछ लोग होण तो ये तक, कहने लगे हैं कि निहाल बुआ के छोरे लखन ने, जाने ऐसे कौन मोहरत में, ये कुण्डी खोदी कि ईने, गाम की तीन-तीन बहू-बेटियों को भोग लई लियो। कुण्डी से, अब तो पानी भरना ही बन्द हो गया है। कुण्डी के कने के पीपल की तो, जनेकि हरारत में हालत ही खराब हो गई है। ओ'के पत्ते तक नी हिल रहे थे। गाम के लोगों ने ग्वाड़े के खूँटे से, अपन ढोर-ढाण्ढे तक नी खोले। कक्षा में गुरुजी ने भी छुटटी कर दी है। बूढ़े-गड़ले लोग, ओटले पे बैठ के बात करते हैं, आखिर तो गाम में जवान मौत हुई है। मोहिनी-बेन के ब्याव को सिरफ तीन महीने ही तो हुए थे। दादी भी औसारे में बैठ के, निहाल बुआ से धीरे-धाने, बातें कर रही थी। वो अफसोंच में भर के निहाल बुआ को बोल रही थी—'बताव हो निहाल बई...! जेठ उतरते ब्याव करके मोहिनी सासरे गई थी और असाड़ के आते आते, हमेसा का वास्ते पाछी पीहर अई गी। सासरा वाला लोग ने ऊ'का सगळा गहणा-गाँठा भी रखी लिया और काँकड़ पे ओ'के ऐकल्ली छोड़ी गया। हाँ, बई ऐकली...ओ'को सासरो, ढँग को नी थो हो, निहाल बई।'

'अरे बिन बाप की छोरी थी। काका लोग ने सोचियो कि कुआँरी छोरी के, कब तक घर में बिठई रखाँगा...? तो बस, दूजवर से ब्याव करी दियो।' ये निहाल बुआजी बोल रही थी।

'म्हारे तो, यो भी पतो चल्यो कि ऊ दूजवर धणी भी, मोल्यो-माटी थो...तो सेज को सुख तो ओके थो ही नी। मारतो-कूटतो भी था। अने सासू तो थी, जनेकि एकदमै से जीवती जल्लाद।' दादी बोली थी।

'म्हने तो ये सुनी कि कुण्डी पे पानी भरते बखत, मोहिनी को पाँव नेज में उलझी गयो। ...तो वा गागरी का साथे ही कुण्डी में धड़ाम हुई गी। दफोर की बखत थी। आसपास कोई मनख थो भी नी तो ओ की चीख-पुकार भी कोई के सुनई भी नी दी।' निहाल बुआ ने बात पूरी की।

'देखो, निहाल बई...! ई तो, जितरा मूँडा उतरी बात है। असल बात तो या है कि छोरी मोहिनी का तो 'लगन' में ही 'बिघन' थो। न घर देखियो, न वर...और करी दियो ब्याव सेरगाम में। और, ऊ भी दूजवर से।' दादी ने कहा फिर साँस छोड़ी के अग्गे बोली—'सेरगाम में भूली के भी अपनी बेटी नी देनो...चाहे बेटी अपना घर मे कुँवारी बैठी रै, पे सेरगाम में नी देणो।'

'मोहिनी छोरी थी, भौतई हँसमुख। एकदम से मन की मोहनी।' निहाल बुआजी बोली।

'ठीक बात बोली तमने। कुण्डी पे मोहिनी मिली जाती तो कहती—'अरे, बड़ी माँ...! रुको, हूँ तमारो पाणी खींची दूँ...तम मत खींचो। तम तो म्हारे से खाली बात करो। अरे, आक्खो गाम को बचड़ो-बचड़ो ओ'की बड़ाई करतो थो। अभी ऊ'ना दिन, म्हारी तब्बियत बिगड़ी गई थी...तो ओ'ने ही साज-सम्भाल की थी। तमारा दाद के तो ऐसी बखत में सूझ ही नी पड़े। नेंठूई आैन्दाड़ा हुई जावै।' ये दादी बोल-बता रही थी।

'पर, आज गाम का लोग, ऊ को नाम लेने से डरे। मूँडा पे नी आने दे, ऊ को नाम...।' ये बात निहाल बुआ ने जोड़ी थी। तो दादी ने ओ में अग्गे जोड़ा—'डरे ऐ'का लेने कि पुलीस आयगी और उनसे पूछताछ करेगी...निहाल बई, बुरा दिन अई गया। है, अपना गाम काँ देखो म्हारो बुढ़ापो अई गयो, पर आज तक म्हने गाम में पुलिस को मूँडो कसो होय, यो जाण्यो ही नी थो...!'

नान्या को सुन्दर लेखन का काम करते-करते, ये सारी बात सुन-सुन के डर लग रहा है कि अब जाने क्या होगा...? वो, दादी से सब-कुछ जानने की बेकली से भरा हुआ है। जब निहाल बुआजी दादी से बात कर के, उनके घर चली गई तो नान्या ने सुन्दर-लेखन के, अपने कागद-पोथी समेटे और फिर उनको झोले में भर के, खूँटी पे टाँगे और फिर ओ'ने दादी से तुरतै पूछा—'दादी, अपन अपनी नानकी का ब्याव काँ करेगें...? गाम में कि सेरगाम में...?'

'क्यों रे...! इनी बात की, थारे काय की फिकर...?' दादी ने डपट के बोला तो बजाय चुप रैहणे के नान्या ने अग्गे और पूछ लिया—'ये बता कि नानकी का ब्याव दायजी करेंगे कि बड़े'बा...? और बड़े'बा करें तो अच्छे से देख लें कि ब्याव में 'बिघन' तो नी है...? वरना नानकी भी भगवान्जी के घर चली जायगी तो फिर क्या होगा...?' इसके साथ ही ओ'ने अपनी तरफ से अचूक जुगत निकाल के, दादी को बताई—'दादी...! देख...! अपन तो नानकी का ब्याव ही नी करेंगे। न गाम में, न सेरगाम में। ब्याव की कट-कट ही छोड़ दाँगा...।'

नान्या की ये बात पे, दादी जोर से दाँत काढ़ के हाँसने लगी थी। फिर बोली—'अरे छोरा! ब्याव बिना कँई यो संसार चले? ब्याव तो सबके करनो ही पड़े...।' तो उसने फटाक-से जवाब के ऊप्पर सवाल धर दिया था—'दादी...! अपन, अपने भूरिया का ब्याव काँ कर रहे हैं, जो...? ऐं...?'

नान्या की ये बात पे तो दादी की फुलझड़ी और छूट गई। नान्या को लगा कि दादी ओकी चिंता से भरी, गेरी-गेरी बात की भी भद्द करी री है। ऊके रुलाई-सी आने लगी। अब तो नान्या को बड़े'बा के जैसाई पिन्नाटा आने को हुआ—'येल्लो...! अब, दादी की भी अक्कल, नेंठूई कान्दे खाने चली गई है, जो कि ओकी बात को समझ ही नी रही है।'

'अरे, गेलसप्पा, कँई कोई जिन-जिनावर को भी ब्याव-मौसर होय? भूरिया को काहे को ब्याव... ?' ऐं... ?' दादी फिर बोली।

'पर, म्हारे को तू ये बता दादी, कि रायसींग'बा ने भी अपनी गाय परन्हाई थी कि नी... ?, गाय को ब्याव कियो थो, नुक्ता में... ? है कि नी... ? थारे याद नी क्या... ? तू जीमणे भी तो गई थी...और, पीपड़ल्ले का पण्डिज्जी पन्नालाल परसाई ने और तूने भी तुलसी को भी ब्याव किया थो कि नी... ?...ऐं... ?' नान्या ने तैश में तमतमा के बोला।

तब, दादी ने उसे ठपकार के नान्या की इत्ती बजनदार बात पे एकदमै से बिराम ही लगा दिया था—'चल-चल, अबे सोई जा तो तू...अने, ऐसी निवरी बात में, अपनो दिमाग मत बट्ठर करिया कर। चल सोई जा, काल सुभे जल्दी उठणो भी है।' पर नान्या सोया ही नी। रजाई के नीचे जागता रहा, बार-बार सोचता रहा। ओ'ने अपने बारे में भी तै किया कि 'वो ब्याव ही नी करेगा। और जदि कोई तरेह के साँकड़े में फँसी के, ब्याह करना ही पड़ा, तो फिर दादी से कर लेगा। अगर नानकी के भी ब्याव करने की नौबत आ ही जावैगी...तो ओ'का भी ब्याव भी दादी से ही करी देगा।' वो नानकी को लेके भौतई भारी और बड़ी फिकिर में फँस गया था।

रात भर, नान्या के दिमाग में, ये ही सब खदबदाता हुवा, औंधा-सौंधा होता रहा। नानकी कभी मोहिनी बेन में बदल जाती, तो कभी मोहिनी बेन नानकी में। वो, देखता कि नानकी काँकड़ पे ऐकल्ली रोती हुई बैठी है। उसका दूजवर धणी, ओके मारे जा रहा है। ओ की सासू, जो जीवती जल्लाद है, वो आती है और वो नानकी से सारे गेहणे-गाँठे छीन रई है। वो पसीने से कादमी-कादमी हो के अपने खाटले में उठ बैठता। ओ'ने मने-मन, ये खच्चित कर लिया कि कल जरूर से, एक बड़े कग्गद पे, ये सारी बात, दायजी को और माँ को लिखेगा और बड़े'बा को बताने के बदले, चिट्ठीरसा काका को कहेगा कि वो, लिफाफे में भर के, ये कग्गद दायजी को, मुद्दाम मोती बँगला क्रमाँक पाँच, भोपाल को सीधे भेज देवें।

हाँ, तुरत ही लिख भेजेगा। लिख भेजेगा ताकि कहीं भूले से, दायजी और माँ, वाँ सेरगाम में, नानकी का ब्याव ही नी तै कर दें...कोई दूजवर से।

नान्या, अपनी खाट में, जोट को बदन के चारी-आड़ी लपेट के, आँख मींच के लेटे हुवे, नानकी के बारे में ही सोचने लगा। वो के याद हो आया, जब नानकी, माँ और दायजी की साँते आई थी तो तब, नानकी, कित्ती'ई तो छोटी थी। ऊके तो बाल भी भूरे और सुनेरी थे। झगला पेन्ह के रैहती थी। पर, झगले को भी, वो खुद काँ पेन्ह पाती थी। वो, ऊके अपनी पीठ पे, उठा लेता था। घोड़ा-घोड़ा के खेल में। वो, गाय, कुतरे और कसारी से डरती थी, पर जब दादी गाय का दूध काढ़ती थी, तब, ऊके ये सब देखने में, भौतई मजा आता था। ओ'ने नानकी को, तब अपनी अगीणी गारे की गाड़ी भी, खेलवा के वास्ते दे दी थी...तब ओ'ने, माँ को, ये तक बोल दिया था कि

अगर, वो सेरगाम जाती समै, चाहे तो अपने साँते, वाँ खेलने के वास्ते, उसकी, ये गाड़ी को ले जावै...। वो याँ पे, दूसरी गाड़ी बना लेगा।...और हाँ, ओ'ने मक्का के भुट्टे के, मखौल्ये से बनाया हुआ, बान्दरा और बान्दरी भी,नानकी के सामने रखे, तो वो मारे डर के, चिल्ला पड़ी थी। तब, वो अपने सिर पे, ऊन का बन्दर-टोपा ही तो पेहन के रैती थी। ऊके, कच्चा दूध, जरा भी नी भाता था। और दाल में दादी ने, लहसुन की चटणी डाल दी थी और माँ ने, नानकी को खाने के वास्ते मूँ में, रोटी का पेलाँ ही कोल्या दिया था, तो वो सी-सी करती हुई, जब कूदने लगी, तो दादी ने ऊ'के गुड़ की मीठी राब पिलाई, तो ओ'ने ऊ के भी, उलक दी थी।

सोचते-सोचते, नान्या को लगा कि ऊके पास चीलगाड़ी होवै तो ऊ में बैठ के अभी नानकी के पास चला जावै। ऊके कान में भर्राटा भरने लगा। थोड़ी देर में लगा कि वो चीलगाड़ी ओ के लेणे आ गई है। ऊकी खाट के पास। ऊप्पर ही ऊप्पर मण्डरा रही थी।

नान्या नींद में था। ओके कान में, भर्राटा नी खर्राटा भर रहा था। खर्राटा दादी का था।

हाँ, आज जब सुभे उठा तो, आक्खे ज बदन में, 'तप' जैसा लग रहा था और आसमान घूमघाम था। बकरी का दूध पीवै का चक्कर नी होता, तो वो सोया ही पड़ा रैहता। बादले धरऊ दिसा से, दक्खन की ओर एक दूसरे को धकेलते हुए, भगे जा रहे थे और बीच-बीच में तड़का निकल आता था। दादी ने बोला—'नान्या...! थारा बदन में, ऐसो 'तप' जैसो, बाव-बादले के कारणे लागे है रे...पढ़ई को हरजानो नी होवै......ऐ'का वास्ते तू पाठशाला में आधा दिन की हाजिरी लगई के, घर अई जा...बस्स...!'

हाँ, पूरे पाँच दिन पाछे, वो आज ही तो गया था, पाठशाला में आधे दिन के वास्ते ही। पर, पाठशाला में भी, आज वैसेई जल्दी छुट्टी हो गई थी। क्योंकि, आज गुरुजी ने, सब छोरे होण को, अपने नाखून और दाँत बताने को बोला। जिनके नाखून बड़े या दाँत गन्दे थे, उन सब की सण्टी से सुटाई हुई। ओ'के दाँत की तो गुरुजी ने सब के सामने, बड़ाई भी की। बोले—'देखो नान्या के दाँत कितने अच्छे हैं, जैसे की मोती के दाने...।' नान्या को याद आया...हौ, तभी तो परताब'बा की छोरी, वो पट्ठी प्रेमा, ओ'से बत्तीसी बदलने की चण्टई कर रही थी। पर, ओ'की जुगत धरी की धरी रै गई...ऊकी घली नी।

गुरुजी, हर महीने, सब के नाखून और दाँत की परीक्षा लेते हैं। ऐ'का ही वास्ते, आज दफोर का बाद ही, सभी की दफ्तर-पट्टी की छुट्टी हुई गई। तभी तो वो, बखत पेलाँ ही घरे आ गया था। बड़े'बा को तो आज चणे के खेत पे जाना था। पर, खेत

पे जाती बखत बोले—'नान्या... ! आज तू पाठशाला से अई के, जनोई के सूत की उलझी लच्छी सुलझा देना। फिर सुलझा के, उनका गोला बना देना...और हाँ, एक बात और...बैठक में भगवान्जी के आल्ये में, आज अमावस को अखण्ड दीयो जली रहियो है...सो ध्यान राख जे, हाँ, यो बुझी नी जावै...तेल डालतो रै जे... ।'

हाँ, दादी तो आक्खे दिन, घर में ही रहने वाली थी। पर, जब वो घरे आया था, तो देखा कि दादी तो घर में, है ही नी... । फिर जाने काँ चली गई, पट्ठी... ? अगर कण्डे बीनने भी गई है, तो भी बड़े'बा की बनाई धूप-घड़ी के हिसाब से, दादी का कण्डे बीन कर लौटने का समै हो चुका है और अभी तक वो आई नी थी। बड़े'बा के समै में तो सब घसड़-फसड़ है। उनका न्हाने का समै, खाने-पीने के समै में मिल जाये...तो खाने-पीने का समै पिन्नाटे में...और पिन्नाटे का समै तो, उनका सगळा समै। पर, ये तो नान्या के वास्ते रोटी की भूख लगने का समै था और अभी तक, दादी घर लौट के अई नी थी।

नान्या ने, बड़े'बा के केहने के मुताबिक, बैठक के ताक से, सूत की उलझी लच्छी उठाई और बारी में आके, ओ'के सुलझाने बैठ गया था। सुलझाते-सुलझाते, अबे थकान और भूख दोनों'ई लग रही थी, ओ'के।

नान्या को, दादी पे भौत'ई किचकिची आने लगी थी।

सो, नान्या को ऐसे में लगा कि वो जोर-जोर से दादी को हेला पाड़े और कहे—'दादी... ! म्हारे भौतई जोर की भूख लगी है...एकदमै पेटकाटू...आज्जा...हो दादी... ! रोटी जीमणा है।' दादी को, ये बात अच्छी तने-से माल्लम है, कि नान्या के कदी भी और अचानक आधी राते भी भूख लगी जावे। और, भूख भी ऐसी लागे कि रोटी नी दो, तो बस हाथ-पाँव ही ठण्डा पड़ी जावे। येई कारणे, बड़े'बा, एक कावा नान्या को, बैदजी के घरे नाड़ी दिखाणे ले गये थे तो उणको बैदजी ने बोला भी था—'दा'साब, ऐसी तीव्र-क्षुधा चिन्ता की बात है...नान्या को कभी भोपाल भेज कर रक्त-शर्करा की जाँच करवा लें। क्योंकि, अपनी मालवी बोली में बोलें तो ये पाकणी-गार का बच्चा है। फिर अब तो किशोरों में भी मधुमेह होने लगा है।'

दादी कहती है—'छोरा... ! थारी भूख को कँई भरोसो नी है। थारे, ऐस्सी बहू लऊवाँ जो बारहा-महिना और बत्तीस-घड़ी, चौका में आटो गूँथी के राखे...और चूल्हा पे तवो चढ़ई के।' पर, ऊने दादी को हेला पाड़ने से, खुद को जफोत लिया, ये सोचके कि अगर से, हेला पाड़ते बड़े'बा ने ये सुण लिया तो वे, दादी को, ओ'के आते ही, इसी बात पे हेड़ना शुरू कर देंगे—'येल्लो, म्हारो छोरो नान्यो तो भूखो-भड़ँग है और घर में चार 'चाँदका' नी है।' बड़े'बा को तो बस दादी से कुचरई करने की बखत हाथ लगनी चईये। वो टणकोला किये बगैर रहेंगे नी। वो अब बेलकुल नी चाहता कि आज फिर बड़े'बा, दादी पर येई बात को लेकर पिल पड़ें। अब नान्या को इन दोई की भिड़न्त से 'भे' लगता है... । फिर दादी, जब से बेमार हुई है—वो, दादी को जादे प्यार करने

लगा है। ओके, अब डर लगता है कि दादी कहीं मर तो नी जावेगी... ? ओ'के बड़े'बा पे कालूण्डी चढ़ उठती है, बताव, वे इत्ता-इत्ता तो माळ और पहाड़ पे घूमते हैं—फिर एक अम्मरजड़ी ढूँढ के क्यों नी लई आते... ? दादी ने, एक कैणी सुनाई थी—'धुन्धकार-बन में जगेह-जगेह एक जड़ी उगे है...और, जो कोई मनख ऊ'नी जड़ी के खई ले, तो ऊ मरे ही नी। अमर हो जावै...वो है—अम्मरजड़ी।'

नान्या सोचने लगा कि येक दिन वो खुद'ई बोन्दू के साथ धुन्धकार-बन में जाके, वो वाली अम्मरजड़ी ढूँढेगा...ये बात में बोन्दू भौतई हुश्यार है, वो सब जानता है। नान्या को बिसास है कि वो जरूर से ढूँढी लावैगा। फिर वो, दादी को बकरी के दूध में खवाड़ देगा तो दादी के मर जावा की फिकर और कट-कट से ओका, पिण्ड ही छूटी जावैगा। बड़े'बा को तो दादी की कोई पर्वाह नी है...दादी सही कहती है—'थारा बड़ा'बा बात-बहादद्दर है...उणसे बैठे-बैठे, बस बड़ी-बड़ी बात भर करई लो...जमाना भर की। काम-काज तो उनको देव नी करे... ?'

दादी में, खाली येक येई काठी गोम है कि कोई बखत तो दादी एकदम-से, बिन बताये ही कहीं तो भी गुलुप हो जाती है। कँई जाने काँ सटक जाती है... ! ये सोच के वो, सहसा डर गया कि कहीं ये बात तो नी हो गयी... ? मनेकि, दादी मोहिनी बेन की तरह, कुण्डी पर पानी लेवा के वास्ते गयी और नेज में पाँव उलझा और फिर कुण्डी में धड़ाम हो गयी हो।...अगर दादी मर जायगी तो फिर ऊकी रोटी-पानी कौन बनावेगा... ? ओ'का नहलाना-धुलाना कौन करेगा... ?...ऐं... ? फिर गाम में पुलीस आयगी...ओ'से मार-मार के पूछेगी...।

तभी नान्या के लगे-दम, ये बात याद अई गई तो मन में निरात हो गई। असल में, बैदजी ने बड़े'बा को वो दिन बोला नी था—'दा'साब... ! भाभी का कुँए-कुण्डी पर पानी खींचना बन्द करवा देवें।' ऐ कारणे वो, एक महीने से कुण्डी की आड़ी तो गई ही नी है।

नान्या के मन में उठती बेकली बैठ गई।

क्या बताव ? दादी की आदत है, पर बड़े'बा को कालूण्डी चढ़ी रहती है, तो वे उस बात को जानबूझ कर अदावत बताते हैं, जबकि दादी बिचारी, हर समै फिरकणी के मुजब, घर के भीतर, घर के बाहर, आँगणे में या पिछवाड़े, कुछ न कुछ काम-धाम और उठाधरी करती ही तो रहती है। वरना तो घर का सगळा कामधाम ही ठप्प हो जाय।

बड़े'बा हैं कि दादी की इसी बात पर चिढ़ते हैं—'नान्या... ! या थारी दादी जो है, या कलजुग का जमारा की, ऐसी सती-सावित्री है कि म्हारे छोड़ी के, ई'के सब को काम करणो है। चींटी तक के तो चुगायगा और पति का पेट में भले ऊन्दरा कूदता रहे। भटकतो रै बिचारो, भूखो भड़ँग।' जब पेली दफे बड़े'बा, ये बोले थे, तो वो घनमथन में घिरा सोचता रहा था कि आखिर बड़े'बा के पेट में ऊँन्दरा काँ से

भरई गया... ? और भरई भी गया था तो उनके बाहर क्यों नी निकाल्या... ? बड़े'बा, अपने खासम-खास उन, कृष्णवल्लभ बैदजी के याँ दौड़ी के क्यों नी गये.. ?

जब, ऊके पेट में गिण्डोले भरा गये थे तो बड़े'बा दौड़ के, कैसे कृष्णवल्लभ बैदजी के घर गये और वाँ से लाके, ऊके एक ऐसी पुड़िया दी थी कि सगळे के सगळे ही गिण्डोले, ओ'के पेट से, एक झटके में ही, बाहेर निकल गये थे। हे भगवान्...! कित्ते-कित्ते तो बड़े थे। जनेकि कि साँप के बच्चे हों...सँपोळों के गुच्छे के गुच्छे। वो, देख के ही इत्ता डर गया था कि ऐकल्ला, दुक्की करने में कचुवाता था।

नान्या ने तै किया था, जब रात को दादी के पास सोयेगा तो वो, गते से ये बात तो दादी से पूछ लेगा कि आखिर उनके पेट में ऊँदरे काँ से भरा गये... ? हाँ, ऊँदरे घुसवा की बात की गाँठण भी खुल जावेगी कि सच्ची है कि झूठी। बड़े'बा ने योंई तो बेपर की नी उड़ा दी। दादी ने एक दफे रात को बताया था—'अरे, छोरा... ! तूने देख्यो नी कि ऊई थारा बड़ा'बा, रात में मुण्डो खोली के सोवे, तो भरई गया होगा, ऊँन्दरा...पर तू अपणो मुण्डो बन्द करी के सोया कर...अने, सोने जावा के पेलाँ, अच्छी तरहे से अपनी नाक साफ कर्या कर...हो। इससे, रात में थारो मुण्डो खुलो नी रैगा।' बाद उसके, वो नाक तो साफ करता ही है...पर मूँ तो अब, खूब कस के'ई बन्द कर के सोता है।

नान्या ने, लच्छी के सूत को सुलझा के, उसका गोला बना दिया था। असल में, वो ऐसे काम में थाकता तो नी है, पर हाँ, उकता जरूर से जाता है। वो, कच्चे सूत का गोला उठा के आलिये में रखके, बाहर ओटले पे आ गया। ओ'ने देखा कि आसमान में बादळा, एक का ऊप्पर एक पड़ता हुआ भागने में लगिया है। जब आसमान में, पानी चढ़ता दिखता है, तो दादी झट-से कहती है—'नान्या... ! चल मीठो तेल तो निकाल पीपा में से, पळी से।'

सच्ची बात तो ये है कि नान्या को, दादी का काम करवा में भौतई मजा आता है। मनेकि चिमणी में झब्बी से तेल भरना, धौंसा झाड़ने के लिए डागले पे चढ़ जाना, तूवर का झोंप दे'के तड़के में सुखाती है तो कव्वों को काँकरी मार के भगाना, ओटला छाबने के वास्ते काली मिट्टी के लौंदे बनाना। जबकि बड़े'बा के सगले काम-धाम अगड़म-बगड़म हैं। कचुवा जाता है वो, उणके काम से। दादी की ये खास बात है कि वो कभी भी निवरी बैठती ई नी है। दिन उगे से खजूर के खोड़िये वाली सँजवारी ले के, आक्खे घर का 'बुहारा' करेगी। फिर इस ओटले का करेगी, उसके बाद सामने की बगड़ का भी बुहारा करती है। बड़े'बा तितर-भिन्नाट हो जाते हैं। कहते हैं—'अरे, ई'को बस चले तो अक्कास का तारा होण के भी, थारी दादी जाळा समझी के झाड़ी आवे। भगवान् के ऐ'की आदत माल्लम पड़ी गी थी तो इत्ती लम्बी झाड़ू नी बनाई...और तारा भी अक्कास में ऊँच्चा टाँगी दिया नान्या... ! ऐ का

हाथ में चँवरी और पाँव में भँवरी मँडी है...येक पल में याँ, और दूसरा पल में वाँ...और तीसरा पल में कजाणे-काँ...!''

तभी दादी ऐसे में कहीं से परगट हो जाती है और बड़े'बा को फटाक से चकझन्नाट जवाब पकड़ा देती है—'म्हारो कँई है... ? आज धरती पे, तो काल सरग में...फिर करता रहजो, ऐकल्ला-ऐकल्ला, नान्या और तम, माँय-माँय माथाफोड़ी...।' दादी, ऐसे मौके पे हमेशा ज कहीं से भी दाँत काढ़ती आगे आ जाती है और बड़े'बा को, कुछ न कुछ बक्सुए की-सी बात चुभा के, अग्गे बढ़ लेती है। अभी आयगी, तो बड़े'बा को ऐसा जवाब पकड़ा देगी कि फिर वो मूँ छुपाने के वास्ते, अपन बाजोट की पेटी का समान, उलट-सुलट करने में लग जावेगें।

जब बैदजी ने, दादी को कुण्डी से पानी भरने का नकारा करा था तो येक दिन बड़े'बा ने दादी को बोला था—'ऐ गेलीफाता...! तू कुण्डी में कूदी के पाताल का रास्ता से, सीधी 'सरग' मत चली जाजे हो।' और दादी हँसके कहती है—'अरे, हाँ ग्यारस का सत्तू, हूँ कुण्डी में या फिर खाट में नी मरूँवाँ हूँ तो बाटे-बाट मरूवाँ। चलते-फिरते...समझिया कि नी ? तम पड़िया रहोगा खाटला में...टसकी-टसकी के पाणी माँगता रहोगा...नान्या की लाड़ी से।'

दादी और बड़े'बा के बीच, ऐसी कटा-छैणी रोजई चलती है। नान्या को लगता है कि कोई दिन ऐसा ना हो कि बड़े'बा और दादी की भयानक भिड़न्त हो जाये और वो उनको घर से बाहर निकाल दे...तब वो क्या करेगा... ? ओ'ने दादी से येक बार, कई दिन से भम्भोड़ते रहने वाला, अपना ये डर बताया था—'दादी...! यदि बड़े'बा ने पिन्नाटे में आके कोई दिन अपन दोई के घर से बाहेर निकाली दिया तो फिर अपनो कँई होयगा...अपण काँ जावाँगा...कँई सेरगाम... ? दायजी अने, माँ-नानकी के पास... ?' तो दादी ने बोला था—'देख नान्या...!' दादी ने उसको बिसास दिलाते हुए कहा था—'हवा-बायरो, बढ़-चढ़ के बवण्डर भी बनी जावे, तो भी ऊ दूब के थोड़ेई उखाड़ी दे रे...थारा बड़ा'बा ऐसा मनख थोड़ेई है... ।...देख थारा बड़ा'बा ये बात अच्छी तरहे जाने कि—किसके चन्दन लगाणो है और किसके चूनो। सब को कपाल, एक जैसो नी पोती दे, ऊई। कई का कपाल के तो उई अपणा पिन्नाटा में भेरू भी करी दे।

पर, फिर भी दादी और बड़े'बा की ऐसी कटा-छैणी की कचुवाँद के देख के नान्या उलझाँट में पड़ जाता है और फिर बीच में ही, खिसक के, पेलाँ ही गुपचाप, अपने बिस्तर में भरा जाता है।

'क्यों रे नान्या...! बड़ा'बा अभी घर में है, कँई... ?' अचानक कोई ने हेला पाड़ के पूछा तो नान्या ने अपनी गाबड़ी मोड़ के, नीचे बगड़ में देखा। वाँ पे, बगड़ में, हाथ में कग्गद लेके, पटेल'बा खड़े थे। उनको देख के, वो जोर से बोला—'पाँय लागूँ...पटेल'बा...!'

'जीवतो रै...रे हो नान्या।' उनने वहीं से बोला। फिर अग्गे बोले—'जरा घर में देखी के, तू बता कि बड़ा'बा है कि नी... ? उनसे जरा दरखास लिखाणो है...।'

'लाव, दरखास मैं लिक्खी दूँ...लिखने को म्हारे कँई दोगा... ? नान्या ने पटेल'बा से दाँत काढ़ने के वास्ते चुहुल की।

'खाली आसीरबाद...!' कहा और अपनी बण्डी के खोत्ये में से, एक जामफल हेड़ के, ऊकी तरफे दड़ी की मुजब उछाला और चेताया—'ले झेल जे रे, नान्या...।' नान्या जामफल देख के खूब खुश हो गया। ओ'के याद आया कि एक कावा ठण्ड के दिन में, पटेल'बा को देखी के, ओ'ने एक चिढ़ावनी बोल दी थी—'ठण्ड बाजे ठाड़ी...लोग लावे लाड़ी...पटेल'बा लावे पाड़ी...पाड़ी ने करियो पोटो...लो, पटेल बा रोटो...।'

ये वाली चिढ़ावणी को नान्या ने गा दिया था, वे तो धमका के बोले थे—'अरे बारवट्टिया छोरा कहीं का...! आगे से ऐसो गायगा तो हूँ...थारा दोई कान के बीच, माथो करी दूवाँ।' पहिले तो इस धमकी से, नान्या डर गया था...और ओ'ने अपने दोनों कान टटोल कर देखे और पाया कि ओका माथा तो, पहिले से'ई अपने दोनों कान के बीच'ई तो है। वो, चिढ़ावणी कह के भागने ही लगा था कि पटेल'बा दौड़े और उसको, अपनी बाँह में भर लिया। फिर बोले—'क्यों रे, शैतान, तू बड़े'बा को पोतो है नी... ?...दयाराम को छोरो...!' और उनने, अपने खोत्ये से, सिन्दूरी आम की, मीठी-चूक साग निकाल के दी थी। पटेल'बा, वो दिन से नान्या के, जिगरी दोस्त हो गये। अब, तो वो उनको दूर से ही देख के, दन्नाक से पाँयलागी बोलता है तो वो, जोर से बोल उठते हैं—'जीवतो रै, रे नान्या...।'

'नान्या...! काँ गया है, थारा बड़ा'बा...ऐं... ? ऐसी बखत में, जदे कि आसमान में, मावठा का बादला चढ़िया है...पाणी में कुटई जावेगा...ऊई ?' उनने पूछा, तो ओ'ने फटाक-से बताया कि चणे के खेत पे गये हैं। दादी होती तो बोलती—'ऊई, गया है, वाँ, ऊँट का मूँडा में लूण देने...।' बताव...दादी ऐसी झूठ-म-झूठ बात, कभी भी खुल्लम-खुल्ला बोल देती हैं और लोग होण भी हैं कि उनके झूठ को पिचाण के, पकड़ते ई नी...जबकि, गाम में ऊँट तो अब है ही नी...बोन्दू के खेत से उठ के, वे कभी के काँकड़ बाहरे चले गये। और ओके तो रजी-रजी सरीखे झूठ पे डाँट पड़ती है...! वो खुश हो गया।

पटेल'बा बगड़ में से ही वापिस अपने घर की आड़ी चले गए। तभी ओ'के बदन पे, पानी के छींटे पड़ें। छींटे मोटे-मोटे और बड़े-बड़े थे।

नान्या को, बरसात में बारने से बाहरे होकर, आसमान से पड़ते पानी में न्हाना खूब सुहाता है। उसको पानी के छींटे पड़ते ही मजा आ गया। वो, पड़ते पानी में, खूब धूमा-मस्ती करेगा। खास कर कवेलू की ओलती की धार के नीचे तो वो, बेलकुल बेण्डा हो जाता है। दादी बारिश में भींजणे से बचने के सरू, अपने माथे पे टाट की

घूँघती ओढ़ के आती है और बरजती हुई घघाती रहती है—'छोरा...! मत भींजे रे, बेमार पड़ी जावेगा तो फिर बैदजी को कड़वो-हल्यार काढ़ो पीणो पड़ेगा...तू जाण ले हो...!' बड़े'बा वहीं से बोलते हैं— 'अरे, थोड़ो भींजणे दे भई, म्हारा नान्या के...छोरा की पीठ की घमौरियाँ ठीक हुई जायगी। पेहलाँ-पेल-हुई बरसात के पानी में तासीर ही होती है, बेलकुल औषधि का माफक।' वो, बड़े'बा से पूछना चाहता है—बड़े'बा...! क्या झाड़कों को भी घमौरियाँ होती हैं...? तो क्या ये पानी में भींजणे से, झाड़कों की पीठ की घमौरियाँ भी ठीक हो जायगी? पेहिली बरसात से।'

'हाँ, छोरा...! हाँ रे...!' कहते हुए बड़े'बा भी दौड़ के आ जाते हैं और ओलती से गिरते पाणी में वो खुद भी ओके साथ न्हाने लगते हैं। दादी, बड़े'बा को उसके साथ कूद-कूद के न्हाते देख के हाँसने लगती है और फिर कहती है—'बूढ़ा अने बालक एक सारखा...चलो न्हई लो...! हूँ, बेसन घोली री हूँ—चरका भज्जिया का वास्ते। उतारी दूवाँ...गरमागरम...।'

बस क्या था, इधर बेसन के चरके भजिये की याद आयी और दनाक-से उसके मन के माँय सहसा बेसन के चरके भजिये खाने की ही, भूख भड़ीके मारने लगी। ओ'के साथ ऐसा ई है। कभी-कभी मन में, अचानक'ई कोई इच्छा उठ आती है। कई बार तो, नान्या को मालूम भी नी होता कि ओ'के मन के भीतरे, किसी तरेह की, कोई इच्छा का भी वास है। लगता कि इच्छा तो दूर-दूर तक कहीं नी है। नेंठूई अलोप। लेकिन फिर एकदमै-से उठ आती है और ऊके कान में, वोई-वोई सुनाई देने लगती है। जैसे कि अभी सुनाई दे रहा था, ओ'के कान में—भजिया... भजिया...भजिया...।

ओ'ने देखा कि थोड़ीक देर में ही, कान में भजिया-भजिया सुनाई देने वाली आवाज पे, बड़े-बड़े,बताशा के बिरोबर के छींटे, मगरी के कवेलू पर कणकणाते हुवे, घुँघरू सरीखे बजने लगे। 'येल्लो, तो पानी आ ही गया...ऐं...?' नान्या, बदन पे पड़ते पानी के छीटों से, मार इत्ता गलतान हो गया कि 'पानी बाबा आया...अने, काँकडी भुट्टा लाया' कहता हुवा ऐकल्ला ही ओटळे पे, गोल-गोल घूमने लगा। घूमते-घूमते ओ'ने सोचा कि यदि ये बखत कोई ओ'के पानी में खेलणे वाला मिल जावे तो, मजा ही मजा अई जाय...। ये ही बात की तलाश में, नान्या ने ओटले के कुन्ने पर आ'के, घर के जीमणे हाथ की ओलती की तरफ, गली में देखा तो पाया कि वाँ पे, परताब'बा की छोरी प्रेमा खड़ी है। वो, शायद से पानी में भींज जाने से डर रही थी, ऐ'का कारणे ही, घर के चाँदिये की भीत से बेलकुल चिपक गई थी।

नान्या को हँसी आ गई—'बताव प्रेमा इतरी बड़ी डेण्ड'पाड़ी हो के भी, वो खाली पानी में भींज जाने से डरती है...।'

'नान्या...! थारी दादी या बड़ा'बा घर में है, कँई...?' प्रेमा ने पूछा। नान्या ने हाथ हिला के बताया कि दोनों'ई नी है।

तभी पानी इतरी जोर से पड़ना चाल्लू हो गया कि ओलती से लड़-की-लड़ जैसी धार चलने लगी। वो ओटले से कूद के, नेवती की धार में जाके नाचने लगा। पाणी, इत्ता घमाघम पड़ने लगा कि जो मनख जाँ पे था, वो भींजने के डर से, वाँ का वँई ही रुक गया। प्रेमा भी वहीं की वहीं रुकी खड़ी थी।

'प्रेमा, तू नेंठूई कँई गारा की बनी है... ? ऐं... ? कि खाली पानी में भीजने से, तू गली जावेगा... ?' नान्या ने बोला और प्रेमा को ओलती के पानी में, नाचने के सरू केहने लगा। प्रेमा, थोड़ीक देर तो झिझकी हुई, वहीं की वहीं, गुचाप खड़ी रही, तो नान्या ने नेवती की धार से पड़ते पानी को, खोब में झेला और फिर के प्रेमा की तरफे फेंक के, जोर से हाँसने लगा। प्रेमा बदन पे नान्या का फेंका पानी पड़ते ही 'ओ बई' करके चिहुँकी। नान्या को मजा आ गया। थोड़ीक देर तक तो वो और ठिठकी रही, फिर नान्या की मस्ती के देख के, वो खुद को रोक नी सकी और वो भी ओलती से गिरते पानी में नाचने लगी।

नान्या ने देखा, कि बड़ी-बड़ी बूँद, प्रेमा के माथे से पड़ती और नाक, ठुड्डी और बालों से धार की तरेह गिर रही थी। ऊ'के लत्ते भी ऊ'के बदन से खूब चिपक गये थे। नान्या ने अपने दोनों हाथ, प्रेमा के आगे किये तो प्रेमा ने, थोड़ाक संकोच दरसाया फिर बढ़ के, नान्या के हाथ में, अपने हाथ दे दिये और अब वो दो'ई चकरी मुजब घूमते हुए, पड़ते पानी में फुगड़ी का नाच, नाच रहे थे। हालाँकि, नान्या को लगा कि प्रेमा इत्ती सारी ऊँच्ची है कि वो, ऊके साथ फुगड़ी खेलने में, उससे भौतई छोटा पड़े जा रहा है। लगा कि वो लक्कड़-घोड़ी पे, चढ़ जावै तो शायद से वो, प्रेमा के माथे की बिरोबरी कर सकता है।

ओ'ने मने-मन तै किया कि वो भी, प्रेमा की तरेह कल से दोनों'ई बखत, बकरी का दूध पीना शुरू कर देवेगा। तभी प्रेमा के बिरोबर ऊँच्चा हो जावैगा।

तभी आसमान में, जोर की गड़गड़ाट हुई, जनेकि कोई ने भौत बड़ा ताम्बे का हण्डा, बादलों के ऊप्पर औंधा करक लुढ़का दिया हो। फिर, कवेलू से ऐसी आवाज उठी, समझ लो कि कोई ने, मुट्ठी भर-भर के काँकरे, घर की मगरी पे फेंकना शुरू कर दिया है। कुछ काँकरे ओ'के माथे और हाथ पे आके पड़े तो वो चौंक गया। ये कौन है, जो काँकरे फेंक के नई कुचराँद कर रहा है... ? अभी बड़े'बा को बोल दूँवाँ तो वो हेड़ के धर देगें। आसमान से गिरता हुआ पानी भी, अब जादा ठण्डा हो गया था कि नान्या को ठण्ड बजने लगी।

'ऐ नान्या, म्हारे लागे कि शायद से गार पड़वा लाग गई है... !' प्रेमा ने, फुगड़ी का नाच नाचते हुए घबरा के बोला।

'गार... ?' नान्या ने नाचने की मस्ती में, मूँ मचकोड़ के, प्रेमा से पूछा—'क्या बोली प्रेमा तू...ऐं... ? गार... ! गार मने क्या... ?'

प्रेमा ने फुगड़ी खेलना बन्द करने के वास्ते, ओ'का हाथ छोड़ा तो वो गिरके धड़ाम होते-होते बचा। प्रेमा ने, दौड़ के नान्या को सँभाल लिया और बगड़ में से,

झुक के चिमटी से कुछ उठाया और फिर अपनी हथेली पर रख के, नान्या के सामने किया—वाँ ऊ'की हथेली पे, मक्के के दाणे बिरोबर एक सुफेद-झक्क चीज थी।

'नान्या देख... ! ये है, गार... ।' प्रेमा ने बोला।

'ऐं... ? ये कँई गार है... ?' नान्या पेल'दफे देख रहा था। प्रेमा ने नान्या का हाथ खींचा और ओ'की हथेली पे गार को रख दी। नान्या चकद्दम था—'बताव, ओ बापजी... इत्ती ठण्डी... !'

तभी, आसमान में, जोर की खूब कचकची खाती, फिर से ऐसी गड़गड़ाट हुई और कड़कड़ा के बिजली चमकी, कि नान्या तो बुरी तरेह चिल्ला पड़ा और मारे 'भे' के प्रेमा से चिपट गया। मगरी से ओलती तक के कवेलू, एकदमै-से कणकणाने लगे। गार बड़ी-बड़ी हो गई। आँवले के बिरोबर। प्रेमा ने, ओ'के कसके अपने से लगाया और घबराते हुए बोली—'नान्या, चल अपन अबै तो अपना घर का भीतरै चलाँ... !'

नान्या के सारे बदन में, ठण्ड अने 'भे' की लकलकी उठ रही थी। तभी गार बगड़ में टपाटप पड़ने लगी। देखते-देखते बगड़, चिड़ी के अण्डे जैसी सुफेद-झक्क और गोल-गोल गार से भरने लगा। प्रेमा ने ओ'के कन्धे को घेर कर, अपन से सटा के, ओटळे की सीढ़ी चढ़ाई और बाँह में भरे-भरे दरवज्जे पे ले आई।

ओटळे पे और ओटळे के नीचे, बगड़ में, पानी धड़ाका बन्द पड़े जा रहा था। घर के सामने की सेरी, खाल सरीखी बहने लगी थी। आसमान में, काले-कुट्ट बादले, ऐसे साँगणे हो गये थे कि दिन-छते ही लगने लगा कि दीया-बत्ती की बखत मुजब इन्धारा हो गया है। कहो कि नेंठूई धरधरी की बखत हो गई हो।

बादले, ठठ के ठठ हो गये थे। आसमान में गड़ागड़ाट रै-रै के, ऐसी उठ रही थी कि जनेकि कोई कचकची खा के, की कालजे में झुरझुरी होने लगती। ऊके'ई साँथे बिजली ऐसी दमक के चमकी तो नान्या ने डर के, प्रेमा को पकड़ लिया। पानी के ठण्डेगार होने के कारणे, शरीर में लकलकी बढ़ गई थी। वो, बुरी तने-से धूज रहा था। प्रेमा ने ओ'के अपनी ओर खींच के, अपने बदन से लगाया फिर, वो नान्या को, घर के भीतरे ले अई।

वो, अब घर के भीतरे, बैठक में आ गये थे। प्रेमा ने, हवा और आँधी-डँडवाल से भड़भड़ता दरवज्जा लगा दिया।

घर में, एकदम से इन्धारा हो गया था। नान्या ने बड़े'बा के भगवान् के आल्ये में, अम्मावस के अखण्ड जलते दीवे में, देखा कि प्रेमा का माथा तो ऊके माथे से तो, कोई दो बालिस्त ऊँच्चा है। अब क्या करो, इसके घर की बकरी है तो पट्ठी, जब मन पड़े उठाया गिल्लास और दूध पी लेती होगी। दादी ने, एक दिन प्रेमा को देखके, परता'बा को बोला था—'अरे परताब भैया... ! प्रेमा घोड़ी की घोड़ी हो गई है...एकदमै

से, ताड़की ताड़। तम कदे छणावगा, ईका लगन... ? बस्स, माण्ड दो ई को माण्डो। और करी दो—ढोल–ढमाका का साँते बिदा।

नान्या ने, ठण्ड से उठती धूजणी को रोकने की, कोशिश करते हुवे, सोचा कि वो आखिर तो प्रेमा से पूछे। उसके इत्ती ऊँच्ची हो जाने की, असली जुगत के बारे में।

'प्रेमा तू इत्ती उच्ची कैसे हुई गई... ? जदेकि, तू जिससे दूध पीती है, वो तो छोटा वाला ही गिल्लास है... ?' नान्या ने धूजते–धूजते पूछ ही लिया।

'बता नान्या... ! कँई तू भी, म्हारो जित्तो और ऐसो 'ई ऊँच्चो होणो चावे है... ?' प्रेमा ने जवाब देणे की जगेह, नान्या से ये...उल्टी बात पूछ ली। नान्या तो ये सवाल सुन के ही, गलतान हो गया। सुनके लगा, कि ठण्ड की वजह से, बदन के माँय उठती लकलकी, जाने काँ फुर्र हो गई है।

'बताव, भला ये भी बात कोई पूछने की है... ? कैसी गेली है, ये प्रेमा... !...ऐं... ? ओ, ने उतावली में भरके, पुलक के साथ अपनी नाड़ हिला'के, देर लगाये बिना फटाक–दनी से हामी भर दी।

'सच्ची, बता... ! ऊँच्चा होना है, जल्दी–जल्दी...म्हारे जैसा... ?' प्रेमा ने, उसके गीले माथे में अपनी उँगली धँसा के, ओ'के बालों को बिखेर दिया। नान्या की बेकली, तो बाड़े बाहरे होती जई रही थी। वो, ताबड़तोब, उस जुगत को जान लेना चाहता था, जिससे कि वो इत्ता ऊँच्चा हो जावे कि बड़े'बा ऊके देख–देख के, बुरी तरेह कुढ़ने लगें। अरे, वो तो, बड़े'बा को वैसई पछाड़ने की जुगत ढूँढने में, कित्तेई दिन से भिड़ा है। जदि जुगत मिल गई तो वो, उनकी हेंकड़ी हेड़ देगा कि फिर समझ लो कि मेरे खिलौणे, मौलवे में छुपा के, वे बे'फिकरे हो के, खेत पे नी जा सकते।

नान्या, इत्ता–इत्ता खुश हो आया कि वो प्रेमा के गाल पे, मटी दे दे, मीठी वाली। जैसे कि वो भौतई खुश होणे पे, दादी के गाल पे दे देता है। पे, प्रेमा का गाल तो भौतई ऊँच्चा था।

'प्रेमा... ! मैं थारे से, पक्की और सच्ची वाली 'हाँ' बोल रहा हूँ !' नान्या ने, अपने द्वारा बोले गये, हर हरफ पे, जोर दे–दे के बताया कि वो राजी है और इसके वास्ते तो बेलकुल वो, नेंठूई सौगन खा के बैठा है और कुच्छ भी करने को तैयार है। प्रेमा, ओके अपने से सटाये हुवे, घर के भीतरे, बैठक में ले आयी।

पर, नान्या को प्रेमा ने, जब ऊँच्चे होने वो गुपत रखी गई, जुगत बताई तो वो तो, बेल्कुल चकद्दम रै गया। सुन के घणा पछतावा भी हुआ कि ल्लो, बस अभी ही तो एक मौका हाथ में लगा था, जबकि गाम में, गंज–सी ऊँट–ऊँटणी आये थे। पता नी, दादी जैसी चण्ट खोपड़ी को भी, इस जुगत की पेलाँ से, कोई माल्लम क्यों नी थी...ऐं... ? वर्ना, तो वो, नान्या के वास्ते, सबकुछ सुल्टा के गुन्ताड़ा लगा देती और वो, अब तक तो, समझो कि रोटीघर की छोटी वाली गारे की कोठी के कँगूरे

से, कब का ही ऊप्पर निकल गया होता। हाँ, मौलवे में हाथ पोंहँचाने के वास्ते, ऊके खाली थोड़ा-सा, बस पीतल की बाल्टी भर पे चढ़ना पड़ता।

असल में, प्रेमा ने गज्जब की बात बताई। वो, मुँह बाये सुनता ही रै गया। प्रेमा बोली—'जब पार साल, ठाकोर-रायसींग ने, अपने खेत में ऊँटड़े-ऊँटड़ी बिठाये थे...तो, पड़ोस वाली सुमन-काकी ने, प्रेमा को ऊँटणी को एक दिन दूध पिवाड़ दिया था...। तभी से बस, वो जल्दी-जल्दी ऊँच्ची होवा लाग गई।

सुण के, नान्या के तो जनेकि आक्खे सरीर में, चक-झन्नाट सी हिलोर, उठ-उठ के गिरवा लागणे ने लगी। प्रेमा ने, उसके दोई कन्धे पकड़ के, झिझोड़े, और फिर से बात खरी की—''तू अच्छी तरेह से सोच ले नान्या...! क्या, ये बात पक्की है कि तू ऊँच्चो होणो चावै है...वरना अब भी बखत है कि तू ऊँच्चो होने को ख्याल ही छोड़ दे...।'

प्रेमा, जवाब के वास्ते, ओ'की आँख में आँख गड़ा के, पूछ रही थी। नान्या को, डर लग रहा था कि प्रेमा को, ओ'की बात पे, बिसास क्यों नी आ रहा है... ?...ऐं... ? अबकी बार, नान्या ने दादी के साथ ही साथ, भगवान् और विद्या-माता की भी सौगण खा डाली। नान्या को, प्रेमा का मूँड़ा ऊँच्चा और इन्धारे में होने से, ठीक से दिख नी पा रहा था कि ओ'के सौगण खाने के बाद भी, प्रेमा का ओ'पे बिसास आया है कि नी... ? क्योंकि, अब बाहर पानी कचकची खा के पड़ रहा था। कवेलू पर, जैसे कोई मुट्ठे के मुट्ठे भर के, बड़े-बड़े काँकरे नी, बल्कि ढगल्या फेंके जा रहा है। और, घर के भीतर, इन्धारा-इन्धारा ऐसा था, मनेकि चिमणी जलाये बगैर, कुच्छ भी दिखाई नी देगा।

तभी, आसमान में फिर से, जोर की गड़गड़ाट हुई और वो, सुणके डर गया। शायद से प्रेमा भी डर गई थी और ओ'ने, नान्या को अपनी बाँह में भर लिया फिर बोली—'नान्या...! तू अब जरा जोर से, अपनी दोई आँख मींच ले, और खोल जे तो बेल्कुल'ई मत...।'

नान्या ने, खाली आँख ही नी मींची, बल्कि अपने दाँत भी, खूब कसके भींच लिये। फिर बाट देखने लगा कि अब अग्गे, क्या होने वाला है...! सर्र-सर्र, सनाका-का-सा, कुछ गुजरे जा रहा था। तभी, ओ'के लगा कि उसका, पूरा का पूरा मूँ ही, नरम-नरम और गरम-सी, जगेह लग गया है। जैसेकि ऊके अँवाड़े में ही, ओका आक्खा मूँ धँस गया है।

'नान्या...! तू अपना मूँडा में भरी के धई ले...। म्हारा भीतर भी, ऊँटणी को दूध है...तू ऊँच्चो हुई जावेगा।' प्रेमा ने, साँस फूलती आवाज में, गते-गत बोला और ओ'का माथा, अपन अँवाड़े में कसके खींच लिया।

नान्या, एकदमै से जनेकि, नेंठूई अगड़धत्त हो गया। ओके तो जैसेकि कोई सम्पट ज नी बैठ पा रही थी कि ये बेबूझ-सा सगला हो क्या रहा है... ? तभी, जोर-

जोर से, कवेलू पे, गार कड़कड़ाती हुई, एकदम से कणकणाने लगी। जनेकि, मगरी से ओलती तक के कवेलू तड़ातड़ टूट रहे हों। खापरे को खोर करी देगा कोई। नान्या ने, जल्दी से, ऊके मूँ में भर के, पीने की कोशिश की। पर, ओ'से कोई ठीक से, जुगत ही नी जम पा रई थी, कि वो क्या अने, किस तरहे से मीजान जमावै। मूँ में, ठण्डा-ठण्डा पानी था कि कुछ और... ? ये समझ में नी आ रहा था।

तभी, दरवज्जे पे, साँकल की खड़-खड़ हुई। नान्या, प्रेमा को छोड़ के, दरवज्जा खोलने के वास्ते, दौड़ के जावा ही लगा तो, प्रेमा ने ओ'का हाथ पकड़ के, ओका कान, अपने मूँ के कने खींच के बोली—'नान्या...! या बात, तू कोई के बोलजे-बताजे ही मत हो...नी तो फिर सब, गफड़ल्लो हुई जावैगा...अने तू फिर कदी भी ऊँच्चो नी होवैगा...थारे गाय की सौगन है।'

नान्या ने, दौड़ के दरवज्जा खोला, तो देखा कि दादी, अपन माथे पे, उल्टा टोपला रख के खड़ी है और बड़े'बा तगारी को। दोनों'ई, पानी में लथपथ हैं और वे गिरती गार को झेलते हुए, घर तक आ गए थे। दादी ने, नान्या को देखते ही, माथे से टोपला दूर फेंका और नान्या को अपनी छाती से, चिपटा लिया। वो, नेंठूई हाबरी-काबरी हो उठी थी।

'यो अच्छो हुवो कि बेटा, तू घर में थो। म्हारे भौतई डर लागी रियो थो, क्योंकि तू पग-पाल्यो है, तो थारे बिजलाव की बखत में, बाहर निकलनो नी चईये। गाज-माता को हमेसा, ध्यान रखजे।' दादी बोली।

'पाँय लागूँ...! दादी अने बड़े'बा...ऽ...।' ये प्रेमा थी।

'अरे छोरी...। तू याँ कैसी ?' दादी ने, देखा तो अचकचा के पूछा।

'दादी...हूँ तो दूध को हिसाब-किताब करवाने का वास्ते, अई थी...कि बस तड़ातड़ गार पड़ने लगी गई...।' प्रेमा बोली। दादी, प्रेमा के कहीं डाँट ने ही नी लग जावै...ई का वास्ते, नान्या, तुरतै ओ'की बड़ाई में बोलने वाला ही था कि प्रेमा ने ओ'के ऐसी जुगत बताई है कि वो, जल्दी ही बड़े'बा के इत्ता ऊँच्चा हो जाने वाला है। पर, प्रेमा की आँख आड़ी देख के, ओ'के तुरत याद हो आया कि जुगत बता देने में जोखम है। वो, छोटा का छोटा ही रै जावैगा। फिर प्रेमा ने ओके गायमाता की भी तो सौगन दी रखी है।

'अरे छोरा...! तू तो आक्खो'ई भींजी गयो है रे...ऐं...! तू तुरत ही अपना लतरा बदल...फिर नी तो बेमार हुई जावैगा।' दादी ने, चिन्ता में भरते हुवे, नान्या को चेताया।

'दादी...! प्रेमा भी भींजी गई हैं...वो भी, बिचारी बेमार हुई जावैगी...तू ओ'के अपना कपड़ा दई दे...।' नान्या की आवाज में, जनेकि प्रेमा के, अभी-अभी करे, उपकार की, कोई कनावड़ उतर अई थी। बाहर बगड़ में गिरती गार तो रुक गई थी। पे, अभी भी पानी तो वैसा'ई झमाझम गिरे जा रहा था। नान्या भौतई खुश था, इत्ता

कि मन हुआ कि वो, जोर से, एक हनुमान कूद मार के हवा में अपनी टाँग उछाल दे। बड़े'बा को बता दे कि 'येल्लो...बड़े'बा अग्गे से, कित्तेई ऊँच्चे मौळवे में. छुपई देना, मेरे खिलौकणे...सब्ब बाहर हेड़ लावूँगा...हाँ, .हाथ पोहँच जावेगें...इस नान्या के। वो, अब कोई गाँगड़िया नी रैने वाला है, हाँ। हा-हा, ही-ही, हु-हू, हे-है, हो-हौ, हं-हः ऽ...ऽ...ऽ।'

तभी, अचानक ही, नान्या का धियान गया कि 'अरे... ? ये क्या... ? दादी के साँथे भूरिया तो है नी...।'

ये, वो सोच ही रहा था कि ओटले की सीढ़ियाँ चढ़ के, भूरिया दरवज्जे के भीतरे आ गया। वो, पाणी में भींजा और ठिठुरता हुआ, कुँकुवाता-सा, ऐसा लुटा-पिटा खड़ा था, जनेकि वो'के कोई ने, ढगल्ये मार-मार के, बेल्कुल अधमरा ज कर दिया है।

दादी ने, भूरिया को देख के बोला—'अरे...भूरियो तो गार में कुटई गयो है...अरे, सिगड़ी जलाव और ओ'के ताप दो...नी तो बिचारो, यो भी बेमार हुई के मरी जावेगा...!'

अब, पाणी पड़ना थोड़ाक रुक गया था। प्रेमा भी चली गई थी और सुलगी हुई सिगड़ी के आसपास, आग तापते, दादी और बड़े'बा बैठे थे। भूरिया तो, बेल्कुल सिगड़ी के कने ही, लोट लगाये पड़ा था। दादी बोली—'वो, तो हनुमान मन्दिर वाले पुजारी की कूबत थी कि उन्ने गार को मन्तर फूँक के,गाम के गोयरे रोक दिया...नी तो अक्खे गाम के गेऊँ और चणे बर्बाद हो जाते...।'

दादी ने, आज तीनों'ई की खाट सिगड़ी के आसपास लगा दी।

नान्या तो जल्दी से बिस्तरे में दुबक गया। पर, आज ओ'के भीतरे, जो जल्दी थी, वो सोने की नी थी, बल्कि बिस्तरे में घुस के, खूब अच्छे-से, दुलाई-वुलाई ओढ़ के, प्रेमा की बताई जुगत के बारे में, खुशी में भर के, माथ-छेक डूब के, सोचने-ही-सोचने की थी...कि वो, बस कैसे झट-झट ऊँच्चा होने लाग जावैगा...। ल्लो बड़े'बा..! अब लो। तिलीलीली ई ई ई...।

नान्या को, ये सबकुछ देख के, भूरिया पे, ऐसा गुस्सा आया, कि ओ'ने, दौड़ के, बड़े'बा की पुरानी कूबड़ी ढूँढी और ओ'की पीठ पे, दनाक से मार दी। भूरिया, बुरी तरेह चिल्लाता हुआ बरामदे से भागके, बगड़ में जाके, खड़ा हो गया। अब वो वहीं से टुकुर-टुकुर घर की आड़ी देखे जा रहा था। भूरिया भौचक था, अपनी कुटाई से। इस समै, नान्या का पिन्नाटा, बड़े'बा के पिन्नाटे से, होड़ा-होड़ी कर रहा था। बताव, ये'ने तो ऊकी इज्जत के, काँकरे कर दिये। क्योंकि, भूरिया तो आज, वो बात कर बैठा, जि'के वास्ते, बड़े'बा कहते थे—'तीतर-काबर खाणे वाला टेगड़ा की जात।'

नान्या ने बोला—'आ, अब इधर आ बेट्टे ! देखूँ कि कैसे तेरी हिम्मत, वापस घर में भी घुसने की हो सके है..! ये तो समझ ले भूरिया, कि थारी किस्मत अच्छी है कि ये बखत बड़े'बा घर में नी है...वरना तो वो, नेंठूई तेरी खाँत ही हेड़ के धर देते। वो, कूबड़ी से मार-मार के, थारे घर से ज नी, बल्कि कहो कि बामण-सेरी से ही, घेर के बाहेर हकाल देते।...कहते—'अब ये टैगड़ा, बामण के घर की डेल चढ़ने लायक नी रै गया है, दयाराम की माँ...। माँस-भक्षी हो गया है...। घर से खदेड़ के, बाहेर करो, इस दुष्ट को।'

असल में, जब वो, पाठशाला से घरे आया, तो देखा कि बरामदे में, भूरिया कुछ तो भी, खटर-पटर करता बैठा है...। नान्या ने, नजीक जाके देखा, कि ओ'ने तो अपन पँजे के नीचे मरी हुई, काबर दबा के रखी हुई है। और वो, ऊके पाँखड़े नोंच-नोंच के खा रहा है। ऊके, ये सब, काबर को खाता देख के, एक कावा तो नान्या को उल्टी का, जोर से हुबड़का भी उठा। पर, उल्टी से जादा तो, ओ'के ये बात की चिन्ता हो गई थी कि अब, बड़े'बा भूरिया को, घर से भगा ही देंगे। किसी की रत्ती भर भी नी सुनेंगे। कहेंगे—'अब ये टेगड़ा बलई-सेरी के लायक हो गया है।'

पर, फिलहाल तो ओ'के सामने, सबसे बड़ी मुस्किल तो, ये बात की थी कि उस मरी हुई काबर को बरामदे में से उठावै कौन... ? कौन उठा के, ऊके घूड़े पे, फेंक के आवै... ?...ऍं... ? यदि येई घड़ी के बीच, बड़े'बा या दादी में से कोई एक जणा भी आ गया। तो फिर भूरिया की, ऐसी कसूरी तो कभी माफ नी होगी। वो, उसको घर से निकाल के ही, जक लेंगे।

तभी ओ'के याद आई, अपने जिगरी दोस्त बोन्दू की। वो, दौड़ के जाये और उसको बुला लावै तो वो, काबर को उठा के, जरूर से, बाहर फेंक आयगा। क्योंकि, पाठशाला में, जब गणित की कक्षा में, उसको गुरुजी ने अण्डा दिया था, तो वो बोला था कि 'वो तो जात से ठाकोर है...वो पोथी में, अण्डा पा जाने से, डरता नी है...पाठशाला में, उसको गुरुजी अण्डा देते हैं और घर में ओ के, ऊकी मुर्गी। पर, वो वाले अण्डे को, उबाल के, ऊ पे, काला-नमक और काली मिर्च बुरका लो तो फिर तो सवाद ही सवाद। फिर और वो, खुदई तो बोलता है, कि वो, अपनी गुलैल से, दो-तीन तीतर को मार चुका है...। वो, मार के घर भी ले आता है। तो फिर काबर को उठा के फेंकने में, बोन्दू को कोई अड़चन ही नी होयगी...। हालाँकि, दादी को उसकी बोन्दू से दोस्ती, ऐ का वास्ते'ई तो पसन्द नी है...कि वो अण्डे और माँस-मच्छी खाता है। पर, बोन्दू के दायजी बनेसींग'बा, और बड़े'बा में खूब'ई पटती है। दोई जने, कचेरी साँथे-साँथ ही जाते हैं, जमीन की तोजी भरने।

नान्या ने, खिड़की से बाहर देखा, तो पाया कि बोन्दू गुल्ली-डण्डा ले'के इधरी ज आ रहा है। जब, बोन्दू के हाथ में गुल्ली खेलने का, जब वो नवा डण्डा होता है तो वो, खूब उछल-उछल के चलता है। बोन्दू के पास, गुल्ली खेलने का है, जो

डण्डा, वो भौतई अच्छा है। काला-कुट्ट। चिकणा-चपट। ठीक वैसा'ई, जैसा कि पाठशाला में, गुरुजी अपनी काँख में रखते हैं। बोन्दू ने बताया था कि वो डण्डा, असल में, पटवारी जी के कने रहने वाला रूल है। ओ'के पसन्द आ गया तो ओ'ने उनके पास से, मार दिया पर, ये बात सई है कि जब बोन्दू, पटवारी वाले रूल से गुल्ली खेलता है, तब जमीन खूब नपती है।

'नान्या, आज्जा...यार, अपण दोई गुल्ली-डण्डा खेलते हैं...।' बोन्दू ने, सेरी में से ही, नान्या को आवाज दे'के बोला तो नान्या ने, इसारा करके, वो'के घर के भीतरे आ जाने की बोली। बोन्दू जब भीतरे आया और नान्या ने, भूरिया द्वारा कर दिये गये, उथलधड़े के बारे में बताया तो बोन्दू ने कहा—'अरे, नान्या...! इम्मे घबराने जैसी बात बेल्कुल ज नी है रे...ले, अभी सुल्टा देता हूँ सब...यो तो म्हारा डाबा हाथ को काम है।' वो, पिछवाड़े गया। और वाँ से, दादी के छन्देरे में से, एक कण्डा उठा लाया फिर ऊ पे, उसने काबर को टाँग पकड़ के, उठाया और रख दिया। बाद में, उसके पाँखड़ों को भी, जो भूरिया ने नोंच के बिखेर दिये थे, उनको भी भेले कर के, कण्डे पे रखते हुवे बोला—'तू अभी म्हारा गुल्ली-डण्डा, थारा कने रख। हूँ ई'के घूड़ा पे फेंकी के अभी आयो।'

वो, उसको उठा के फेंकने के वास्ते, पाटी की आड़ी के खाल की तरफे चला गया।

नान्या ने, उस जगेह नजीक जा के देखा, जां पे काबर पड़ी थी, वाँ पे काबर के खून की छाप जैसी कोई निसानी नी है। ओ'ने एक चरू पानी ला के, वो जगेह डाला। फिर सँजवारी फेर दी। फिर याद आया, एक कावा, जब मौलवे में, चिड़कली के बनाये घोंसले से, उसका बच्चा नीचे गिर के मर गया था, तो दादी ने, वो जगेह को, गाय के गुवाड़े से गोमूत्र भी ला के डाला था। सो, नान्या ने भी वाँ गोमूत्र डाल दिया।

बोन्दू, अभी वापस नी आया था। पर, बोन्दू की इस जुगत से, नान्या को निरात हो गई थी। अच्छा हुआ कि अभी तक भी, बड़े'बा और दादी में से, कोई एक भी जना नी आया था।

दादी, बोन्दू को ठाकोर बनेसींग की बिगड़ैल औलाद, ऐसा बोल के, बुरा-बुरा बताती है। कक्षा में, गुरुजी भी हड़काते हैं कि बोन्दू को पाँच तक की पराँच लेना नी आती है, ऐ कारणे गुरुजी बिचारे को, बोन्दू के बजाय भोन्दू बोल देते हैं। फिर सारी कक्षा हाँस उठती है। पर, ये सब से बोन्दू जरा भी झेंपता नी है। बोलता है—'म्हारी बड़ी डोकरी माँ, म्हारे बोले कि जियादा हाँसने अने जियादा खाँसने वाला से दूर ही रैणो।'

असल में, बोन्दू कोई गेलसप्पा थोड़ेई है...हाँ। खाली गणित भर में, थोड़ाक कच्चा है...क्योंकि, उसके बड़े'बा, मेरे बड़े'बा इत्ते भणे-लिक्खे नी हैं, जो बोन्दू को घरे सगले पहाड़े रटा दें...। पर, ओ'के कने भौत गियान है। हाँ नी तो..! वो गुलैल

चला लेता है, उसके घर की घोड़ी के बछेरे की पीठ पे चढ़के, ऐकल्ला ही जबरेश्वर जी के मन्दिर तक जाके, मजे से वापस आ जाता है।

एक कावा बोन्दू, अपन बछेरे की पीठ पे, ओ'के चढ़ाने लगा था तो वो दिन नान्या भौतई डर रहा था। पर, बोन्दू का कहना था कि वो बछेरा एकदम ही सीधा है और कभी गिराता नी। बोन्दू अपन दायजी बनेसींग'बा जैसी बनेठी भी घुमा लेता है। सच्ची बोन्दू को सब माल्लम है कि जबरेश्वरजी के मन्दिर वाले बरगद के झाड़ पे, नीलकण्ठ भगवान रैते हैं...वो शिवजी के औतार हैं। बरगद के गोड़ के भीतरे नाग-महाराज रैहते हैं, अपनी नागिन के साँथे। वाँ की जलाधारी पर एक लोटा पानी चढ़ाणे से, कभी साँप नी काटते, उनके मूँ में ताला लग जाता है...पर, ई के वास्ते उनके नन्दी-महाराज के कान में, ये बिनती बोलना भी पड़ती है। बोन्दू ने ये भी बताया था, कि नन्दी-महाराज का एक कान, अपने दूसरे हाथ से बन्द भी करना पड़ता है, नी तो अपनी बिनती, उनके दूसरे कान से निकल जाती है। एक दफे चार लोग, जलाधारी में से शिवजी को उखाड़ ले गये थे तो चारी लोगों के हाथ, बाँके-टेड़े हो गये थे...और पीपल में विष्णुजी रहते हैं। पीपल के नीचे मुत्ती करने से पाप लगता है...और फी-फी में, फोड़ा हो जाता है। बाद में कोढ़ हो जाती है। और, ये सब बातें ओके, ऊकी बड़ी डोकरी'माँ बताती है, जो पाँच कम, सौ-साल की है। और ये बात का तो बोन्दू के अलावा, पाठशाला के किसी भी बच्चे को गियान नी है, क्योंकि बोन्दू ने तो, अपन ग्वाड़े में, गाय को बच्चा होते देखा है और वो जनम लेते'ई चलवा लाग जाता है।

हालाँकि, बोन्दू बोलता है कि परताब'बा की प्रेमा भी, भौत गियान रखती है।...उसने तै किया कि बोन्दू अभी जब लौटेगा तो वो, उसको प्रेमा की ऊँटणी के दूध पीने से ऊँच्चा हो जाने की जुगत के बारे में सगली बात जरूर से बतायगा। अगर वो भी, ऊँच्चा होना चावेगा तो वो प्रेमा से बात करके, पेहिले'ई ढँग-ढाँग से नक्की करी लेगा। पर, तभी नान्या को याद अई गई कि वो बतावेगा कैसे... ? क्योंकि प्रेमा ने, ऊपे गाय-माता की सौगन जो चढ़ा रक्खी है।

अबे कँई माल्लम, प्रेमा को ये बात का गियान है कि नी... ? पर, बोन्दू को पुखती बात माल्लम है। उसको, ओ'की ऊकी डोकरी'माँ ने, ये भी बताया है कि मनख का बच्चा बईराँ के कान से होता है। जिस बईराँ के बच्चा होने वाला हो तो, उस बईराँ के कान बड़े होने लाग जाते हैं। और फिर एक दिन तो कान अचानक सूपड़े के बिरोबर हो जाते हैं। उसी समै उसको बच्चा हो जाता है। बच्चा होने के बाद, ऊके कान फिर से फटाक से छोटे हो जाते हैं। ये ही कारणे, बच्चा होने के सवा महीने बाद तक बईराँ, कपड़े से, अपने कान बाँध के रखती है।

ऐसा, गंज ग्यान है। हौ, मुलक सारा, बोन्दू के पास। वो, भोन्दू बेल्कुल नी है...हाँ।

याद आया, एक दिन गणित के सवाल, घर से करके लाने के वास्ते, गुरुजी ने सब बच्चों को बोला था और जब बोन्दू कर के नी लाया था तो गुरुजी ने बोन्दू के दायजी, ठाकुर बनेसिंह को बुलाया था तो बोन्दू के दायजी ने गुरुजी को बोला था— 'गुरुजी, इना छोरा का हड़का-हड़का तो हमारा है, और माँस-माँस तमारो। मारते-मारते ईको माँस उधेड़ भी दोगा तो हम चूँ भी नी कराँगा। ऐ'के थोड़ो-भोत हिसाब-किताब करने की बिद्या भी तो आनो चइये...है कि नी... ? नी तो यो अपना बाप की, इत्ती सारी जमीन-जायदाद के कैसे देखेगा ?''

नान्या को, बेकली हुई कि अभी तक, बोन्दू वापस क्यों नी आया ? कँई बात हुई गई... ? ओ'के इत्ती देर काँ लागी गई ?

ओ'ने, खिड़की से बाहर की आड़ी, झाँक के देखा। बगड़ में, दादी आती हुई दिख गयी। वो, खिड़की से धम्मदनी से अन्दर कूदा। फिर दौड़ता हुवा, बगड़ में पहुँच के दादी की टाँगों से लिपट गया। इसी के साथ ही अपनी सुटाई के बाद से, दूर खड़ा भूरिया भी, भागता हुवा आया और दादी के पाँवों में लौटने लगा। दादी ने, नान्या को अपनी केड़ पे, बावजूद माथे पे एक छोटी-सी टोकणी होने के, उठा लिया और अब वो, लाड़ में इतराता हुआ, दादी की केड़ पे था। दादी से, इत्ता लाड़ उमड़णे का कारण, नान्या को खुद'ई समझ में नी आ रहा था।

'दादी तू गई काँ थी... ?' ओ'ने दादी से, नकली गुस्सा दिखाते हुए पूछा। दादी बताने लगी—'अरे, छतरसींग का याँ, पापड़ बेलने और बड़ी तोड़ने का वास्ते गई थी। वाँ उनकी छोरी हीरामणी आई है रे, अपना सेरगाम का सासरा से, तो वा भी मिली गई... !'

'कँई ऊको धणी भी दूजवर अने मौल्यो है, कँई... ?' नान्या ने पूछा। दादी ने ठीक से सुना नी। वो अग्गे बोलने लगी—'म्हारे तो लगे ओ'की छोरी के, सेरगाम की हवा लागी है...अरे ओ'ने तो माथा का सारा बाल एकदम खुल्ला राखी छोड़िया...दिन भर घर का बायरे ही बायरे रै...म्हारे तो लगे कि वा बेल्कुल बारवट्टी हुई गई है... ।'

'दादी तू भी भौत बारवट्टी हुई गई है। नेठूँई घर का बायरे-बायरे ज रै। थारे भी, हवा लागी गई है।' ओ'ने दादी को बोला—'दादी ने चिढ़ के कहा—'चुप रे छोरा...ऐसी बात करेगा तो हूँ थारे अपनी केड़ से उतार दूँवाँ।' तो ऊने दादी के गाल पे, एक मटी दे दी... । बस क्या था, दादी फिर हाँसवा लागी गई।

दादी, धीरे-धीरे चलती हुई, ओटले की सीढ़ियों के पास आ गई। माथे की टोकनी उतार कर ओटले पे रखी। उसमें मुलक सारे, हरे-हरे जामफल थे। नान्या ने, उस टोकनी में से, एक गदराया हुवा जामफल उठाया और उसमें, अपने दाँत गड़ा दिये। दादी, पाँव से बाणे उतार कर, ओटले की सिल्ला पे जाके, पाँव में बारिये से, पानी डालते हुवे बोली—'चल अभी थारा वास्ते गरम-गरम रोटी उतारूँ...रोटी का जीव।'

तभी, नान्या ने देखा कि सामने से, बोन्दू आ रहा है। वो, देख के दौड़ा और बोला—'चल नान्या... ! अब अपन गुल्ली-डण्डा खेलाँ... ।'

'का रे बोन्दिया... ! थारे, खुद के भणनो-लिखनो तो कँई है, नी...अने उल्टो हमारा नान्या के भी बिगाड़ देगा...चल भाग तो याँ से... ।' दादी ने, बोन्दू को इत्ती बेकदरी से हड़काया कि वो तो, सुट्ट हो गया। ओ' का मूँ रोने-रोने जैसा हो आया। वो, कुच्छ भी नी बोल पाया। नान्या भी, ये सब देख के सीना-बीना हो गया। कि दादी को, एकदमै से ये क्या हो गया।... ? ऐं... ?

'अरे...अबै तू म्हारो मूँडो कँई देखी रियो है...भाग याँ से...नी तो थारा बाप बनेसींग से बोलूँवा... ?' दादी, फिर बोली तो बोन्दू मूँ लटकाये अग्गे बढ़ लिया। नान्या ने, दुखी मन से बोला कि बोन्दू को खुद ओ'ने ही खेलणे के वास्ते बुलाया था। ओ के ही गुल्ली-डण्डा म्हारा पास है। जब, ओ'ने ये बात बोली तो दादी नान्या पे और भी भिनकी और भभक पड़ी—'देख इना बिगड़ैल छोरा का साँथे खेलणो बन्द करी दे...ओ'को कँई है... ? सौ-बीघा जमीन है...पाँच सामण की खेती...बिगर भणियो-लिखियो भी रई गयो। तो भी ओ'के कँई खायो नी खुटेगा...अपण बामण है...अपनो तो पेट बिद्या से भरायगा... ।'

दादी ने, जब ये बोला तो नान्या को, जोर की रुलाई आयी और वो, भागता हुआ, गोदड़मच्ची पे चढ़ के, ओ में छुप गया। वो, अब फूट-फूट के रो रहा था। जब, रो-रो के थक गया। तो गोदड़मच्ची से उतर के, अपनी खाट पे आके, माथे से पाँव तक, दुलाई ओढ़ ली, और फिर साँस खेंच के पड़ा रहा।

रोज ही, ओ'की खाट नीचे आके, लमलेट हो जाणे वाला भूरिया भी, आज ओ से, दूर ही दूर रह रहा था। भूरिया घर में घुसे, इसके पेहले'ई नान्या ने किवाँड़ भिड़ा दिये। नान्या ने कहा—'ले...आज ओटले पे काट सारी रात...तेरी ये'ई सजा है।'

'कँई, नान्या के आज, जल्दी नींद अई गई... ?' बड़े'बा ने, घर में आवा के बाद, दादी से पूछा।

'हाँ, शायद से अई गी।' दादी ने जवाब दिया फिर और जादे बढ़ा के बोला—'अने, भौत गेरी अई गई है।'

'पर, हमेंशा नींद में तो नान्या की डाबी नी, जीमणी टाँग, थोडीक ऊँची रै है। पर, आज ऐ'की डाबी टाँग तो, अभी दुलाई का भीतर ही है।' बड़े'बा शायद से, ऊ'के सोने की आदत को, धियान में राख के, कुछ तो भी कह रहे हैं। पर, नान्या उनसे बोलना नी चाहता है। हाँ, कोई से भी नी। ना दादी से, ना बड़े'बा से। ऐ'का वास्ते ही, वो दिखाना चाहता है कि वो, गहरी नींद में है। गहरी नींद में होणे के, सबूत देने के सरू, ओ'के, अपनी टाँग को, ऊँच्ची करना जरूरी था। पे, फिर लगा कि कुछ गफलत हो गई है। पता नी, बड़े'बा ने नींद में, मेरी कौन टाँग के, ऊच्ची होवा

की बात कही थी। शायद से, जीमणी टाँग की ही बोली होगी। नान्या ने, अपनी जीमणी टाँग ऊँच्ची कर ली।

'अरे! यो ऊँन्दरो तो जागे है।' बड़े'बा ने, ये कह के, उसके ऊप्पर से ऊ'की रजाई खींच ली। बड़े'बा ने, उसे बाँह में भर कर, गोद में उठा लिया और फिर नान्या के गाल पे, मटी दे दी। बड़े'बा की झबरीली मूँछों से, नान्या को गुदगुदी होने लगी। वो, हाँस पड़ा। बड़े'बा भी हाँस पड़े। और अब दादी भी हो-हो करके, हाँसने लगी।

तीनों ही हाँसने लगे।

हाँसी, ऐसे खनकने लगी है कि घर के कवेलू भी, हाँसते जान पड़े हैं। वे, नान्या को गोद में उठाये-उठाये, चूल्हे की आगुन के कने ले आये। ठण्ड में, आगुन के पास बैठना, ओ'के भी अच्छा लगता है। जलते चूल्हे की आँच से, ठण्ड ओ के आसपास भागती रहती है। कने फटकती नहीं। पास आने में, डरने लगती है। बड़े'बा ने, पीतल का गिल्लास का गुनगुना और मीठा दूध, उसके मुँह पर लगा दिया और वो, ना-नुकर करता हुआ, धीरे-धीरे पूरा का पूरा घुटकणे लग गया।

सोती बखत, नान्या ने सोचा, कि जब रात में, बड़े'बा के खर्राटे सुनाई देने लगेंगे तब वो, गते-गत जा के, उनके भगवानजी के, सिंगासण के कने रखी, उनकी गंगाजली में से, गंगाजल ले के, भूरिया के पानी पीने के बरतन में, डाल देगा। फिर वो, बड़े'बा की जूनी जनोई भी फिर से भूरिया के गले में पेन्हा देगा।

भूरिया के माथे पे का, कावर को मार के खाने से चढ़ा, पाप कट जावैगा।

रा ते ही, पण्डा सेरी से, परताप'बा घर आ के, दादी से बोल गये थे—'भाभी, सवेरे नान्या को दूध पीणे के वास्ते, मत भेज जो, क्योंकि कल तो न्हार, बाड़ा में भरई के, अपनी दूध देती बकरी उठई के ली गयो।

बड़े'बा ने, परताब'बा को तुरत ही, पीपड़ल्ले जाके, पुलीस चौकी में रपट कराने की बात कही कि तभी बन-विभाग कार्रवई करेगा। और वे, उनको कग्गद लिखाने बैठ गये। बताव, अब उनको, ये बात से कोई मतलबै नी है, कि म्हारा दूध पीने का, एक दिन का नागा हो जायगा, ये बात पे, उनको तो सोचना ही नी, है। ये बात सुन के, नान्या के कालजे में तो, धड़का बैठ गया कि 'ल्लो...अब तो वो बड़े'बा से ऊँच्चई की दौड़ में, एक दिन पीछे रै जायेगा...असल में वो तो येई चाहते भी हैं—'नान्या, गाँगड़िया ही रै जावै...ताकि वे पट्ठे, ऊँच्चे के ऊँच्चे ही बने रहें।'

असल में, देखो तो, बिच्चारी ये दादी ज है, जो ओ'की हर बात का धियान रखे है। अब, ये'ई बात को ही लो नी...! ऊने, परताब'बा की बकरी को, न्हार के उठा ले जाणे की बात सुनी, तो तुरत ही बोली—'अरे नान्या...! तू साँसों क्यों करे रे...?

ऐं... ? तू जा के ठाकोर-बाखल में रायसींग के याँ पे, दूध पी आ जे और कँईं ? उनका याँ पे भी, कोई डेढ़ पचौल बकरा-बकरी है। हूँ, उनका याँ, अभी ही कही के, अई जऊँवा रे...।'

ये ही कारणे, वो सुभै-सुभै ठाकोर-बाखल वाली गली से, बकरी का दूध पीणे के बाद, पीतल का बड़ा गिल्लास, हाथ में पकड़े-पकड़े, दौड़ता हुवा, घर की तरफे ही जा रहा था। घर से भूरिया तो ओ'के पिच्छे दौड़ता हुआ नी आ रहा आया था। पर हाँ, ठण्ड ऊ'का पीछा, जरूर करे जा रही थी। ऐका वास्ते, नान्या ने ऐसी, फर्राटा दौड़ लगाई, कि दारी वो ठण्ड, जाने काँ पिच्छे रै गई...। पर, इसी बखत हुवा ये कि, ठाकोर-बाखल से, निकलती बखत ऊके, बोन्दू ने देखा और दौड़ता हुआ, नान्या के पीछ-पीछे आया और ओके पकड़ लिया।

'अरे, नान्या...! याँ पे बाखल में, काँ आयो थो, तू... ?' बोन्दू ने, नान्या से पूछा तो, नान्या ने बताया कि वो बकरी का दूध पीने के वास्ते, रायसींग'बा के याँ पे आया था।' फिर ओ'ने बोन्दू से भी, उना दिन का वास्ते, अपनी आड़ी से, सच्ची में माफी भी माँगी कि वो दिन, पता नी दादी को फुकट में ही, कालूण्डी चढ़ गई तो वो'ने, तेरी निवरी ही झड़ती उतार दी, यार। पर, अपनी ये दोस्ती, बेल्कुल नी टूटेगी...हो...। बाद नान्या ने, अपनी च्युटी अँगुली अग्गे बढ़ाई और दोस्ती फिर से कट्ठी हो गई। दोनों'ई गले भी मिल लिये।

'तो चल...! आज अपण बँजारा-बाग में, सूपड़िया आम के नीचे, गुल्ली-डण्डा के छोड़ यार...अपण 'गुलाम-डाला' खेलते हैं...।' नान्या ने, सुना और पटाक से हामी में, नाड़ हिला दी। ऊ'के ये खेल में, भौतई मजा आता है...हाँ। आम की डगालों पे, चढ़ना और फिर वाँ से धम्मदनी-से, नीचे जमीन पे कूदना...फिर कूद के, भागना-दौड़ना। घर में भी, जब दादी डागले पे, मटके से गुड़ निकालने की कहती है, तो वो, दन्नाक से हनुमान कूद लगा के, चढ़ जाता है...। दादी, देख के कहती है—'क्यों नान्या...! तू अपना पाछला जनम में, कँई बान्दरो तो नी थो... ?' तब, वो बेल्कुल बान्दरों की मुजब, हुप्प-हुप्प करके, दादी को चिढ़ाता है...। दादी, ओ'के ये स्वाँग को देख के, हाँस-हाँस के भेली हो जाती है। नान्या ने, बोन्दू को बोला—'आज तो गुरुजी ने, पाठशाला की भी छुट्टी करी राखी है, क्योंकि उनके घर, उनके जँवाई जी आये हैं—हौ, ऐ का सरू हुई गई, दफ्तर-पट्टी की छुट्टी।'

'जै हो, जँवाई जी की...।' नान्या ने, जोर से खुशी में खिलते हुवे, बोला और नाच उठा।

और अब, वो दोई दोस्त, गाम के गोयरे में थे, जाँ से, बँजारा-बाग की बाट बँट जाती थी।

नान्या को, एकदमै से याद आया ओ'ने बोन्दू को बोला—'यार बोन्दू... ! म्हारी दादी कहती है, 'कभी बँजारा-बाग नी जाणो, नान्या... ! वाँ पे, आदमी अलोप हुई जावे... ।' नान्या ने, ये बात, जब बोन्दू को सुनाई, तो बोन्दू बोला कि 'या बात एकदमै-से नवी है, यार... ।' वो, खूब खुश हो गया। फिर अग्गे बोला—'वाह, ये तो भौतई मजा रैगा। म्हारा दायजी, म्हारे मारने के दौड़े अने, हूँ अलोप हुई जऊँ। गुरुजी, अपनो रूल ली के, सुटाई करने आवे, अने हूँ अलोप हुई जऊँ।'

बाद इसके, फिर बात बदल के, ओ'ने नान्या से पूछा—'तू कभी गया। नी क्या, बँजारा-बाग में... ? वाँ पे, गंज सारे, लम्बी-लम्बी डगालों वाले, और ऊँच्चे-ऊँच्चे झाड़-ई-झाड़ हैं। वाँ पे, अपन छुपा-छँई का खेल खेलें, तो और भी बढ़िया से खेल सकते हैं। फिर, सूपड़िया आम्बा का झाड़ तो ऐसा है, जनेकि ओ'ने बच्चों के, गुलाम-डाला खेलने के वास्ते ही, अपनी डगालें धरती से लगभग चिपकई के रखी हैं। हर कोई भी, ओ पे हुप्प-हुप्प कर के, कूद लगा सकता है।

सूपड़िया आम्बा आ गया था।

वे, अब उसके, खूब बड़े और चौड़े गोड़ तले थे। नान्या ने, सूपड़िया की डगालों में, निगाहें घुमा के सबै तरफ देखा तो, उसको ये बात, कतई समझ में ई नी आई, कि ऐसा क्यों है... ? हा.. कि वाँ पे, आम के बाकी सगले झाड़ों में तो, खूब ही खूब मौर आये हुए हैं, पर सूपड़िया आम सूना है। एकदमै से ? बताव, उसमें तो, एक भी मौर नी ? ऐसा क्यों है... ? उसने, मने-मन तै किया, कि इसका कँई कारण होगा... ? वो, जब घर जायगा, तो ऐ'का कारण क्या है, ये बात दादी से, जरूर से पूछेगा... । फिर, थोड़ीक ही देर में, जाणने की ओ'में बेकली, इत्ती जादे बढ़ गई, कि वो खुद को, रोक नी पाया और उसने बोन्दू से पूछ ही लिया, क्योंकि बोन्दू को भी तो भौतई गियान है। हाँ, बोन्दू को ऐसी-ऐसी, नवी बात बताता है कि दिमाग सनन हो जाता है। ऐसी बात तो, दादी तक को नी मालम...है. ! सई... ! दादी कहती है कि वो दो साल, मेरे से बड़ा है।' वो बड़ा जरूर है, पर हम एक ही कक्षा में, एक ही टाट-पट्टी पे, कने-कने बैठते हैं। बोन्दू और खाली ऊकी ही नी, कक्षा के सारे छोरों की, पाठशाला में भर्ती एक दिन की थी, ऐका वास्ते गुरुजी ने सबै का जनम भी, एक'ई दिन का टाँक दिया मनेकि, पन्धरा'गस्त, सैंतालिस।

'बोन्दू... ! तू ये बता यार, कि इस सूपड़िया आम्बा में ही, मौर क्यों नी आये ? ई'में कारण क्या है . ?' नान्या, अफसोंच में माथ-छेक डूबा पड़ा था।

'देख, नान्या... ! इना सूपड़िया आम्बा में, ऐ'का कारणे मौर नी आवै, कि एक 'अड़काणी' बईराँ ने, ओ'का गोड़ के छू दियो थो। बस ऊना दिन से, इम्मे मौर आना बन्द हुई गया।' बोन्दू ने, कोई बड़े जाणकार की मुजब, नान्या को भेद बताया। ओ के बोलने में, वोई जमवास थी, जनेकि सूपड़िया आम्बा के, गोड़ को छूते हुवे, ऊने, वो अड़कानी बईराँ को खुद देखा हो।

'ये, अड़काणी बईराँ कौन होय है रे बोन्दू ? और वो, काँ से आवै... ? अने, काँ रै है... ?' नान्या की बेकली, पेहले से और भी जादे बढ़ गई। सो, ओ 'ने सवाल की पीठ के अद्दर, दूसरा सवाल लाद दिया क्योंकि,नान्या के वास्ते तो ये बात, पहिली कावा ऊ'के कान पे पड़ी थी।

'काँ रैती है... ?' बोन्दू ने, नान्या के सवाल को दुहराते हुवे, उसकी आड़ी ऐसे देखा, जनेकि नान्या ने नेंठूई और निरे अड़्ग्यानी की तरहे, ओ 'से सवाल पूछ लिया हो। फिर साँस खेंच के, समझाते हुए बोन्दू ने आगे जोड़ा—'अरे नान्या, घर में रैती है और काँ... ? हाँ, सब का साँथे और कँई... ।'

नान्या तो चुप था। गूँगे मनख की मुजब। क्योंकि ओ 'के वास्ते, ये बात बेल्कुल अजब है कि कोई अड़कानी बईराँ है और वो सब के साँथे रै...और बताव...ओ 'के ही नी माल्लम... ? क्या उसके घर में भी कोई अड़कानी बईराँ रहती है... ? ऐं... ? पर, वो सोचने लगा कि ऊने तो कभी भी अपन घर में, दादी के अलावा, किसी और बईराँ को घर में, आते-जाते ही नी देखा। एक निहाल बुआजी आती है। पर, वो तो निहाल बुआजी हैं, वो कोई अड़कानी-बईराँ थोड़ेई हैं। दादी ने, अड़कानी नाम की बईराँ को, कभी आज तक हेला तक नी पाड़ा।

'सुण यार नान्या, घर में अड़कानी, खाली तीन दिन रैती है।' बोन्दू ने, एक और नई बात जोड़ी।

'तीन दिन के बाद, वो काँ चली जाती है... ?' नान्या की सारी समझ नवी तरेह से गुड़प्प-गुड़प्प होती जा रही थी, जनेकि ऐ मामले में मगज, अपना काम, कोई भी आड़ी से ठीक से, नी कर पा रहा हो। एकदमै-से बट्ठर ही हो गया हो।

'अरे यार नान्या, तू समझ, वो कहीं से आती-जाती थोड़ई है। बस कहो कि वो, घर की घर में ही अड़कानी हो जाती है? कोई भी बईराँ पेहले से, 'अड़कानी' नी होती...बस हो जाती है। हाँ, और वो भी—एकदमै से।' बोन्दू को, झुंझलाट हो रई थी कि नान्या ओ 'की इत्ती-सी सरल बात ही नी समझ पा रहा है।

'तो तू अब, ये बता...कि वो फिर अपने को, पिचाण में कैसे आती है कि वो, अब अड़कानी हो गई है... ?' नान्या ने, उससे भी जादा झुंझला के तपासा।

'ऊके मूँडे से...और क्या... ! क्योंकि, ऊ 'का मूँडा, एकदम से, पीला-रचक पड़ जाता है...फिर वो, एक छादरी ले के, घर के एक कुन्ने में बैठ जाती है। उसको, ऐसे में कोई छू दे, तो समझो कि उसके पेट में, छूने वाले का बच्चा आ जाता है।' बोन्दू ने उलझाँट सुलझाई।

'सच्ची... ?' एक के बाद एक...मनेकि सगली बात ही, नान्या के बिसास के बायर की होती जा रई थी।

'कँई अड़कानी होने में, उपवास भी करना पड़ता है... ? तीनोंई दिन... ?' नान्या के, इस सवाल का जवाब देने के बजाये, बोन्दू ने, अपना मूँ थोड़ा भौचक्का-सा

बनाया और फिर धीरप से बताया कि एक दिन, ओ'की खुद की माँ, सीतला-माता की पूजा करने के वास्ते, मन्दिर जई रही थी। और वो भी, उसके साथ जा रहा था। हुवा, ये कि वो, जब घर से चली, तो बेल्कुल ही साजी-सुरी थी। बस, एकदमै से, बीच गली में 'अड़कानी' हो गई। हाँ, यार... ! अपण आँख मींचो, इत्ती देर भी नी लगी। ऊके अड़कानी होवा में।'

इसके बाद, बोन्दू ने, नान्या के कान के कने, अपना मूँ किया और बोला—'तेरे को, ये बात भी बतई दूँ कि मेरी माँ, पहले से 'अड़कानी' नी थी। तो यार, जो वो थाली में पूजा के वास्ते सामान ली के जा रई थी नी? वो सगला का सगला, ऊ'ने फेंक दिया। उसमें, पूड़ी-भज्जा, सेंव, हलुवा मनेकि उसमें, सब था। फिर ओ'ने सीतला-माता की पूजा ही नी की।'

'पर, मेरी दादी तो रस्ते चलते, ऐसी कभी नी होती... ! मनेकि, अड़कानी।' नान्या ने, थोड़ाक ठैर के सोचा और फिर सगले भेम को, खारज करी के ओ'ने, अपनी दादी के बारे में बोल-बताया।

'थारी दादी भी, होती होगी रे अड़कानी। पर, थारे को माल्लम नी पड़ता होगा। क्योंकि, तू बामण है ना...। ऐ का वास्ते, भौत सँच-पँच रै है, बामण लोगों के घर में। तेरे को, ये बात नी माल्लम है।' नान्या को पेल'दफे अपना बामण होणा, कुछ इतना कमती लगा कि काँ जनम ले लिया, ओने, बामण की जात में।

'देख...म्हारी दादी को, ऐसी बात का कोई शौक नी है, समझा... ? हाँ, अड़कानी-वड़कानी होने काँ तू यार बोन्दू... ! ऐसी बदनामी की बात मत कर, दादी की।' फिर, नान्या को याद आया और एकदमै-से, अफसोस में पड़ गया। कि कहीं परताब'बा की प्रेमा भी तो, अड़कानी नी हो जाती है? क्योंकि ओ'ने तो प्रेमा को छू दिया था। अगर हुई, तो फिर जरूर से, प्रेमा के पेट में ओ'का बच्चा आ गया होगा... ! नान्या, ये वाली संका से, मारे डर के कादमी-कादमी हो आया लगा कि वो, अब काठी मुस्किल में पड़ने वाला है। बताव, जब, बड़े'बा, घर में, भूरिया को ही नी पालने दे रहे थे, तो फिर प्रेमा वाले बच्चे को वो थोड़ेई पालने देंगे...।

'वो, परताब'बा की प्रेमा भी, अड़कानी होती है, क्या बोन्दू?' नान्या ने, बेकली में भर के, अपनी संका को, मेटणे के सरू, बोन्दू से सुराग निकालना चाहा।

'अगर, होती हो, तो होय...वो ऊकी जाणै...अपने को क्या करना है...ऐं... ?' बोन्दू के, नान्या की मुस्किल का, इलम काँ था, ऊ'ने ये बोल के, बात को खारज'ई करी दी। नान्या ने, अपनी ही तरफ से अन्दाज लगाया—'कि अगर, प्रेमा अड़कानी होती तो, ओ'से फिर वो खुद'ई दूर रैती।' नान्या ने, तै किया कि अब तो वो, प्रेमा के साँथे खेलेगा'ई नी...यों भी ओ'की बकरी को, न्हार उठा ले गया है। अब वा पे, ऊ'के घरे ही कौन जावेगा... ? दूध पीणे? फिर भी, नान्या ने मन के माँय, ये तै कि प्रेमा कोई दिन मिल गई, तो उसी'से वो पूछ लेगा कि क्या वो तीन दिन के वास्ते

खुल्लम-खुल्ला अड़कानी होती है? कि एक दिन के वास्ते... ? और किस जगेह से? हाथ-पाँव से कि खाली मूँडे से... ?

नान्या को, बोन्दू की बात सुन के, पहिली कावा लगा कि वो, आज तो ऊ'से जनेकि गुलाँट खा गया है। गियान के मामले में जित्ता वो जानता है, गोपियों, गोकुल और कृष्ण के बारे में। रामजी और सीता जी के बारे में। बोन्दू को, कुच्छ भी नी पता। बोन्दू को तो, ऐ भी नी माल्लम है कि सीताजी को रंग, कित्ता गोरो-आग है। ई'का वास्ते ओ'ने, चणिक-सा तैश दरसायाँ फिर ओ'के मन में, ये भी बिचार आया कि क्या माल्लम... ? हो सकता हो कि दादी 'अड़कानी' होती भी हो, खाली एकाध दिन का वास्ते। और वो, उसको इस बात का पता ही नी चलने देती हो। वो ऐसा करती भी तो है। जैसेकि, नवमी-नौरते में, वो नौ दिन के बजाय, खाली एक ही दिन का उपवास कर के सल्टा देती है। कहती है—'नौ दिन की निवरी माथाफोड़ी काय की? एें?'

तभी, बोन्दू ने बोला—'येल्लो यार नान्या... ! अपण दोई दोस्त, बड़े'बा और अड़कानी की बात-बात में, येई ज भूली गया। कि अपण तो याँ पे, इना बँजारा-बाग में, गुलाम-डाळा खेलने का वास्ते आया था।' सहसा नान्या ने चेताया—'बोन्दू, कँई ऐसो तो नी कि अपना पाँव, भूलनजड़ी पे पड़ी गया हो और अपण खेलना ही भूली गये... एें?'

'हाँ..! सच्ची कही नान्या तूने...।' बोन्दू ने ओ'की बात में, अपनी हामी मिला दी।

'इना बँजारा-बाग में, एक पे एक नवी बात है...पर, अपन कने, इलम हो तो, सब खोज लो...माल्लम है, बँजारा लोग होण ने, ईना बाग में, अपना चाँदी-सुन्ना गाड़ा और गाड़ने के बाद उनके पाँव, भूलणजड़ी पे पड़ गये। बस, वो भूल गये कि उन्ने अपना सुन्ना-चाँदी, काँ पे गाड़ा था—सब, गड़ा का गड़ा यहीं कहीं रै गया। और फिर वो मर गये...हमारी डोकरी-बड़ी'माँ कहती है, जो मनख पग-पाल्या होवे, ऊ याँ पे खोदे, तो ओके, सगलो गड़ियो हुवो सुन्नो-चाँदी मिल जावे। पे, एक बात जरूर है कि इना सुन्ना-चाँदी की निगरानी, इच्छाधारी साँप करे। पर, जैसेई वो इच्छा-धारी ने, पग-पाल्या मनख के देखियो, कि ऊ अन्धो हुई के मरी जावे। पग-पाल्या लोग में, घणी करामात रै, नान्या..!'

'एें... ? सच्ची... ?' नान्या एकदमै से चौंका।

'हौ, सच्ची...भौत करामात रै, उनमें।' बोन्दू ने अपनी कही बात पे ठप्पा ठोंका।

'फिर तो अपन दो'ई का मजा ही मजा है रे, बोन्दू क्योंकि, मेरी दादी कहती है कि मैं पग-पाल्या हूँ।' नान्या तो, नेंठूई उछल पड़ा। फिर, अपनी खुशी को खोलने के वास्ते बोला—'हा-हा, ही-ही, हे-है, हो-हौ। ये दोनों'ई बात पे बोन्दू और नान्या ने, ऐसी जोर से मिल के ताली बजाई कि सूपड़िया आम की डगालों में छुपे तोते, फुर्र

कर के, झुण्ड के झुण्ड में उड़े। ये समै, उनकी दोई की खुशी का, कोई काँकड़ ही नी था।

'नान्या ! वो, जो अभी डगाल से उडा, वो तोता नी था।' बोन्दू ने देख के फिर जाणकार की मुजब बोला। फिर, अपनी आँख अक्कास में लगा के रक्खी। बाद ई के, बोन्दू ने अगे अपनी बात बढ़ाई—'वो तो, नीलकण्ठ महाराज उड़ै हैं। वो पंछी के रूप में शिवजी हैं। उनके दरसन हो गए हैं, अपने को। बस, कोई भौतई अच्छा होणे वाला है, अपण दोई का...।'

दोनों, खूब जोर से और साथ-साथ हँसे। ये समै, उन दोनों की, जाँ तक भी नजर जा पा रही थी, वाँ-वाँ तक, उनकी खुशी की, सुनेरी हिल्लोर ही हिल्लोर थरथरा रई थी। जमीन से अक्कास तक। वो भी उसी हिल्लोर पे सवार थे।

'सुण, अपन को सुन्ने-चाँदी की खदान ही मिलणे वाली है। बस, येई समझ ले, अगर थारी ये बात सच्ची है कि तू पग-पाल्या है।' बोन्दू ने बोला।

'ल्ले देख...! म्हारे पाँव की गुड़गी के ऊप्पर, ये जो नीले-नीले रंग के निशान बने हैं कि नी... ? दादी बोलती है, जबै मैं पैदा हुवा, तो मेरा माथा बाहर नी आया, पाँव आये। चम्पाबाई दाई-माँ ने, म्हारी दोई टाँग पकड़ी के बाहर हेड़ा था। हौ, माँ के कान से। उसी, चम्पाबाई दाई-माँ के हाथ की, कड़क अँगुली के निशान हैं,' ये। दादी कहती है, ई निशान जनम भर ऐसाई बण्या रैगा। येई पिचाण है, म्हारे पग-पाल्या होने की...।'

बोन्दू ने ओ के पैर के निशानों की किसी जाणकार की तरह पड़ताल की। सब तरफ से देखा और फिर वो खुशी में, नान्या की पीठ पे जोर से, धौल मार के उछल पड़ा। पर, अभी तो दोनों के सामने, सबसे बड़ी मुस्किल तो येई थी कि उनके कने, खोदने की कोई भी जुगत ही नी थी, वरना तो वे, बँजारों का इस बाग में गढ़ा हुआ, चाँदी सोना, अभी ही खोदना शुरू कर देते। ऐ'का वास्ते, उन्ने मिल के ये तै किया कि वे, एक दिन, फिर पूरी तैयारी करी के आयेगें और गते-गत यहाँ का पूरा का पूरा सुन्ना-चाँदी खोद लेंगे।

'चल्लो...! अबै घर चलाँ...गुलामडाला फिर बाद में कभी खेलाँगा यार...।' बोन्दू ने कहा तो नान्या ने भी बोला—'ठीक बोली यार, बोन्दू तूने। म्हारे भी भूख लागी री है।'

अब, वो दो'ई वापस, गाम के गोयरे की तरफ चल धरे थे। नान्या ने बोला—'बड़े'बा की धूपघड़ी के मुताबिक रोटी जीमणे का समै था। दादी भी, कव्वै के वास्ते मगरी पे खग्रास डालने के वास्ते, ओ'की बाट देख रई होगी।' बोन्दू ने बोला—'चलो...दुड़की मारते हैं, अपण फटाकदनी से घर पोहँच जावेगें। लेकिन, नान्या ने, बोन्दू के इस सुझाव को खारिज कर दिया।

वो, भूख के मारे दुड़की नी मार सकता था। अगर, दुड़की मार दी तो वो,

लमलेट हो जावेगा। येई वास्ते, वे 'धर-मुकाम-धर कूच' के धीरज से, घर की आड़ी चलने लगे थे।

हुआ ये, कि आधी रात तक नान्या, अपनी खाट में, उल्टा-पुल्टा होता हुआ, जागता पड़ा रहा। बड़े'बा ने तो, सई-साँझ से'ई, अपन बिस्तर में नीन्द के फसड़के काढ़ना चाल्लू कर दिया था। पर, उसको तो, जब तक कि कने की खाट में, दादी नी सोयी हो, नीन्द ही नी आती है। साँझे, दादी घर से जाती बखत, ओ'के बोल के गई थी—'नान्या, कुमेरसींग की बिचली छोरी आज से बाने बैठी री है...तो हूँ, उनका घरे, बन्नी का गीत गावा का वास्ते आया, तेड़ा में जई री हूँ...अरे, हा...! वाँ पे तो बतासा भी बँटेगा...तू भी चल रे, छोरा...।' तो नान्या ने बोल दिया था कि ओ'के नीन्द आ रही है—'पर, ऐ दादी...! या तो बतई के जा, कि तू कब तक अई जावेगा...?' दादी बोली—'बस यूँ गई...अने यूँ अई...।'

भौतई रात हो गई, तब तक तो वो, दादी की बाट देखता हुवा, जागता रहा फिर दो-एक दफे , बाहर गली के कुत्ते भी भूँके, तो नान्यो को लगा कि 'चलो, दादी अई गई है...।' पर, दादी नी अई...। हाँ, अलबत्ते भूरिया तो ऐसा है, कि दादी के पाँव की आवाज, गली के ठेठ कुन्ने से भी आती हो, तो भी वो सुन लेता है और दौड़ के दरवज्जे के पास जा के, कूँ-कूँ करने लग जाता है। दादी कहती है—'थारे कँई माल्लम कि कुतरा की जात का, नाक-कान भी, सगुन कोस-कोस अग्गे चले...रे...नान्या...!'

थोड़ी देर बाद, नान्या ऊँघने लगा।

नीन्द की घुमेर के बीच, धीरे-धीरे नान्या को लगा, जनेकि आज का इन्धेरा, रात का इन्धेरा नी है...बल्कि कोई गाढ़ी-गाढ़ी, बैलगाड़ी के पहियों की काजळी है, राब की तरेह। और, ऊ में ओ'का, आक्खा बदन, ऊप्पर से नीचे तक ही, खूब लथपथा गया है। रात में ओ'ने, सपने के माँय, ये भी देखा, कि बँजारा-बाग के एक टीले में, ओ'ने जैसे'ई एक फावड़ी मारी, तो वाँ से खन्न-खन्न करती, सुन्ने-चाँदी की ईंटें, दनादन गिरने लगी हैं। बोन्दू ने, अपने घीसरे पर सुन्ने की गंज सारी ईंटें लाद ली हैं...और पट्ठा, वो तो सर्राटे से, गाम की आड़ी चला जा रहा है...। पर, ओ'से खुद से तो, इत्ती ईंटें उठ ही नी पा रही हैं।

तभी, उधर से, एक बईराँ निकली तो नान्या ने, ओ'के आवाज देके, बोला कि काकी ईंट को उठवाने थोड़ीक मदद कर दो। पर, गज्जब हो गया। ऊ'नी बईराँ ने, जैसेई ईंटों को हाथ लगाया, तो वो सगली की सगर्ली इंटें, गारे की ईंट में बदल गई हैं। नान्या ने, झट्दनी-से उनी बईराँ के मूँडे की आड़ी देखा और दंग रै गया। क्योंकि, नान्या को, एक ही निगेह में साफ लग गया कि ऊ'का मूँडा तो एकदमै से पीला-रचक है। वो, तुरतै ही समझ गया कि वो बईराँ तो, पूरी की पूरी ही 'अड़कानी' है।

नान्या ने, चीखना चाहा पर, ये पल जाणे ऐसा क्या हो गया कि ल्लो, ओ'के मूँडे से, चीख निकल ही नी पा रही है। बस, कोई सूखी रोटी के, कोल्ये की तरह, गले के माँय, ओ'के कण्ठ में फँस गई है। ऊ'की, साँस रुकने लगी और जोर-म-जोर की घबड़ाट होने लगी।

घबड़ाट के कारणे, नान्या की आँख खुली, तो ओने पाया कि 'अरे...! वो बँजारा-बाग में नी है, अपने घर में है और अपनी खाट में, सोया पड़ा है...। घर की ऊगणूँ की खिड़की के बाहर, उजाला कभी का हो गया है। सबके ढोर-ढँगर भी माल में, चरने के वास्ते चले गये हैं।'

'कारे, नान्या ! तू उठियो ही नी, अभी तक... ? आज थारे, कँई बकरी को दूध पीणे, नी जाणो है... ?' ये, दादी के, रोटी-घर के भीतर से, बोलने की आवाज आ रई थी। वो'ने बदन पे से, दुलाई हटाई और खाट में, उठ के बैठ गया। नींद, अभी पूरी तरह से, ओकी आँख से झड़ी नी थी। वो'ने आँख मली और खोली तो देखा कि सामने दादी खड़ी है। गिल्लास में दूध लेके। दादी के मूँड़े को देख के, वो तो जने कि चकद्दम रै गया। अरे, ये क्या... ? दादी के हाथ और मूँ तो, एकदमै से पीले-रचक लाग रहे हैं। बिसास नी हुआ, तो उसने फिर से, अच्छी तने से, अपनी आँख एक कावा, फिर से मली और देखा तो लगा कि दादी तो वोई की वोई है, है—हाँ, एकदमै-से, पीली रचक। हाथ पाँव और पूरा का पूरा मूण्डा।

'दादी...! रात में, क्या तू 'अड़कानी' हो गई है... ?' नान्या ने, उसके मूँ और हाथ का रचक पीलापन देख के, झुँझला के पूछा, तो दादी फटाक-दनी से बोली— 'क्यों रे गेल्या...या, नवी बात तू काँ से लायो... ?...ऐं... ?...नान्या, ये बता कि तूने सीखी काँ से है ? ऐं... ?'

'अभी, ये मत पूछ तू, कि काँ से सीखी ? बस, मेरे को अब तू ये, सित्तने बता दे कि क्या तू अड़कानी हो गई है ?' ओ'ने बेल्कुल, बड़े'बा वाले पिन्नाटे की नकल में, अपनी आँख तरेर के, बोलने का जतन किया लेकिन, आवाज में, वो वाली कुव्वत नी आ पाई। दादी ने, गिल्लास खाट के कने, नीचे रक्खा और ओ'का कान पकड़ के, पिन्नाटे बोली—'बता तो, या बात काँ से अई, थारा इना दिमाग में... ? क्यों रे, गाँगड़िया ! यो गियान, तू लायो काँ से... ?...ऐं... ?'

'तू म्हारो कान छोड़...!' नान्या ने, झटके के साथ, अपना कान छुड़ाया और खाट से कूद के दादी से, तुरत दूरी बनाई और अपनी आवाज को, पिन्नाटे की धार से तीखी बना के बोला—'देख, तूने मेरे को छू दिया है। अब तेरे पेट में, मेरा बच्चा आ जायेगा। मैं नी जाणूँगा। अब तू मेरे नाम का रापट-रौल्या, मत करती फिरना हो, आक्खे गाम में। दोश थारा ही है, म्हारा नी।'

'क्यों रे... ? थारे, एकदमै से कँई हुई गयो।...यो... ?' दादी, अभी भी दाँत काढ़ रही थी, जिससे नान्या का पिन्नाटा, फटाफट ऊप्पर की तरफ बढ़ने लगा था।

'बताव, वो ये जान ही नी पा रही है, कि वो, अब कोई नानकी मुजब, छोटा-सा नानक्या नी रै गया। है...वो, अब बड़ा और समझ वाला है, जाणकार। अरे, वो बोन्दू की दोस्ती से, 'क्या से क्या हो गया। है'—दादी, तेरे को इलम नी है। बस, मैं बोन्दू से थोड़ाक ही कम। खाली एक बालिस्त। फिर, पाठशाला में, दोनों'ई एक ही टाटपट्टी पे भी तो बैठते हैं।

'बता मेरे को, कि क्या हुआ है, तुझको... ? ऐं... ? तू अड़कानी हुई गई है, ना... ? साफ दिख तो री है। तू पीली-रचक हुई गई है और फिर भी छिपाड़ने का ढोंग करी रई है।' नान्या तो झनझना रहा था।

नान्या ने, जब ये कहा तो दादी, मार जोर से, हो-हो कर के हाँसने लग गई। बोली—'अरे गेलसप्पा... ! राते, कुमरेसींग की बिचली छोरी बाने बैठी तो बन्नी के म्हने हल्दी लगई नी... ? तो हल्दी को एक हाथ सगली बईराँ होण ने मिली के, म्हारा मूँडा पे फेर दियो।' फिर नान्या को चेताने के सरू बोली—'सुण रे छोरा... ! अग्गे से, ऐसी ऊँदी-सूँदी बात मत करजे। समझियो कि नी... ? नी तो हूँ फिर थारा बड़ा'बा के बतई दूवाँ कि थारा लक्खण, ठीक नी है। थारी काठी कुटई करी देगा। चल, अबे मूँडो धोई के, जल्दी से दूध पी ले। यो बकरी को ज दूध है—तू वाँ ठाकोर-बाखल में गयो। नी, तो ठाकोर-बा ने, घरे ही दूध की चरू भेज दी।' दादी ने कहा और कह के कुन्ने में पड़ी, सँजवारी उठई के, औसारे में बुहारो फेरने में लग गई। नान्या को थोड़ी निरात हो गई कि दादी के पेट में ओ का बच्चा नी आवैगा।

पर, बाद इसके, नान्या मन-ही-मन थोड़ा उलझाँट में फँस गया था।

मूँ धोने के बाद, दूध पीती बखत, देर तक, वो येई बात पर, सोचता रहा कि वो बँजारा-बाग में की जमीन में, जब वो बँजारों का गाड़ा हुआ, सुन्ना-चाँदी खोदने के वास्ते, बोन्दू के साथ जावेगा, तो साथ में, क्या-क्या ले जाना जरूरी होगा। जैसे कि एक छोटी वाली गैंती। दादी की गारा-गोबर करने वाली फावड़ी। बड़े'बा की लक्कड़ फाड़ने की छोटी कुल्हाड़ी। सण का दौड़ली...और बाकी, जो बोन्दू बतई दे, ऊई सगली चीज। वो, ये बात सोच के सनसना गया। कि जब वो, सुन्ने-चाँदी की नरी सारी ईंटें ला के, दादी के सामने पटकेगा तो दादी तो समझ लो कि, नेठूई बेण्डी हुई जावेगी। गाल पे, इत्ती मटी देगी कि बस्स। बड़े'बा, अपनी बिच्छू की-सी कड़क ऐंकडी छोड़ के, ऐसी नरम लुच्च आवाज में, ओ'से बोलेंगे कि ऊ'को अपनी हाँसी की इच्छा को, जफोतना[1] मुस्किल हो जावेगा। पर, वो उत्ते सुन्ने-चाँदी से, किस-किस के वास्ते, क्या-क्या, गहणे-गाँठे बणवा देगा... ? नानकी को, पाँव धोने के वास्ते सुन्ने की एक सिल्ला बना देगा। नानकी को सिल्ला बनवाने का बिचार, ऊके मन में, दादी की एक कैणी के कारणे आया था, जिकमें, सासरे में नानीबाई को, ओ की सास ताना देती है तो नरसी जी सुन्ने की सिल्ला

1. नियंत्रण में रखना

बनवा के नानीबाई के सासरे में दे आते हैं। दायजी और माँ से तो पूछना पड़ेगा, कि उनको क्या चईये। हो सके कि वो, अपन ऐहलकार को बताना चावै कि 'देखो, म्हारा नान्या कित्ता कूब्बत वाला है' तो वो दायजी के वास्ते, चाँदी का एक रूल बना देवेगा। अपने उस रूलकार के साँथे, वो भी रूल लेके चला करेंगे। पर, दायजी की काँख में रूल होवेगा, चाँदी का।

ये सब, सोच के, ओ'के मन के भीतरे से, ऐसी बरबण्ड बनाने वाली बेकाबू इच्छा उठी, कि बस वो, नाचणे लग जावे। और अपने साथ, दादी को भी नचा दे। हौ, बड़े'बा को भी नचा दे। फुगड़ी का नाच। अगर प्रेमा, ऊके बड़े'बा इत्ता ऊँच्चा करने की, जुगत लगा देगी तो वो, अपने मन में, कोई दोगलापन नी रखेगा। हाँ, ऊ'के भी, सुन्ने-चाँदी की कँई-नी-कँई रकम तो जरूर घड़वा देगा।

पहले, वो खाट पे, उठकर खड़ा हुआ। फिर धम्म-दनी से, खाट से नीचे कूद पड़ा। बाद इसके, दुड़की लगा के, पिछवाड़े जाके, मुत्ती मारी। आज तो, ओ'की मुत्ती की धार में भी, ऐसा जुलम का जोर था, कि ठेठ बागुर में, उग रही दिवड़ी के माथे पे, धरर्र-धरर्र गिरने लगी। मुत्ती का काम निबटा के, नान्या ने, वहीं बाड़े में रखी रैने वाली, बाल्टी के पानी से, अपना मूँ धोया और आके गिल्लास का सगला दूध, एक ही साँस में खेंच के, खतम कर दिया ल्लो, आके, देखी लो, कोई भी कि नान्या का क्या दम है।

ये, सब सोच-सोच के, उसके भीतरे की, भर-भचक इच्छा उठके, बाहरे आना चाह रई थी। नान्या को लग रहा था कि वो, कुछ न कुछ कर डाले। न हो तो, एक ढगल्या उठा के, दादी की मटकी में मार दे, वैसाई, जि'के बारे में बड़े'बा बोल के बता रहे थे। वो, भगवान् कृष्ण की काँकरी की कुचमात। ऊमें इच्छा जागी, कि कुच्छ नी तो वो, कोई चीज को ही, जोर की ठोंकर मार दे, सो ऊने अपनी डाबी टाँग, हवा में झटके से, ऊँच्ची उछाली। वाँ हवा में, ऊप्पर कुछ भी ऐसा नी था, जो लात खा के लुढ़कता हुआ, दरवज्जे से औसारे में चला जाता। तो खाली हवा थी, जो लात खाने के बाद भी, वहीं की वहीं जमी थी। वो, सीटी बजाना चाहता था, लेकिन ऊके वो, आती ही नी थी। वो, बोन्दू को आती है। एक कावा ओ'ने, बजाने की कोशिश करी भी थी। तभी बड़े'बा ने देखा, तो हड़काया था—'अगर ये, लफूटरों से लच्छण करते हुवे, फिर अग्गे से तू दिखा तो, तू मजा चखणे के वास्ते, तैयार रैहणा...।'

तभी, बाहर भूरिया भौंका और बाद भौंकने के बाद, जिस तरेह से, उसके कूँ-कूँ करने की आवाज अई, वो समझ गया कि अब खच्चित ही कोई, ओलखाण का मनख, दरवज्जे पे आया है।

'अरे, भाभी... ! नान्यो है, कँई... ? घर में... ?' ओ'ने आवाज से ही, ओलख लिया कि ये, निहाल बुआजी हैं। नान्या को, पूछती हुई, वो घर के भीतरे ही आ गई थी। भूरिया, उनके साथ उनके पाँव को, अपने थूँथन को लगा के, जगेह-जगेह से सूँघ रहा था।

'अरे, नान्या बेटा...! आज तो म्हारी कमर में, चोड़लो भरई गयो। रे...थोड़ो, थारो डाबो पाँव, म्हारी कमर पे, मारी दे रे...।' निहाल बुआजी ने, बिनती-सी की, तो दादी तुरत, ओ के समझा के बोली—'नान्या, तू पग-पाल्यो है। पग-पाल्या अपना पाँव लगा दे, तो कमर में भराया चोड़ला भाग जावै है।' नान्या, खुद के पग-पाल्या होने के गियान से, गरूर में भर गया।—'लो बताव...! कित्ती करामात है, पग-पाल्या होने से, मेरे पाँव में। बोन्दू ने भी तो बोला था, कि पग-पाल्या की छाँव पड़ने से इच्छाधारी साँप भी अन्धा हो के मर जाता है। निहाल बुआजी को, दादी बोली—'निहाल बई, तम तो यहीं पे लेटी जाव...नान्यो को पाँव, अभी भगई देगा, तमारी कमर में भराया चोड़ला के।'

नान्या के मन में, जाने क्यों, ऐसी इच्छा उठी कि निहाल बुआ की कमर में, पाँव लगाणे के बजाय, वो जोर की जमा दे, एक लात। फिर, दाँत काढ़ के, ऐसा और इत्ता जोर से हँसे कि घर के डाण्डे और कवेलू भी, ओ से हिलने लगे। पर, ओ'ने भीतरे से उठती, ऐसी बरबण्ड इच्छा को जफोता और अपना बायाँ पाँव, निहाल बुआजी की कमर पे लगाया और कुछ देर वहीं रखे रहने के बाद हटा लिया। दादी बोली—'अबै, ऐकल्ली बईराँ हो, घर जई के, काँ रोटी बनावगा... ? .लखण तो बाहेर गाम गयो है नी... ? याँ ज जीमी ली जो।'

'राते, भाभी तम कँई घर में नी थी ? काँ गई थी... ?' निहाल बुआ ने, औंधी लेटे-लेटे ही पूछा तो दादी ने बताया कि वो, कुमेरसींग की छोरी के बाने में, बन्नी का गीत गाने गई थी। फिर, दादी कहने लगी—'निहाल बई, वाँ छगनलाल की छोरी छबीली अई थी। गाते-गाते वो उठी और बोली कि म्हारो मन तो नाचणे को है...। अने वा तो, एकदमै-से उछल-बछेरी मुजब ऐसी नाचणे लागी कि...अरे तमारे कँई बतऊँ...निहाल-बई, कि देखने वाली सब जणी, डरी गई। ऐ के कँई हुई गयो ?'

'कँई करियो ओ ने।' निहाल-बुआजी ने अग्गे बात सुनने के वास्ते करवट बदली।

तो फिर दादी ने छबीली की सगली और सच्ची-सच्ची बात, बुआजी को बताई। बताई कि छबीली के डील में, नाचते-नाचते कोई और आत्मा अईगी...वा बोली—'म्हारी 'इच्छा' है कि म्हारे मालपुआ खाणो है...म्हारे कलाकन्द खाणो है...म्हारे हलुवो खाणो है...म्हारे गेहणा-गाँठा पेन्हनो है...म्हारे सगला कपड़ा उतारी के न्हाणो है...म्हारे कुण्डी में कूदी के मर जाणो है।' बई, कँई कहूँ कि ओ'का भीतरे से, एक का बाद एक, मनेकि एकदमै से, ऊपरा-तल्ली 'इच्छा' पे इच्छा उठने लगी। ऊके देख के, सभी की आँख फाटी की फाटी रै गई।' फिर दादी चुपा गई।

नान्या के भीतरे दादी की ये बात सुनते ही, बेमाप बेकली भर गई। पता नी, अग्गे क्या हुवा ? ऊकी ऊप्पर की साँस ऊप्पर रै गई और निच्चे की निच्चे।

'निहाल बई, कहो कि या तो अच्छी बात हुई कि ऐन बखत पे, ठाकोर-बाखल की, ऊई जूनी डोकरी-बड़ी-माँ अई गई, बोन्दू की दादी। और, उनने ओ'का

जीमणा हाथ की अँगुली, अपणा हाथ में लई के जोर से दाबी और फिर बगड़ में से एक काँकरो मँगई के, ऊ की काँचली[1] में, ऊ काँकरो रखई दियो। निहालबई बड़ी माँ बड़ी जाणकार है। सौ साल की उमर अई लगी है, पे, जोर अभी भी जबरदस्त है।' दादी चुप हो गई।

सनाका छाया रहा, कुछ देर।

दादी ने फिर से बोलना शुरू किया—'निहालबई ओ'का बाद जई के, वा उछल-बछेरी, छानी-मानी हुई गी। उनने बतायो—'ऐ, छोरी..! जब थारा भीतरे, 'इच्छा' जफोताय नी, और वा, अपनो माथो उठावै, तो ऊ'की ठुण्डी दबाने का वास्ते, अपणी काँचली में काँकरो रखी ले, तो बस, वो इच्छा, वहीं की वहीं दब जावेगी...फिर नी उठेगी।' छबीली ने, ये बात की, मन में गाँठ बाँध के धर ली।

'हाँ, भाभी, ऐसो ज मनख मरवा का बाद, 'इच्छा-धारी' बणी जाये...।' निहाल बुआजी ने, जब, ऐसी ये बात बोली तो नान्या को याद हो आई कि बोन्दू भी तो बोला था'—'इच्छा-धारी' जैसी कोई बात...।

'इच्छा-धारी कँई होय... ?' नान्या ने, लगे हाथ, पूछा तो निहाल बुआ से ही था, पर जवाब दिया दादी ने—'अरे, नान्या, बईराँ होण का मन का माँय, कोई 'इच्छा' उठे और ऊ'के समै पे रोको नी तो वा साँप बणी जावै रे...ऐ का वास्ते, जब भी ऐसी-वैसी इच्छा उठे, तो जाणकार लोग बतावै है कि जमीन से उठई के, काँचली में एक काँकरो रखी लो...फिर वा इच्छा राण्ड फिर कभी अपनो माथो नी उठाय। वहीं की वहीं ज दबी जावै।. समझी गयो कि नी... ? अरे, ओ म्हारा गाँगड़िया छोरा... ?' दादी ने बोलते-बोलते दाँत काढ़ दिये।

'दादी, अगर म्हारा भीतर भी, ऐसी इच्छा उठे तो फिर ?' नान्या ने अपनी कही।

'अरे, तो तू भी काँकरो रख लिया कर...।' दादी ने समाधान सुझाया।

'पर, म्हारे तो काँचली, नी है।' नान्या के सामने भारी संकट दिखा।

'पर, कमीज तो है, नी... ? बस, ओ'का खीस्या में, काँकरो धर लिया कर...।' निहाल बुआजी फटाक-दनी से बोली।

'काँकरा, कित्ता बड़ा रखना होगा, दादी... ?' नान्या, हर बात लगे हाथ साफ कर लेना चाहता था। ताकि बाद में, कोई फुकट में फजीता नी होवै।

'बस, छोटोक-सो काँकरो रखणो है रे...।' दादी, ये कह के हाँसने लगी। वो, फटाक से दौड़ के बाहर, बगड़ में गया। और थोड़ा ठिठका और दो काँकरे उठा लिये। फिर औसारे में जाके, एक काँकरा, बड़े'बा की खूँटी पे टँगी रहने वाली, बण्डी के अद्दर के खीस्ये में रख दिया क्योंकि, वो जानता है, कि बड़े'बा के भीतरे, मन में, जब-तब भूरिया को घर से भगा देने की इच्छा उठती रहती है। काँकरा रखने के बाद, नान्या के मन में, एक निरात-सी हुई कि चलो हर-हमेंशा का, एक खुटका

1. चोली, कंचुकी

तो निबट ही गया। दूसरा काँकरा ओ'ने अपने कमीज के खीस्ये में रखा। पर, तभी लगा कि काँकरा तो और चईये। क्योंकि, जब भूतसर की जत्रा में, वो जाता है तो गंज सारी इच्छा होण एक साथ ही उठ पड़ती है—जनेकि, पपईया दिख जावै तो उसको खरीदने की इच्छा...बन्सी दिख जावै तो उसको बजाने की इच्छा...बुढ़िया के बाल हो तो ओ'के खाणे की इच्छा। उसने अपने कमीज के खीसे में, दो-एक काँकरे और उठा के रख लिये। क्योंकि, नान्या को लग रहा था कि जैसेई दादी ने, अभी-अभी कलाकन्द का नाम लिया, तभी से नान्या के मन में, इच्छा अपना माथा उठाने लाग गई कि वो अभी ही, कलाकन्द खाये...हाँ, अभी ही, मालपुआ खाये...और अभी ही, हलुवा भी खाये...।

नान्या को याद आया कि दादी के मन के माँय भी तो भौतई मुल्लक सारी इच्छा, जब-तब उठती ही रै है। येई वास्ते, लौट कर ऊ ने, दादी को चेताने के सरू कहा, ताकि वह कोई चूक कर के, इच्छा-धारी बन जाने की मुस्किल में नी फँस बैठे—'क्या दादी, तूने अपनी काँचली में काँकरो रख लिया है कि नी... ?'

'नान्या, म्हने अपनी काँचली में, कोई काँकरो नी रखियो...अरे, भाटो रखी लियो है, कलेजा में।' दादी बोली—'हौ, ऊ'ना दिन से, जब से ईना घर में ब्याह के अई थी रे...याँ म्हारी काय की 'इच्छा'... ? सगली 'इच्छा', थारा बड़ा'बा की है रे...और कँई... ?...साँची बात है कि नी हो, निहाल बई... ? ऐं... ? कँई म्हने झूठी बात की... ?'

'हौ...भाभी...सई कही तमने...आदमी का संसार में, बईराँ जात की कँई इच्छा... ?' निहाल बुआ बोली और उठी के चलने को हुई, तो नान्या को, सहसा याद आ गया। कि वो, उनसे ही पूछ ले, कि जमीन खोदणे-खादणे के वास्ते, कँई-कँई चीज की जरूवत रै है... ? क्योंकि, आज ओ'के बँजारा-बाग, जो जाणो है। निहाल बुआ के, लखन काकू के ही पास तो, गाम के सगले लोग, ये काम करवाने के वास्ते जाते हैं। वे, बड़े-बड़े झाड़कों को काट देते हैं। ऊण्डे[1] से ऊण्डा कुआ खोदते रैते हैं, देस-परदेस जा-जा के काम करते हैं। गाम की वो, मीठी कुण्डी भी तो उनने ही, खोदी थी।

'तू ऐसो कँई खोदे है, ऐं ? कि थारे, इन की जरूवत पड़े है... ?' निहाल बुआजी बोली। फिर अग्गे जोड़ा—'देख, नान्या अपना घर में, ऐसा-ऐसा औजार है, कि थारा लखन-काका, पाताल में भी बाट पटकी दे।'

निहाल बुआ ने, जब ये बात बोली, तो नान्या के दिमाग में, बिचार उठा—'जदि, वो लखण काकू को, अपने साथ भेले कर ले, तो समझो कि सगली माथाफोड़ी ही खतम। पर, ये बात तो बोन्दू से पूछणे के बाद ही, तै की जा सकती है कि सुन्ना-चाँदी खोदणे के काम में, लखण-काकू को, वो अपन भेले, मिलावै कि नी... ? निहाल

1. गहरे

बुआ के सामने, ओ'ने आगे चूँ भी नी किया, क्योंकि, अभी तो वो सारी बात, खाली उन दोई के बीच की ही तो है...क्योंकि, ये जरूरी है कि ऊ'की कोई के, सनागत भी नी हो पाये। ना बड़े'बा और ना ही दादी को भी। सबकुछ बेल्कुल गुपत रखना है।

इधर, निहाल बुआजी गई, कि उधर, बोन्दू आ गया। ओ'ने बाहर से ही, आवाज लगाई तो भूरिया भौंक पड़ा। नान्या के दिमाग में, भूरिया के भौंकने से, ये ख्याल भी उठा कि इसमें वो भूरिया को भी, एक संगी की तरेह रख ही लें। क्योंकि, भूरिया भी भौतई सारी बात तो अपन नक्सूड़ों से सूँघ के, पहिले ई भाँप लेता है। और कोई ऐसा-वैसा बिघनी मनख आया, तो वो, उसके पीछे, भूरिया को 'छू' कर देगा तो वो, तुरत ही ओ'के खदेड़ के धर देगा।

'देख तो कुण आवाज दे है, थारे...बाहेर... ?' दादी ने, बोला तो नान्या बोला कि बोन्दू है। और वो, उसको गुल्ली-डण्डा खेलणे के वास्ते, बगड़ में बुला रहा है। अने, वो बस जा ही रहा है। दादी बोली—'तो फेर ऐसो कर, कि तू अपना साँथे, पोंखड़ा का लाड़ू भी रखी ले...थारे खेलते-खेलते भूख लागे तो खई लीजै...है कि नी... ?'

तभी, बड़े'बा जाने काँ से, आ धमके और कहने लगे—'ऐ नान्या... ! आज कोई खेलणे-वेलणे नी जाना है...मैंने वो, कन्नू को छकड़ा जोत के, यो घरे लाने का बोल दिया है...वो बस आता ही होगा।' फिर वो, दादी को, हड़का के बोले— 'क्यों हो, भली-मानस... ? थारे याद नी है कि आज तो, अपन पीपड़ल्ले में, पण्डित पन्नालाल परसाई के याँ, उनकी छोटी बेटी का माण्डवा में जाणो है। उनका घरे, गणेश-पूजन है, आज। चलो, झटपट तैयार हुई जाव...नान्या, पोंखड़ा का लाड़ू नी, वो तो आज मोतीचूर के लाड़ू खावैगा...पीपड़ल्ले में।'

नान्या ने, ये सुना तो ओ'के लगा कि ऊ'के पाँव के नीचे की तो, बड़े'बा ने जनेकि छादरी ही खींची दी है। ये, बड़े'बा तो घणे ही ऐब्ले हैं। दादी, सही कहती है—'लड्डू खाणे के चक्कर में'ई तो बामणों ने, राजपाट तक गवाँ दिया, एकदमै से खऊकड़े, बण्टाढारी।' बताव... ? जबै, आज, बड़े'बा को, सुन्ने-चाँदी का ढेर मिलना है और वो'ई दिन में, इनने अपना रायता घोल दिया नान्या के भीतरे, चिढ़ मची जा रही थी। दादी बोलती है—'बताव, इनके वो, पण्डित पन्नालाल परसाई, जब भी कथा बाँचणे आवै है, तो हर कावा, येई तो रागड़ा गावै कि 'किसी नगर में कोई एक दरिद्र ब्राह्मण रहता था।' बड़े'बा, कैसे तिलमिला उठते हैं, जब दादी, उनकी कथा का कचूमर करके, कहती है—'हौ, वो सोल्ला-आने सच्ची कहती है—'थारा बड़ा'बा जैसा ऐन बखत पे अड़ूँजणे वाला बामण, इना संसार में रैगा, तो देखी लीजै, तब तक बामण होण दलिद्री ही बण्या रैगा रे...नगर का ही नी, गाम का भी।'

नान्या के, ये बखत में, जोर की रुलाई आने लगी थी। क्योंकि, ऊ'की सगली, जमी-जमाई योजना, बेल्कुल छार-छार हो गई थी। नान्या ने, भारी मन के साथ,

इशारे से, बोन्दू को बताया कि आज बँजारा-बाग चल पाना नी हो सकेगा। बाद में, कोई और दिन चलेंगे।...और अब वो, दादी और बड़े'बा, कन्नू काकू के छकड़े में बैठे थे और छकड़ा पीपड़ल्ले की गरवट पे चला जा रहा था।

छकड़े के, पहिये के नीचे नान्या का तो आज, सबकुछ ही कुचाता जा रहा था। जिकी बात वो न तो दादी को बोल-बता सकता था और ना ही बड़े'बा से। ओ का मन भारी होने लगा। इत्ता कि लगा रुलाई आवै बिगर नी रैगी।

नान्या ने, अपन हिसाब से सगली तैयारी, निबटई ली थी। और इनी बात की ओ'ने भी अच्छी तरेह से खात्री करी ली थी कि ऐसा कोई छेन्दा नी छूट जावै, जि'के कारणे, ऐन बखत पे, उणके किये-कराये का कोई बिगड़-भाँचला हो जाय। फिर बड़े'बा की नाक तो ऐसी है कि जराक-सी भी सनागत लगे, तो सूँघते हुवे वो, वहीं बँजारा-बाग ही पहुँच जायें अने, अच्छी तने से जमे-जमाए का, सारा उथलधड़ा ही कर मारें। हाँ, एक घीसरा-गाड़ी की जरूवत थी, जो ओ'ने रात को ही किसन काकू के छोरे छगन से माँग के, पिछवाड़े बाड़े में रख ली थी।

नान्या ने, पक्का ऐसा मीजान बनाया था कि बड़े'बा के हथ-पल्ले, कुच्छ भी नी पड़े कि ऐन सुभै, नान्या काँ अलोप हो गया।... ? आक्खी रात, नींद आँख की तरफे फटकी'ई नी थी। पीपड़ल्ले के पण्डिज्जी के कहे मुजब, नान्या की नींद तो, बेल्कुल ही भूरिया की-सी नींद जैसी'ई हो गई थी कि हवा कवेलू के बीच से भी निकले, तो वो, झटके के साथ चेत के बैठ जावै कि ये कौन बिघनी है, जो कुचमात करने की कारस्तानी करे है... ? ऐं... ?

एक छोटी वाली कुदाली, नानी-फावड़ी, लोहे के सरिये नोंक वाला अणीता और भी जो कुछ उनकी योजना के हिसाब से जरूरी था—वो सब सामान भेला कर के, रात को ही किसन काकू के छगन से, माँगी घीसरा-गाड़ी में रखा, और ऊके, भूरिया के बैठने वाले टाट के टुकड़े से, ढाँप लिया था। जुगत, ये थी कि घीसरा-गाड़ी से, खेलते-खेलते, वे उसे, बँजारा-बाग की तरफे ले जावेंगे। सुन्ने-चाँदी की ईंटें भी वे, घीसरे पे ही लादके, ले आवेंगे। बोन्दू ने बोला था कि वो, अपने कने से गुलैल, करौंदी की झाड़ियों के काटने के वास्ते, एक तनगिया। और छोटा पिराणा भी धर लेगा।

नान्या, भगवान् सूरजनराणजी के, ऊगणे के पहिले ही, घर से अपना, पीतल का बड़ा वाला गिल्लास और अपनी घीसरा गाड़ी को साँते लेके, ठाकोर-बाखल की आड़ी जाके, बकरी का दूध पीने के वास्ते, कुछ जल्दी ही निकल लिया था। जब नान्या ने, घर की डेल से बाहर पाँव रखा, तब दादी तो उठके, गुवाड़े में गाय छोड़ने में लगी थी। और बड़े'बा तो हनुमान मन्दिर की गम्मत में, भजन-मण्डली में से, राते

इत्ती देर से आये थे कि वे, अभी भी फसड़के काढ़ते हुवे, अपने खाटले में पड़े-पड़े, नींद हेड़ रहे थे। ठाकोर-बाखल पोहँच के, नान्या ने आज बकरी का, दो गिल्लास दूध पीया ठकराण-काकी ने, नान्या से पूछा—'का रे नान्या... ! तू दो गिल्लास दूध, अभी पी लेगा तो फिर दफोरे, रोटी कँई जीमेगा... ? भूख ही नी लागेगी... ।' पर, नान्या ने कुच्छ भी नी बोला।

'सबेरे-सबेरे, यो घीसरा-गाड़ी ली के, काँ जावै है रे, नान्या... ?' काकी कुरदने में लगी थी।

अब, जादे बोलणे-बताणे से, बात गुपत कैसे रैगी... ? वो, ये क्यों बतावै कि आज, जो काम ओ'के सल्टाना है, ओ'में भौत ताकत खरच होणी है। ऐ'का लेणे ओने आज, दूध दो गिल्लास सूंता है और घीसरा गाड़ी किस काम में आवैगी, ये बोन्दू और मैं ही जानता हूँ काकी की कुरेद पर, गारा डालने की जुगत में, नान्या ने, उनकी पाँयलागी करी दी और दौड़ के, उनके घर से बाहरे आ गया।

बोन्दू भी, ठाकोर-बाखल के खूँपे पे तैयार खड़ा मिला। ओने भी, अपनी गाबड़ी हिला के, नान्या को बताया कि सब नक्की है।

अब, वो गाम के गोयरे में थे, जाँ से भौतई देर तक, पाँव-पाँव चलने के बाद, बँजारा-बाग के वास्ते, एक छोटी पगडण्डी फूटती थी। नान्या, घीसरा-गाड़ी खींच रहा था। नान्या ने सोचा भी कि अभी तो ई'के खींचने में, कुच्छ भी नी लग रहा है— पर, जब लौटेगा तो, सुन्ने-चादी के मारी इत्ती भारी हो जावेगी, कि खींचती बखत, बकरी के दूध की ताकत लगेगी। ये सोच के, एक कावा तो नान्या के, अक्खे बदन में ही, मीठी-सी झुरझुरी उठी, जनेकि लकीर ही लकीर ही मँड गई।

अभी, दिन ऊगा नी था, पर चारी-आड़ी ऐसा झकास, सुनेरी उजाला हो गया। था कि ओके देख के वो, दोनों'ई उछल पड़े। बोन्दू ने, अपन तरफ से सुझाव रखा था कि वो, अपन साथ घर की घोड़ी के बछेरे को रख ले—'क्योंकि सुन्ना-चाँदी में, भौत बजन होय रै, नान्या।' पर, नान्या का, घोड़ी के बछेरे पे बिसास ही नी था। क्या करो, वो कब धड़ाम करी दे...फिर... ? न कहो, कब हिनहिनाता हुवा, बीच में छोड़ के, भाग आवै। ये'ई कारणे, नान्या ने भूरिया को भी सांते रखणे का खयाल भी खारिज करी दिया था। क्योंकि, वो भी, कभी भी काय पे भी, भौंक सकता है। ओ'के भौंकणे से, बँजारा-बाग के दूसरे जिनावर चेत के भेले हो जावैं। और फिर निवरी ही गपड़-सपड़ हो जावै।

वो, दोनों'ई, खुशी के मारे उफन रहे थे।

कभी, वो ऐसे'ई हवा में उछल पड़ते। चलते-चलते, नान्या को रस्ते में पड़ी, एक सूखी तुम्बी निगे में अई तो ओ'ने, ओ'के, जोर की ठोकर मारी और हवा में, ऊँच्ची उछाल दी। फिर हाथ की कीमड़ी से, काँटे की झाड़ी को पीट दिया कभी, वो दोनों'ई हो-हो करके, जोर से बिन किसी बात के, हँसने लगते। बाद में

वो ये बात भी हो-हो करके हँसे कि वो ऐसेई हँसे क्यों थे... ? ऐं ? बोन्दू ने, हाथ के छोटे पिराणे को, पहिले बनेठी की तरेह घुमा दिया तो बाद में नान्या ने, काँकड़ वाले हनुमानजी महाराज की, जोर की जै बोल दी। बोन्दू ने, जै सुनी और एक उल्टी बन्दर-गुलाँटी लगा दी। ये समै में, उन दो'ई को लग रहा था कि बँजारा-बाग के, झाड़-झाड़ुकलिये, चिड़ा-चिड़ी, हवा-बाव, मनेकि, सगले'ई खिल-खिल हो रहे हैं।

बोन्दू ने, आज तीतर को देखी तो भी ओ'के मन में, ऊ'पे गुलैल चलाणे की बात'ई नी सोची। उल्टे बोला—'जा बेट्टी ! आज, तू भी मजा करी ले...।' अलबत्ते नान्या को, बोन्दू ने, येई कोई दस-पाँच तरेह के, बेल्कुल अदेखे पखेरूओं की, पेहिली कावा ओलखाण करई दी, जिनमें नीलकण्ठ और कठफोड़वे को तो नान्या ने, पेल'दफे ही इत्ते कने से देखा। हवा फागुण की थी, और वो भी मौज में, उनके बाल और कपड़ों में भरा के, उनके साँथे-साँथ, मस्ती कर रही थी। नान्या ने, बोला भी—'बोन्दू... ! आज तो याँ को बायरो भी, बेण्डो बणी के, बल्बटै बटा खई रहियो है...।'

वो दोई, ये बखत गाम के, सबसे खुश जनों में थे और खुश ऐ'का वास्ते भी थे, कि गाम को, ये बात माल्लम 'ई नी थी, कि वो कित्ता बड़ा काम करणे वाले हैं। गाम तो अभी, अपनी ही ऊंघ में था, बड़े'बा मुजब, फसड़के काढ़ता हुवा। तभी बोन्दू ने, धीरप से, अपन खीस्ये से, रामलीला वाले राजा रावण की मारी हुई मूँछ निकाली और नाक के नीचे लगा ली। नान्या अपनी मस्ती में डूबा चल रहा था। चलते-चलते, अचानक ओ'ने बोन्दू के मूँ आड़ी देखा तो चौंक गया। लेकिन, दूसरे ही पल पिचाण गया।—'हत्तेरे की... !' वो बोला और हाँसणे लगा।

'अरे बोन्दू... ! यार तू भी, एकई चीज है रे...।

'कँई हूँ, राजा रावण लगी रहियो थो, कि नी... ?' बोन्दू ने पूछा।

'हौ, एकदमै'ई से रावण...। न कहो, बँजारा-बाग में, सीताजी हो तो लै ही उड़े।' नान्या ने तसदीक की।

'चल यार... ! फिर तो जदि कोई राक्षस भी, सुन्नो-चाँदी खोदते मिली गयो तो, ओ'का पोटा फाटी जावैगा।' कह के बोन्दू,रामलीला के रावण की-सी, हड़हड़ाती हँसी हँसा। पर, बोन्दू को संतोख नी हुआ। हँसी कमती लगी। फिर ऊ'ने मूँछ निकाल के, वापस अपने खीस्ये में, रख ली।

'ऐ बोन्दू...ओ आड़ी देख यार...अपन जीमणे हाथ पे...।' नान्या ने हुमक कर कहा और बोन्दू के देखकर, कुछ बोलने की, बाट देखने लगा। घीसरा-गाड़ी को ओ'ने, खड़ी कर दी थी।

'कँई देखूँ जीमणे हाथ पे... ?' बोन्दू ने पूछा।

'अरे, नीम के झाड़ की आड़ी तो, देख जरा...बोन्दू...उसकी सगली पत्तियाँ ही, डगालों से खिर गई हैं...।' नान्या ने, उसको गौर करी के, देखने की कही।

'हाँ, यार...ये बात पे तो म्हारा, ध्यान ही नी जमा रे, नान्या... ।' बोन्दू ने, अपनी गफलत स्वीकारी। फिर अपनी अचरज अँजी आँख, ओ आड़ी लगा दी।

'देखा? जैसे, रामा'बा अपन उस्तरे से, बड़े'बा का माथा सफाचट कर देते हैं...एकदम-से ई घोटमोंट...वैसा हो गया, नीम का माथा...है कि नी... ?' वो हुलस के अग्गे बोला—'बोन्दू...! म्हारी दादी कहती है—फागुन के बायरे में ठण्डी, तीखी और बारीक धार होती है, अपन को, इस आँख से दिखई नी देती। हाँ, वोई नीम का माथा मूँड़ देती है। देखा के नी तूने... ? ऐं... ?'

'नीम, ये घड़ी में नेठूई गँजा लग रहा है...एकदमै से चपड़ चाँयला।' बोन्दू बोल के, हो-हो करके, हाँसने लगा।

'नीम नाँगड़ो हुई गयो। तो समझो, बस...पाछली हवा, छूटणे वाली है।' दादी, ये बात बोलती है। फिर रुक के, ऊ'ने बोन्दू के मूँडे आड़ी देख के, अग्गे बोला—'दादी से ही तो माल्लम पड़ा, कि हवा दो तरह की होती है...एक तो पाछली, दूसरी पूरवा... ।'

'अच्छा... ?' बोन्दू ने नान्या के गियान पे, अपनी आँखें छोटी करके तनिक घूरा और फिर से नीम की तरफे , अपनी गाबड़ी घुमा ली और जमीन से एक काँकरी उठा के अपनी मुट्ठी में दबा ली।

'सच्ची रे, बोन्दू... ! म्हारी दादी को, हवा, पानी, अकास, चाँद तारे, सूरज, याँ तक कि सबके बारे में, सब सनागत रहती है, मनेकि, कब कौन क्या करने वाला है... ? हाँ, कोई नी जानता इत्ती बात... ! कहती है—'खाली, एक नीम के झाड़ को भी, जदि ये सनागत हो गई, कि पाछली हवा चलने वाली है...तो वो, ये बात की खबर, सब तरेह के झाड़कों को, एक साथ कर देता है।'

'हाँ, आम के झाड़ों को भी, खबर कर देता होगा कि...भैया, फागुण चल्यो अई रियो है...अब अपनी डगाल में, निकालो मौर...और, सब आम्बा होण, अपनी-अपनी डगाल में, मौर निकाली लेता होगा।' बोन्दू ने, नान्या की बात में, अपनी बात जोड़ी और हाथ की मुट्ठी में, दबी काँकरी, आम के एक झाड़ की ओर, निशाने की तरेह फेंक मारी।

'सही बात है, मेरी दादी को, एक बात भी, कहीं से माल्लम पड़े, तो वो सब को बता देती है। पेट में धर के, बैठ नी जावै। सभी जन के, सब की सब बात, बता देवे है।' नान्या ने बोला।

'तेरी दादी, सच्ची में ज गज्जब है, यार... !' बोन्दू ने, दादी की बड़ाई की। नान्या को लगा कि बोन्दू कित्ता अच्छा है, कि वो, दादी के, वो दिन की, अपनी बे-कदरी के बोल सुण के भी, उसकी दादी से, खार नी खाता है। उल्टे, दादी की बड़ाई में ही बात बोल रहा है।

बाद इसके, नान्या ने बोला कि वो, दादी को चिढ़ावा के वास्ते, कभी-कभी उससे पूछता है कि—'दादी तू आगली हवा है, कि पाछली... ? माल्लम बोन्दू... ? ये

बात को, मैं अपने बड़े'बा से नी पूछता सकता। वो, पटाक-से, पिन्नाटे में आ जाते हैं...।'

'बुरा मत मानना यार, तेरे बड़े'बा, थोड़े से ऐब्ले हैं। मेरे दायजी, म्हारी माँ को बता रहे थे कि सब की सब, वो वाली बात, उनने आज तक पेट उतार के रखी है, जो पटवारी और पटेल'बा ने, म्हारे दायजी के बारे में बोली थी।' बोन्दू ने, पेलेई भेम को झटकार दिया था। वो, थोड़ा हिचकते हुए ही बोला।

'ये ही कारणे तो, मेरे बड़े'बा का पेट, मेरी दादी के पेट से बड़ा है। वो, सब की सब बात, पेट में राख ले। दादी का तो गोरा-गोरा और एकदम नरम-लुच्च है। उसको, मैं कभी-कभी छू भी देता हूँ।' तभी, नान्या के मन में, बोन्दू से, ये बात पूछने की इच्छा हुई कि, क्या दादी के पेट को, ऐसे छू देने से, दादी के पेट में, उसका बच्चा तो नी आ जावेगा... ? पर, चुप रहा थोड़ा डर भी था, कि बोन्दू गियान की, कोई नवी और उलझाँट वाली बात, बोल-बता देगा तो, वो फिर पचड़े में पड़ जावेगा। पर, दादी के पेट में बच्चा आ भी जावैगा, तो अब, ऐ में भी डरणे की बात कँई है... ? ऐं... ? ऐकल्ले से, वो दुकल्ला हो जावैगा। और कँई... ?

बोन्दू ने, देखा कि घीसरा-गाड़ी को, अभी तक नान्या ही खींचे चला आ रहा है, इस वास्ते ओ'ने वो,नान्या के हाथ से लेके, अब खुद घीसना शुरू कर दिया था। वे, बढ़-चढ़कर बात भी करते जा रहे थे और, ओ चौकस रहके, धीरे-धीरे उधर की दिसा की तरफे , कूच भी करते जा रहे थे, जिधर उनको पोहँचणा था। जाँ पे, बँजारे अपना सुन्ना-चाँदी गाड़ के, भूलनजड़ी पे पाँव पड़ जाने से, सब भूल गये थे।

बोन्दू से बात करते हुवे, नान्या को याद आया, तो नान्या ने बताना शुरू किया— 'बोन्दू... ! जब मैं छोटा था, तब, बड़े'बा के पेट का, तबला बजा देता था,। अब म्हारी हिम्मत नी होती, उनके पेट के तबले बजाने की। अब तो, ऐसे खेल में, जोखिम ही जोखिम है...गाल पे, तड़ाक से, एक रेपटा पड़ जाने की। बस, कभी-कभी, वे छादरी बिछा के औंधे लेट जाते हैं और कहते हैं—'नान्या रे, तू थोड़ो-सा म्हारी कमर और पीठ पर चढ़ जा तो...म्हारी कमर में चोड़लो भरई गयो है... !' तबै, मैं उनसे पूछता हूँ कि 'बड़े'बा, थोड़ो-सो कैसे चढूँगा ?' तो वो कहते हैं—'अरे हाँ, पूरो चढ़ी जा भई, पूरो।'

नान्या, एक अलगै-सी मस्ती में था। बोला—'मैं, बड़े'बा की पीठ पर पूरा चढ़कर, ऐसे चलता हूँ जैसे दादी क्वाँर महीने में ओटला छाबने के सरू, काँकड़िये खेत की लाई गई, कालीगार को, पाँव से गूँथती है।'

'माल्लम है, तूने ये जो बात बोली नी, पीठ की...तो यार, म्हारे को, वो, जो गुरुजी कविता बोलते हैं नी, पाँचवीं की पोथी की—वो, कविता याद अई गयी— 'माटी कहे कुम्हार से तू क्यों रूँदे मोय, एक दिन ऐसो आयगो, मैं रूदूँगी तोय।'

बोन्दू ने बोला। बोन्दू की बात से नान्या को अपनी ये बात सही होती लगी कि बोन्दू खाली गणित में कमजोर है, हिन्दी में बेल्कुल ज नी।

बोन्दू चलते-चलते थोड़ा रुका और फिर बाईं तरफ घीसरा-गाड़ी को, घीसता हुआ, चलने लगा।

'एकदमै-से सच्ची...बस, येई बात मेरे मन में भी अई...।' नान्या ने, चणिक-सा ठिठकने के बाद, फिर से अपनी बात की बेल बढ़ाई।—'मैं उनको अपनी पोथी की कविता बोल दूँ पर, फिर डर गया। कि बड़े'बा कहीं पिन्नाटे में ही, नी आ जायें। मेरे बड़े'बा, पिन्नाटा हमेशा साथ रखते हैं। मेरी दादी कहती है—'थारा बड़ा'बा, एक कावा रोटी खाये बिगर तो रै जाय, पर पिन्नाटो खाये बिगैर, नी रेवे...तू इनसे थोड़ी छेटी रखिया कर। सुभाव से घोड़ा सरीखा है, कहते नी आवै, कब लात मार दे।'

'लात मार दे, यदि कोई 'पग-पाल्या, कमर पे।' बोन्दू ने बोलना चल्लू किया और बात के अधबीच में रुका तो नान्या को लगा कि बोन्दू फिर से गियान की कोई ऊँच्ची बात बोलने जा रहा है—ऐ का वास्ते ऊ'ने अपना आक्खा धियान उसी की तरफे लगा दिया।

'तो नान्या...! वो मनख की कमर में भराया चोड़ला भाग जाता है।' बोन्दू ने गियान रक्खा। नान्या ने सुना और सन्न रै गया। ऊ'को सहसा धियान में आया—'शायद से, ऐका वास्ते ही वो दिन निहाल बुआजी भी घर आके, ऊसे कह रही थी—'नान्या, थारो पाँव म्हारी कमर पे मार दे तो कमर को यो चोड़लो भागी जावै।'

'यार बोन्दू...! चोड़ला तो, घर में भराय...ऐं...? फिर यार, कमर में कैसे भरई जावै...?' नान्या ने अपन जाणकार दोस्त के सामने कठिन उलझाँट की बात, सवाल की तरेह धर दी।

'जैसे कि गारे में खेलणे से, पेट में गिण्डोळे भरा जाते हैं नी...? ठीक, वैसेई कमर में चोड़ला भरा जाता है...।' बोन्दू ने, नान्या के अग्गे रहस्य खोला।

'पर, चोड़ला काय में खेलने से भराता है...? निहाल बुआजी बताती भी तो नी कि वो कौन-सा खेल खेलती हैं। फिर दिन में तो ऊने, उनको कोई खेल ही खेलते देखा ही नी। नान्या ये बात भी, एक और नवे सवाल की तरेह जोड़ना चाहता था। लेकिन, ओ'ने देखा कि बोन्दू तो चलते-चलते अचानक रुक गया। है। जां पे, वो रुके, वाँ सामने एक गंज ऊँच्चा खजूर का झाड़ था। ऊके नीचे, एक टीला था। टीले के कुन्ने में चींटियों का बीमला था। नान्या चेतस हो गया।

'नान्या, म्हारी डोकरी बड़ी'माँ के हिसाब से, शायद से येई वो जिगेह है, जाँ पे, बँजारे लोग अपना सुन्ना-चाँदी गाड़ के भूल गये थे।' नान्या ने देखा कि बोन्दू ने, चारी-आड़ी पड़ताल करती-सी नजर डाली, ठीक ऐसी, जनेकि गाम के पटवारीजी, पड़तवाली जमीन का मोआयणा कर के नपती के पहले बोलते हैं। ओ'ने भी आस-पास निगेह डाली और देखा कि वाँ पे, बेर-खेर और खजूर के इलावा, कई'एक

ओगले झाड़ भी थे, जिनके गोड़ में गंज सारी बेलें, रस्सी की मुजब लिपटी थीं। बोन्दू ने, उनको देखने के बाद बोला—'नान्या, ये नागबेल है। देखा नी क्या कि बेल्कुल साँप की तरेह, बल खाके लिपटी है, झाड़ से।'

नान्या ने भी, बोन्दू की कही बात को सुनके, कुछ जादे होश्यारी के साथ, आँख गड़ा के बेल की तरफे देखा तो लगा कि जनेकि वो कोई बेल नी, बल्कि हरे रंग का कोई साँप ही हो।

'और, ये भी पक्का है, कि ई'के आसपास ही नाग-मक्का भी उगी हुई होगी...यहीं साँप का घर भी होगा। ये सब ठीये हैं, साँप के।' बोन्दू की इस, साँप के होने की बात से, नान्या में थोड़ीक सनसनी जरूर से उठ गई।

'मनेकि, कँई इच्छा-धारी का घर... ?' नान्या ने पूछा। पूछने में थोड़ीक सी धुकधुकी भी अन्दर से उठ अई। कहो कि इच्छा-धारी बोलती बखत ही जिभान थोड़ीक सी आँटा-बेड़ी खाने लगी थी। तभी एकदमै से नान्या को वो, बात याद अई गई तो ओने बोन्दू से पूछा कि क्या ओने कालबेलिये से लिया हुआ, साँप का, वो जेहर-मोहरा अपने साँथे, धर लिया था कि नी... ? बोन्दू ने तुरतै ई अपनी जेब से निकाला। और हथेली नान्या के सामने खोल दी। वो एक बड़ी कौड़ी के बिरोबर था—एकदम काला स्याँ और चमकीला। बोन्दू ने दिखा के बोला—'साँप, ई'के अपन तालू में छुपा के रखता है। ई में ही साँप की सगली ताकत और कूबत होती है।'

नान्या की आँख के डोल्ये फटे के फटे रै गये।

'म्हारी बड़ी डोकरी माँ कहती है-मणिधर नाग में, जेहर-मोहरे की जगेह मणि रैहती है।' बोन्दू ने तो ये, ऐसी बात बोल-बताई कि इस के अग्गे आक्खा गाम के लोग ही नापास। 'पर वो मणिधर बँजारा-बाग में नी रैता। वो डूँगरी में की सत-खोहरी में रैता है।'

अब, जबकि वो, ठिकाण पे पहुँच गये थे, तो नान्या को ऐसा भान बैठ रहा था, जनेकि, एकदमै-से कोई जब्बर-जंगी-सा सुन-सनाका अक्कास से उतर आया है। जनेकि, बन के सगले देवि-देवते भी, एक जिगेह भेले हो के, साँस खेंच के खड़े हैं कि अब अग्गे कँई जाने क्या होणे जा रहा है। फागुण की वो हवा, जो थोड़ीक बेर पेहिले, उनके कपड़े-लत्तों अने, बालों को फर-फर करके उड़ा रई थी, वो भी छानी-मानी हो के, कहीं बैठ गई है। ओका चूँ-चकारा तक भी, माल्लम नी पड़ रहा था।

अभी तक, नान्या अने बोन्दू, जोकि दोनों, चाँदी-सुन्ने की ईंटों को खोद-निकालने की बात से खुशी के मारे, उबराण आ रहे थे, उनको जाने कँई, ऐसा लग रहा था, जैसे उनके बदन में, एक धूजणी-सी भर रही है। बोन्दू ने, एक-एक करके, खोदा-खोदी के वास्ते, घीसरे में छुपा के लाये गये औजारों को, हेड़ के बाहर किया। नान्या को, उनकी आड़ी देख के, लगा कि वो सब के सब, सलमला रहे हैं। उन सब के भीतरे भी, कोई खलबली उठ रही है। मनेकि, वो उठें और चलने लगें।

अब तक, तड़के में भी तेजी आ गई, जिसके कारणे भी, औजार चमकने लगे थे।

'गैंती तो थारे ही चलाणी है रे, यार नान्या...क्योंकि, पग-पाल्यो तो तू ही है, भई...!...सुन्ना-चाँदी थारे को खोदने से ही निकलेगा...।' बोन्दू ने बोला। फिर ओ'ने हिम्मत भेली करके कुदाली मारने की कही। कुदाली बीमले में मारनी थी। नान्या को संका हुई कि न कहो कि पेहिली ही गैंती मारते ही, काला-स्याँ साँप फण काढ़ के, बीमले से बाहर आ जावै। हो सकता हो कि ऊकी रेहणे की थानक, ओ आड़ी, नाग-मक्का की तरफे हो। और, अँई आड़ी, ऊकी बैठक। ओ'ने तै किया, कि जबरेश्वरजी महाराज को, पेलाँ सेई क्यों नी, चेता दिया जावै। नान्या ने, सहसा जोर से, 'जबरेश्वर महाराज की जै' बोली। इसी बीच, नान्या के निकटै, अपना तनगिया तान के, मुसतैदी से तैयार खड़े बोन्दू ने, 'हनुमानजी की जै' मार दी।

जैसेई बीमले पे, पेहिली गैंती पड़ी, धमक होते ही,एक बड़ा-सा लम्बी पूँछ का सड़लिया, अपनी मुण्डी निकाल के, बाहेर आया और ऊने, नान्या और बोन्दू,दो'ई की तरफे, अपनी मुण्डी हिला के और आँखें नटेर के देखा। फिर, बीमले से, एकदम दूर दौड़ लगा दी। नान्या ने बोला—'पाठशाला में, दीवाली की पुतई करते बखत, जब ये, निकला था, तो गुरुजी ने, किताब की बोली में, ये को बोला था—'गिरगिट'...! ये कह के, दोनोंई हँसे जरूर, पर, उन दोनों'ई की हँसी के भीतरे, अजाना डर, कहीं-न-कहीं समाया हुआ था। नान्या, डर रहा था कि अब दूसरी गैती मारते ही, वो काला-स्याँ इच्छा-धारी साँप, फुँफकार के निकलने'ई वाला है। भगवान् जाणे कित्ता लम्बा और जाड़ा होगा। अगर वो ओके देख के अन्धा नी हुआ तो फिर कँई होगा?

जमीन, पथरीली नी थी। वो, भुरभुरी और बिखर-बिखर जाणेवाली, कत्थई-सी मट्टी थी। नान्या ने, जबरेश्वरजी का सुमिरण कर के, फिर से कुदाली मारी, तो एकदम-से, एक तालुडी पूँछ ऊँच्ची करके, हवा की फुर्ती से भागी और बीमले के कने के, खजूर के तने पे चढ़के, तिड़िक-तिड़िक करती हुई, अपनी छोटी-सी पण, झबरीली पूँछ को, झटक-झटक के, चीख-पुकार मचाने लगी। बँजारा-बाग के, निरबंक सुन-सनाके में, उसकी तिड़िक से, चारी आड़ी अजब-सा, उचाट उठने लगा। जनेकि, अक्खे बँजारा बाग के, जिन-जिनावरों को खबर कर रही हो, कि याँ बीमले पे, खोदा-खोदी हो रही है।

'तालुड़ी का बोलना, एक तरेह से, अच्छा सगुन है, नान्या...!' बोन्दू बोला। ओ'ने अग्गे नान्या को याद कराई कि जदे रामजी, समुन्दर पे सेतू बना रहे थे, तो ये भी, मदद के वास्ते, रामजी के पास अई थी। म्हारी बड़ी-डोकरी माँ, इनी तालुड़ी के, ई'के कारणे ही, रामपियारी बोलती है। यार...ऊकी पीठ पे, रामजी की अँगुली के निसान हैं, अभी तक भी।

दोनों, इस तरह की बातें करते हुए, पल-पल अपना, जरजराता हौंसला भेला करने की, जुगत जमाते जा रहे थे। बावजूद ई के,नान्या की फतवी पसीने से, कुछ-कुछ भींजणे लागी थी। बोन्दू ने भाँप लिया था कि नान्या के, भीतरे थोड़ाक 'भे' है, जरूर। नान्या को, बोन्दू ने उछाह दिलाया और बोला—'नान्या, अब तू बकरी का दूध की, कट्ठी कूब्बत दिखा यार। अने, तू जरा जोर से, घुमाके गैंती मार रे...।' नान्या ने, गैंती को अपने माथे से, काफी ऊप्पर निकालते हुए, पूरी ताकत लगाके, बीमले पे चोट की। चोट पड़ते ही, माथे के ऊप्पर उ़डती हुई, एक टिटोड़ी मण्डराती हुई टरटराने लगी।

'म्हारे लगे कि शायद से, बीमला का आसपास, इनी टिटोड़ी ने अपना, अण्डा मेल्या है। अरे नान्या...! ई का अण्डा के नीचे, कोई अँगूठी रख दे...और बाद में ऊ अपना जीमणा हाथ की छोटी अँगुली में पहन ले...तो ऊ रात का इन्धारा में भी देखी सके...।' बोन्दू ने फिर कोई गूढ़ गियान की बात बोली तो नान्या में एक नवी लहर दौड़ी गई।

फिर तो नान्या ने, दे-दनादन करते हुवे, कुदाली को धकापेल हो के चलाना चल्लू कर दी। बीमले पर, पाँच -दस दफे कुदाली की मार करने के बाद, एकदमै-से काले-काले टुकड़े गिरने लगे।

'ऐ नान्या...! जराक रुक तो...यार।' बोन्दू ने बोला। बाद इसके, बोन्दू ने कुदाली की मार से, बीमले से बाहर निकल के बिखरे, टुकड़ों में से, एक टुकड़ा उठायाँ उसे आँख के नजीक लाके, बारीक बीनी से, ऊप्पर-निच्चे आल-चाल करके देखा। फिर नजर बारीक कर के आसमान की तरफे ऊँच्चा मूँ करके बोला—'नान्या...! देख ले यार, ई सब हीरा था, जो कोयला में बदली गया है...।'

'बोन्दू, म्हारे लागे है कि जरूर से, यो उथलधड़ा वालो काम, कोई अड़कानी बईराँ को करिया-धरियो है। हो सके कि वोने, अपन.से पेहिलां, चाँदी-सुन्ना खोदने की कोसिस करी होगी।' नान्या ने, अपना अन्देसा रखा। बोन्दू ने, नाड़ हिला के, उसमें अपनी 'हा' मिलाई। फिर कहा—'बस, अग्गे, इसके नीच्चे, चाँदी-सुन्ना निकलने वाला है...।' बोन्दू की, ये बात ने नान्या के भीतरे, जैसेकि कोई लपट सुलगा दी। बीमले से मट्टी के, बड़े-बड़े ढेपे गिरने लगे। दे-दनादन हो रही थी। बोन्दू ने बोला—'मेरी बड़ी'माँ डोकरी बोलती है, मालवा की मिट्टी में, कुदाली भी कुल्हाड़ी सरीखी चले। तू ही देख ले, ढेपे दनादन गिर रहे हैं।'

इसी बीच, अचानकै लगा कि चारी आड़ी, जमीन से अक्कास तक एक गड़गड़ाट हवा में भरती जा रही है। नान्या को लगा कि कहीं धन का जमीन में गड़ा, कढ़ाव गन्नाता हुवा, खिसके के दूर जा रहा हो।

'बोन्दू सुन...! जरा कान लगा के तो सुन यार, ये कैसी आवाज आ रही है ? ऐं ? कुछ गन्नाने जैसी।' नान्या ने खोदते हुवे, अपने हाथ रोक के कहा। हालाँकि, इस

बीच ओके साँस लेने की जगेह भी मिल रई थी। बोन्दू भी चौकस हो गया। वाकई, आवाज तो आ रही थी और वो, बढ़ती भी जा रई थी। दोनोंई डर उठे थे। गन्नाहट के बढ़ने के साथ ही, उनका 'भे' भी बढ़ गया। नान्या के हाथ से, गैंती छूट के गिर गई। तभी बोन्दू ने अक्कास की आड़ी अपना मूँडा किया और जोर से, हँस पड़ा। नान्या, अलबत्ते बोन्दू के हँसने से जरूर से डर गया।

'अरे, यार अपन दोई थोड़े गेलसप्पे भी है'—बोन्दू बोला। फिर ओने अक्कास के कोने में अँगुली से इशारा किया और बोला—'वो, वाँ पे देख...। बादले के पास...अरे चीलगाडी है रे।' दोनों खूब जोर से हँसे। उनकी हँसी के साथ ही, अभी-अभी उठा, उनका 'भे' भी भरभरा के झड़ गया था। बोन्दू ने, इधर काँकड़ वाले हनुमान-महाराज की जै मारी, और उधर नान्या ने गैंती मारना फिर से शुरू कर दिया इस बार की दे-दनादन पहिले से जादे तेज थी।

तभी, जाने क्या हुवा कि नान्या धड़ाम से, आड़ा गिर पड़ा। बीमले पे मार करते-करते।

नान्या का, बुरी तरह दम भर आया था। ओ'से साँस लेने की, नी बण रही थी, अने नी ही बोलणे अने, बात करणे की। वो, कुदाली को एक ओर पटक के निढाल-सा वहीं लमलेट हो गया था। बोन्दू घबरा गया कि एकदमै-से नान्या को, ये क्या हो गया... ?

'तीस लगी है...पीवा के पाणी चईये रे बोन्दू...।' नान्या ने, अपनी टूटती साँस समेट के बोला। असल में, सगली तैयारी के बीच, वो दोई जणे पाणी के बन्दोबस्त की,बात तो भूल ही गये थे। तभी, नान्या को लगा कि ओ'के तो अचानक से, भूख भी, जोर से ही भडी़के मारने लगी हैं। ऊने भूख लगने की बात भी बता दी। बोन्दू ने बोला—'नान्या... ! तू जरासा-क भी मत घबरा...हूँ, समझी ले कि यूँ गयो...और यूँ आयो...।' बोन्दू, नान्या का पीतल का गिल्लास लेके, डूँगरी की आड़ी फर्राटे के साथ भागा।

नान्या, वहीं भूख में, एकदम लस्टम-पस्टम होता हुआ, उस बीमले के पास, उसी खोदी गई मिट्टी में ही, लमलेट हो गया। फिर ओ'ने, बड़े'बा की देखा-देखी, और सीखी जुगत लगाई—साँस खेंच के छोड़ने की। जिसको वो, संध्या-आचमन की बखत करते हैं। वो से, नान्या थोड़ा सुसमला हुआ तो ऊने देखा कि बीमले के कने का, जो खजूर का झाड़ है, वो भौत ऊँच्चा भी है। जिसमें नान्या को, उसके फल की कच्ची घड़ बनती दिख रही थी। वो, वहाँ देखता रहा वाँ, खजूर के गोड़ पे, वोई वाली तालुड़ी, अभी तक भी तिड़िक-तिड़िक करती हुई, अपनी पूँछ उछाल रही थी।

फिर, नान्या को 'भे' भराया कि कहीं, वो खुद भी तो, जैसी कि दादी पाटी में बेसुध हो गई थी, वैसा बेसुध तो नी हो जावैगा... ? फिर तो बड़े'बा दौड़ के आवैंगे।

बैदजी आवैंगे। कहो कि आक्खे गाम में, रापट-राल्या मच जावैगा और लोग भेले हो जावैंगे। फिर तो, सब को माल्लम पड़ जावैगा कि वो बँजारा-बाग में, बोन्दू और बड़े'बा का ये नान्या, काय के वास्ते आये थे? और काय की खोदा-खोदी कर रहे थे?

नान्या ने, हिम्मत भेली की और बैठ गया। ओ'ने सोचा भी, कि चलती बखत, वो चार रोटी साँते रख'ई लेता तो कित्ता अच्छा होता। दादी तो ओ'के बोलती भी तो है—'म्हारो नान्यो तो रोटी को जीव है।' सोचने लगा, कित्ता अच्छा होता, अगर हर जगेह और हर मनख के बणी-बणाई रोटी मिली जाती...। तभी, नान्या को दादी की, भौत दिन पहिले की सुणई हुई, एक कैणी याद आवा लाग गई। अपना मन रमाणे के सरू, वो उसी का याद करने लगा।

दादी ने, ऊके रात को, एक कैणी सुनाना शुरू की थी—'नान्या रे...! पेलाँ ई खजूर का झाड़ला, इत्ता-इत्ता ऊँच्चा थोड़ेई होता था रे। छोटा-छोटा था। हरेक मनख को, हाथ पोंहँची जावे, ऐसो। मनेंकि छोटा से छोटा बालक का भी, हाथ पोंहँची जाय, इत्तो नीचो समझो। सगली डगाल होण भी, ऐसे ही लटकती-झूलती रेहती थी। धरती की तरफ। ऐसी कि कोई भी छू ले। तब, अक्खा सँसार में रोटी, राँदनीघर में नी बणती थी। बस, इना खजूड़ला होण पे लागती थी, रोटी। मोटी-मोटी। गोल-गोल। जब, जि'के भूख लगती, तो ऊ मनख, उठतो और खजूर से, गोल-गोल रोटी तोड़ी के खई ले तो। पर, ब्रह्माजी ने एक बात की सब का वास्ते, बेल्कुल ही मनाही कही थी। कि, 'भूख और जरूवत से ज्यादा रोटी, कोई नी तोड़ेगा।' एक कावा, एक बईराँ आयी। उछल-बछेरी। कहो कि बस, हाय हूती, और आँगणे सूती। ऊ ने खजूड़ला से तोड़ के, रोटी खई और फिर, कल का वास्ते भी, गँज-सारी रोटी तोड़ी के, अपना घर में भर ली।'

सुणते-सुणते, वो रात, नान्या की ऊप्पर की साँस ऊप्पर, और निच्चे की साँस, निच्चे रै गयी। क्योंकि, दादी तो कैणी कहते-कहते ही, नींद में गुड़क गई। नान्या ने, बेकली में झिंझोड़ के ओ'के जगाया था। तब, जाके दादी ने कैणी, फिर से चल्लू की थी।

'हाँ तो नान्या, हूँ कँई कही री थी...? हाँ, तो दूसरा दिन, जब भगवान् सूरजनराणजी पूरब से ऊगिया। अने लोग-बाग सोई के उठ्या तो सबने कँई देखियो कि ऊ छोटो-सो खजूड़लो तो अक्कासी हुई गयो। कोई का भी हाथ, वाँ नी पोहँच। हाँ, रे...छोरा...ना तो हत्थी की सूण्ड और ना ही ऊँट की गरदन। सगला नरम-नरम, गोल रोटी जैसा ऊई पत्ता, तीखा-भच्च खोड़्या में बदली गया। तोड़ने जाव, तो हाथ के खूना-खून कर दे।'

ये, सुन के नान्या ने, तड़प के, दादी की मुण्डी अपनी आड़ी करके, पूछा था—'दादी तू बता कि वा बईराँ, दारी कुण थी...? ओ'को नाम, कँई थो, जिने ऐसो कर्यो...?'

ओ'की ऐसी बेकली देख के, दादी ने नान्या को खींच के, अपने कालजे से लगाते हुए कहा था—'अग्गी जाण दे ऊ के... ! तू ऊको कँई करी ल्लेगा ? ऐं... ? हाँ, हम थारी बईराँ ऐस्सी लालचण नी लावाँगा, बस। पण, तू जिनगी में, एक बात याद की गाँठण बाँध के राखजे कि जरूवत से जादा वास्ते जान नी देणो। समझियो कि नी ?' नान्या ने, वो'ई दिन से, इनी बात के मन में धार ली थी। नान्या को लगा कि वो बईराँ, जरूर से, अड़कानी होगी। और ऊ ने मजे से खजूर पे लागणे वाली, गोल रोटी को, तीखे भच्च खोड़िये में बदल दी। नान्या को संका हुई कि ऐसी ही लालचण और अड़कानी बईराँ ने, बँजारा-बाग में, गड़े सुन्ने-चाँदी को कोयला तो नी करी दिया ? ऐं ?

अभी, बीमले के पास पड़े-पड़े, नान्या ने, मने-मन तै किया—'वो जो सुन्नो-चाँदी भी, इना बँजारा-बाग से मिलेगा...तो वो, सुन्ना-चाँदी भी, जरूवत से जादे, अपने घर नी ले जावेगा।'

सोचते-सोचते, वो बुरी तरेह थक गया। मारे भूख के, अब तो जनेकि उससे सोचा'ई नी जा रहा था। उल्टी रुलाई-रुलाई आने को हो रही थी। और बोन्दू के अभी तक भी, नी लौटने से, संका होवा लगी कि बोन्दू बँजारा-बाग में, कँई डोटई तो नी गयो।? ऐसो तो नी कि भूलणजड़ी पे, ऊ को ही पाँव पड़ी गयो हो। नान्या के कालजे में, घबड़ाट भर गई। इतनी कि वो अब तो, चीख ही पड़ेगा।

तभी, बोन्दू पीतल के गिल्लास में, कुछ भर के, उसके वास्ते दौड़ता हुआ, कुछ लेके आया और बोला—'ल्ले नान्या...ये गँवार-पाठे का रस है...पी ले और ये बँवल्ये का गोंद है...इसको खाले...तेरी भूख फुर्र हो जावेगी।'

नान्या को लगा कि बोन्दू का ग्यान तो गज्जब है। सच्ची में, इत्ता तो कोई भी नी जानता होगा,पाठशाला तक में। हाँ, गुरुजी भी। वो, बोन्दू से पूछेगा कि वो, अमरजड़ी को भी जानता है, क्या... ? और क्या वो, अपन को बँजारा-बाग में मिल जावैगी... ? वो, बड़े'बा और दादी को खिलाणा चाहता है, ताकि वो दोई कभी मरे ज नी।

नान्या ने, रस पीया तो थोड़ीक-सी तर्राटी आई तो सही, पर अब और आगे गैंती मारके, बीमले के खोदणे की ताकत, नी लाग रई थी। बोन्दू भी, नान्या की हालत देख के, काच्चा पड़ गया था। बोला—'बोन्दू कोई बात नी, अभी तो अपन, खोदा-खादी को यो सगलो सामान, यहीज कोई बेदरा में, छुपई के रखी दाँ, यार। बाद में, फिर जादे तैयारी का साथ आवाँगा। फिर बोन्दू ने पछतऊ बात की—'देख नान्या.. ! आज अपण, अपन साँथे, बछेरे का लेके आते तो कित्ता अच्छा रैता...तू ओ'की पीठ पे बैठ जाता और म्हारा हाथ में होती, ओ'की लगाम।'

नान्या को, बोन्दू ने बाँह पकड़ के खड़ा किया फिर ओ'ने नागबेल के पास के बेदरे में, अच्छी तरह से छुपा के धर दिये, अपन खुदाई करने के, सगले औजार।

खाली घीसरा-गाड़ी बाहेर रैन दी। साँते ले जाणे के वास्ते। फिर थक-मरे मन से, गाम की तरफे जाने वाली पगडण्डी की आड़ी चल धरे। बोन्दू अने नान्या दो'ई आस खोये मन से, गते-गत चले जा रहे थे।

नान्या ने बोला—'इच्छा-धारी साँप लगता है, गुछली खाके भीतरे बैठा होगा। बोन्दू, कहीं वो अपन फिर से आवेंगे, तब तक सुन्ने-चाँदी की जगेह तो नी बदल लेगा... ?' बोन्दू ने, नान्या की संका के, ये बोल के खतम कर दिया कि वो तो अन्धा हो गया होगा।' उनने, ये भी तै किया कि अगली कावा, जब वो फिर से आवेंगे तो वो, लखण-काकू भूरिया और बछेरे को साँते राखणे पे सोचेंगे, जरूर। नान्या ने बोला कि ओ की दादी कहती है—'नान्या, तन से हारी भले जाव, पे मन से कभी नी हारणो रे, छोरा... !'

बोन्दू ने, नागबेल के बेदरे में, अपनी गुलैल नी रक्खी थी। नान्या के मूँ से, ऊ'की दादी की ये बात सुन के, ओ'ने अपनी जेब से, वो गुलैल बाहर निकाली और जमीन पे, घीसरा गाड़ी टिकाई और वाँ से, एक काँकरा उठा के, गुलैल पे रक्खा और अक्कास की तरफे, तान के मार दिया।

अब वो दो'ई, गते-गत, फिर से, गाम की आड़ी जाने वाली पगडण्डी पे, आपस में, बिन बोले चलने लगे थे।

नान्या ने, अपने खाटले में, दुलई के नीचे पैर मोड़ कर सोये-सोये, डाबे हाथ की अँगुली के, पोर पर हिसाब लगाया, तो पाया कि, ओ दिन से आज तक, आक्खे चार दिन, आक्खी चार रात हुई गई है। दिन तो कैसे तो भी भूरिया के साथ, किलोल करते-करते बीत जाता है, पर रात को, नींद नी आती। चेटे-पेटे ही छूटते ही रहते हैं। हर बखत, येई लगता रहता है कि बड़े'बा कचेरी से जमीन की तौजी भरी के लौट आये हैं और वे, उसके हाथ में, ढोर-ढाँढे घेरने के वास्ते, लाकड़ी पकड़ा के, ठीक खड़े-दम ओ'के, घर के ढोर-ढँगर के साथ, माल में भेजने वाले हैं।

वो तड़फ के, खाटले में करवट बदल लेता है। एक बार मन में आया भी, कि दादी को सब की सब बात, सच्ची सच्ची बता दे और गिड़गिड़ा के कहे, कि वो, ऊ'के जंगल में ढोर चराने के काम से बचा ले। क्योंकि, बड़े'बा एक बात से, भौतई पिन्नाटे में हैं। वो, कचेरी से आयंगें और आते ही, तेरे नान्या को, गाय-ढोर चराने के काम में जोत देंगे।

नान्या के खाटले की, अदवायण की चूँ-चपड़ को सुन के, दादी को सनागत लग गई कि वो अभी जाग रहा है। दुलाई से मुण्डी, बाहर हेड़ के बोली—'कारे नान्या, कँई नींद नी अई री है? पोंखड़ा का लाड़ू जादा खई लिया कँई? जा उठी के जा...अने अजवायन का चार-छै दाणा की, एकाध फाँकी मारी ले...।'

नान्या को, दादी के लाड़ का ख्याल आया तो गला, एकदमै से भर आया। दादी को, ये सब काँ माल्लम है कि ऊके, नान्या के जीव में, कैसी कठिन ताणा-पिंजण चली री है। ओ'के मन माँय ऊकाले उठ रहे हैं। लगा कि वो, खाटले से उठके, दादी के खाटले की ईंस पे, अपना मूँ रख के, हिचकी भर-भर के रोने लग जावे, तो फिर वो खुदई, माथे पे, हाथ फिरा के ओ से सगली बात पूछ लेगी। पर, नान्या डर रहा था कि यदि दादी ने, रोने की बात पूछी और सारी बात सुनने के बाद, कहीं वो भी, बड़े'बा की तरफ हो गयी तो... ? तब... ? हाँ, तब वो फिर क्या करेगा... ? क्योंकि, दादी कभी-कभी बड़े'बा के पिन्नाटे से उकता के निहाल बुआ जी से बोला करती तो हैं—'निहाल बई..! यो घर नी है, न्हार की गुफा है। ऐ में कँई ग्वाड़ो थोड़े'ई बणी जावै।'

ओ'ने, दादी की बात का जवाब देने के बजाय, बड़े'बा मुजब नाक से, खर्राटे भरने का स्वाँग किया तो, दादी ने अपनी मुण्डी, फिर से दुलाई के भीतर कर ली।

हालाँकि, ओ'ने, अपनी कसूरी मान के, पाठशाला में, कक्षा के लड़कों की मौजूदगी में ही, दोनों'ई कान पकड़ी के, गुरुजी से अच्छी तरेह से माफी माँगी भी ली थी कि वो, अग्गे से फिर कभी भी ऐसे खोटे खेल में भेळा नी होवेगा। यों भी उसका मन, ओ दिन गोबिन्द के भेले-भेल खेलने का नी था, फिर इक्की पानी की छुट्टी में भी वो तो, हर-हमेसा घरे ज भाग आता है। पर, उना दिन, सबने खींच-खाँच के ओ'के भी खेल में शामिल कर लिया तो इक्की-पाणी की छुट्टी में, वो घरे नी आया। सबसे पहले, पिछले सोमवार को ये खेल, गोबिन्द ने ही चल्लू किया था, तो उसको कक्षा लगने की आधी बखत में मुर्गा बनना पड़ा था।

आज फिर से वो'ई खेल शुरू हुआ और खेलते-खेलते, ज्यों ही, ऊ'की बारी आयी कि गुरुजी अपने कक्ष से बाहर निकल आये। गुरुजी की आड़ी, ओ बखत में, ऊकी पीठ थी और वो बोले जा रहा था—'आदा-पादा; लौंग सवादा, कच्ची केरी, पक्का आम...ढाँ-ढुँस, पादे फुस्स।'

'क्यों रे नान्या, बड़े'बा का पोता हो'के भी, तू ये गन्दा खेल, इन बच्चों को सिखा रहा है... ?...ऐं... ? बोल, क्या ये ही, पाठ पढ़ा है... ? तूने, अपने घर में... ? दा'साब से... ? अरे, दा'साब गाँव की नाक हैं, और लगता है कि तू उसे, कटवा के रहेगा...ऐं... ?' पीछे से गुरुजी ने, कान पकड़ कर, ये बोला तो उसकी तो जनेकि, तनन-भट्ट हो गयी। काटो तो खून नी। ओ'ने घबड़ा के, कान पकड़ के, गुरुजी से, बकायदे सफाई देते हुए, माफी माँगने की कोशिश भी की—लेकिन, गुरुजी तो गुस्से में थे, सो, लगे दम, ओ'की टाँटड़ी पकड़ के, घसीटते हुवे, सीधे घर लाये और बड़े'बा के अग्गे, खड़ा कर दिया।

बड़े'बा, पटेल के घर से मँगवाये, ठाण घोड़े की पीठ पर बैठे थे और जमीन की तौजी भरवा के वास्ते, कचेरी जाने की तैयारी में थे। कचेरी जाने की उनकी पोशाक,

नेंठूई बदली हुई हो जाती है। सफेद साफा। बन्द गले वाला काला कोट। पाँव में रजवाड़ी पनीही। हाथ में, कत्थई कूबड़ी। दादी, देख के कहती है—'थारा बड़ा'बा इणा पेहनावा में ऐसा लागे कि जनेकि यो आदमी तो कोई के भी, मोल ली के मारी लाखे...झाझो जर्मन लागे...।''

गुरुजी ने, अपनी चतरई में, पूरी बात लूण-मिर्ची लगा के, उनके सामने, ऐसी बखाणी कि बड़े'बा को तो सुनते'ई, पिन्नाटा चढ़ आया बोले—'गुरुजी...! अभी तो आप, इसको यहीं छोड़ के, पाठशाला जाव। मैं, आज तो कचेरी जा रहा हूँ सोमवार को लौट आऊँगा। मैं समझ गया हूँ कि इसका, अब अच्छा काट्ठा, बन्दोबस्त करना ही पड़ेगा। इसका पढ़ाणा-लिखाणा बन्द कर के, आगे से गाय-ढोर चराणे के वास्ते, ठेठ माल में ही भेजणा शुरू करना पड़ेगा। इसके लच्छण भणने-लिखने के, नी हैं। अब किसको बताव, इसका बाप दयाराम तो हिन्दी-मिडिल तक भणा है, लेकिन ये तो लगता है, कि नेंठूई ढोर ही रहेगा...खैर अभी तो मैं चलता हूँ।'

बड़े'बा ने, ये कहा और घोड़े की लगाम खेंच के, ऐड़ मारी तो घोड़े ने, हिनहिणा के पेहिले अपनी दोई, आगली टाँग हवा में ऊँच्ची की, फिर सटाक से, टपाटप करता हुवा चल दिया।

गुरुजी ने भी, हिकारत से, नान्या को ऊप्पर से नीचे तक देखा, जैसे कि कह रहे हों...'ल्ले बेटा...! अब मजो देख कि थारी कँई गत बणेगी...।' और फिर, वे पाठशाला की ओर चल धरे थे।

वो'ई दिन से, नान्या पाठशाला भी नी जा रहा है।

एक दिन की तो पाठशाला में, ऐ'का लेणे'ई छुट्टी हो गयी थी, कि वो दिन गुरुजी को पास के पीपड़ल्ले के, काँजी-हौस से, अपनी गाय छुड़ाना थी। दूसरे दिन, गाँव में मलेरिया की दवई छिड़काव करने वाले आये थे और उनने, पाठशाला में छिड़काव कर दिया था, तो हो गई थी, दफ्तर-पट्टी की छुट्टी। हालाँकि बोन्दू ओ'के पास, दौड़ के आया था। ओ की साँस, पेट में समा नी रई थीं। बता रहा था—'चल नान्या, गाँव में मोटर अई है...देखने चला चल...मच्छर मारने की दवई छींटने आयी है...फिर जिनगी में, देखने के मिले कि नी मिले...।' मोटर को तो वो भी देखना चाहता था। क्योंकि, मोटर तो ओ'ने कभी भी, देखी नी है। खाली, पेहिली कक्षा की किताब भर में, उसका छापा भर देखा था। बोन्दू ने अग्गे बताया कि वाँ पे, अपना आक्खा गाम, भेला हो गया है। कुछेक लोग तो, दो नये पैसे देकर के, उसको भीतर से देखने के वास्ते गये। वो मोटर, अपनी कक्षा के बिरोबर है। ओ'में अपण सब के सब, एक साथ बैठ सकते हैं। ओ में बैठणे की कुड़छी भी है। ऊमें, गुरुजी के वास्ते भी, एक अलग से कुड़छी है। पर, उनी कुड़छी की, कक्षा की तरफ पीठ है। यो तो, भौतई अच्छो रैगा। अपनी कक्षा ओ'के भीतर लग सकती है। टाटपट्टी की भी, जरूवत नी रै गी। मोटर, पिटरौल पी के चलती है। मोटर की पिछाड़ी से, उसमें भरे

पिटरौल का, धकाधक धुँआड़ा निकलता है। बोन्दू ने, नान्या को ये भी बोला था कि वो, चल के देखले। अपण ऊके धुआँड़े को रोक के, फिर से पिटरौल बना लेंगे। फिर अपण भी, एक ऐसी लकड़ी की छोटी मोटर बना के, उसको पिटरौल पिला के हाँकेंगे। वो, सुन के सच्ची में ही, चकद्दम रै गया था कि बताव, बोन्दू का दिमाग कित्ता सनन है...कित्ता आगे का गियान रखता है। ओ'ने बोन्दू को पूछा भी कि ओके, इत्ता सब गियान काँ से मिला... ? तो बोन्दू ने बताया कि ओ'ने मोटर हाँकणे वाले मनख को, 'जै-राम जी की' बोल दी थी। जैराम जी की, बोलने से, ओ'ने म्हार से और गोविन्द से पईसा ज नी लिया और मोटर में, मुफत में बिठाड़ के, घुमा भी दिया बोन्दू, बताते हुवे, इत्ता-इत्ता खुस दिखा कि एक कावा तो, ओ'का मन भी हुआ, कि वो भी जा के, मोटर हाँकणे वाले मनख को जाके, जै-राम जी की बोले और मोटर में बैठ के, घूम आवै। पर, वो मारे गुरुजी के डर के, गया ज नी। न कहो, उनको और लूण-मिर्ची लगाने की, निवरी नई बाट मिल जावै। और तीसरे दिन, कोई जयन्ती थी और कल दीतवार की छुट्टी थी। नान्या को लगने लगा था कि, अब, कभी पाठशाला ही नी जाना पड़े तो कित्ता अच्छा हो...पर, फिर बड़े'बा के, खाँत हेड़ने वाले, बोल याद आ जाते—'इसको तो, एक लाकड़ी हाथ में देके, गाय ढोर चराणे का वास्ते, माल में भेजणा पड़ेगा।'

नान्या, ये बिचार में घिर के काँप-काँप उठता।

तीन रातों से, रातभर ओकी नींद में जंगल आता, फिर गाय आती और गाय को खाणे के वास्ते, करौंदे की कोई झाड़ी के माँय से, न्हार निकल आता। वो, घबड़ा के, जाग जाता। फिर जागा हुआ, दुलई में दुबका सोया रहता...ओ'के मन में इच्छा होती कि—'अच्छा हो, न्हाड़ला आ जाय और ओ'के फाड़ के, खा ही जाये—फिर, येई पिन्नाटे खाने वाले बड़े'बा, बुरी तरेह कलाप कर-कर के, रोयगें कि 'हे भगवान, म्हने नान्या के माळ में, ढोर-ढाँढा चराने का वास्ते क्यों भेज्यो...ऊ के न्हाड़लो खई गयो।' ऐसे'ई रो-रो के, अपना काळजा कूटेंगे...फिर दायजी, माँ और नानकी भी, बड़े'बा को कोसते कहेंगे कि तुमने आखिर के, हमारे नान्या की जान ले ही नी... ? अब तो हो गई, ये तुम्हारी छाती ठण्डी...अबे बाँटो बतासा... ?

नान्या को, अच्छा लगा कि बड़े'बा, जो कभी नी रोते हैं, वे ये बात बोल-बोल के, जोर-जोर से घाँघड़ला पाड़ के, रो रहे हैं। उसके मन में, मड़मडी ऐसी उठी कि वो, अभी ही उठे और भाग के, बँजारा-बाग से अग्गे की, डूँगरी की गुफा में, न्हार के सामने जा के, ऊके बोल दे कि—'ल्ले न्हार-मामा, म्हार के, पूरा का पूरा, ऐसा खाज्जा कि मेरे हड़के भी नी मिले।' नी तो वो, न्हार ही घर में घुसी आवै, जैसा'कि वो, परबतसींग पटेल'बा के आँगणे में कोट कूद के घुसी आया था और उनकी दो दिन पेहले ही, ब्याणी गाय के केड़े की गाबड़ी, जबड़े में भर के, वापस कोट कूद के भाग गया था। हाँ, वो आये और उसको भी, वैसेई गाबड़ी से पकड़ के, उठा ले जावै,

अपनी गुफा में। और, फाड़-फाड़ के खा जावै, उसके आक्खे सरीर का माँस। और हाँ, हड़का भर छोड़ दे। गुफा के अग्गे, खड़ा रै के बोले—'न्हार मामा, आज से म्हारो माँस-माँस थारो, और हड़का-हड़का बड़ा'बा का।'

तभी ऊ'के, बड़े'बा की आवाज सुनाई दी।

वो, दादी को, दरवज्जा खोलने के वास्ते, हेला पाड़ रहे हैं। लेकिन, वो तो दादी के बजाय, हमेशा आवाज तो, दायजी के नाम की लगाया करते हैं—'अरे...दयाराम...! ओ दयाराम...! किवाड़ खोल भई...।' पर, ऐसी हेला पाड़ने की आवाज, तो आई ज नी।

वो, दुलाई के नीचे और अधिक गुड़ी-मुड़ी हो के, साँस खेंचे हुए पड़ा रहा पर ओ'के कान वहीं लगे थे। हाँ, अलबत्ता भूरिया, हेला पाड़ने की आवाज सुन के, भौं-भौं करने लगा।

दादी उठी और किवाड़ खोलने चली गयी। फिर, देर तक वापस, अपन खाटले में सोणे के वास्ते, नी आयी। वो, बुरी तरेह घबराणे लगा, कँई पता नी, कि दोनों के माँय, जाने क्या खुसर-पुसर करके, बात चल रही है... ? नान्या को लगा, कि जरूर से, बड़े'बा पाठशाला वाली बात को लेके, दादी के कान भर रहे होंगे। इसी की कोई गुट्टी-सुट्टी चल रही है। नान्या को मारे डर के, लक-लकी लग रही थी। ओ'के दादी की बात याद आयी कि 'जदे भी थारे डर लगे, तो तू मने-मन गायत्री-मंत्र बोलनो शुरू कर दिया कर...।' पर, ये डर तो बड़े'बा का है...और बड़े'बा का सिखाया गायत्री-मंत्र, बड़े'बा के डर को कैसे भगा पायेगा... ? हाँ, मोहिनी बेन जरूर से, ये भी बोलती है—'काँकड़ वाले हनुमानजी महाराज से भूत भी भागे...तू उनको सुमिरण कर लिया कर...ऊई सगलो डर, भगई दे रे। फिर, बालक की बिनती पे हनुमान म्हाराज पेलाँ कान धरे।'

कुछ देर तक, ओ'ने, उधर ही अपने कान, धरे रखे। पर, कान में चलती भन्न-भन्न के कारणे, ऊ'के, कुछ सम्पट ही नी, बैठ पा रही थी कि वाँ पे, क्या गुन्ताड़ा चल रहा है। फिर थोड़ी देर के बाद, दादी लौट के आयी और अपने खाटले में, आके सो गई। उसको ये साफ हो गया कि बड़े'बा नी आये। कोई और होगा।

नान्या कित्ती देर तक, इसी उहापोह में भकड़िया खाता रहा, पर नीन्द ज नी आ रही थी। ओ'के के मन में आया कि वो, दादी को कहे कि, वो आज कोई कैणी सुना दे। नान्या को माल्लम है, वो मान जायगी। दादी से बात करो, तो लगता है कि सबकी कोई न कोई कैणी है। ऊँदरी-ऊँदरी की। कव्वा-काबर, हिरण न्हार की। गाय और बकरी की। नद्दी नाले की। पहाड़ और पेड़ की। दादी, ऐसे बोलती-बताती है, जनेकि दादी की इन सबसे कोई जूणी नातेदारी हो। ऐसा तो नी कि,दादी, राते-राते अलोप हो के, दूसरा रूप बदल के, इन सबके कने जा के, बात करती हो। और सुभै के पेहिले ही, वापस आ जाती हो। ये, सोच के वो, रजी-सा भेम में पड़ गया। बोन्दू बताता है

कि ऐसा सिरफ, अम्मावस के दिन डाक्कण करती है। दादी, डाक्कण थोड़ेई है। दादी पे, ओ'के लाड़ आ गया। दादी भी, ओ'के भौत लाड़ करती है। और, जदे बड़े'बा घर में नी होते हैं, तो दादी का लाड़, दो गुणा ज्यादा हो जाता है...।

पर, नान्या ने खुद को रोक लिया...हौ, अग्गी जाने दो, कैणी को। फिर वो ने, गते-गत खुदई को नींद को बुलाने में जोता, पर फिर भी, मन में जक नी पड़ रही थी।

इसी बीच नान्या धीरे-धीरे, नीन्द में गुड़कने लगा। आगे क्या हुआ, ये बात का, उसको पता ही नी...।

कुछ देर बाद, नीन्द के माँय ही, नान्या को लगा कि ऊ'ने भेरू-तलई की पाल से, कूद के ठण्डेगार पानी में डुबकी लगा ली है। वह बुरी तरह भींज गया है। ओ'के अपनी कमीज के नीचे की फतवी गीली लगने लगी। फिर, कुछ देर में हुआ ये कि आक्खे डील में, ऐसी धूजणी धरी कि लगा, कोई दो-दो दुलाई उठा के, ऊ'के ऊप्पर उढ़ा दे। हाँ, उढ़ा दे और खाट के कने सिगड़ी भी सुलगा के रख दे। कानों में झींगुरो की आवाजें आने लगी थीं। सीटियों के मुजब। वो, समझ गया। कि ये सब तो तप के माँय होता है। जरूर से उसको 'तप' चढ़ आया है और वोई से, ओ'के पसीना इत्ता आ गया है कि ऊ'की भीतरे की, फतवी भींज गयी है। फिर ओ'के जबड़े भिंचने लगे। ओ'ने अपने दोनों पैरों को मोड़कर, घुटने पहले से ही पेट से सटा रखे थे, तो भी मारे धूजणी के दाँत किटकिटाने लगे। तभी, धीरप से दुलाई के एक कोने से, नान्या को टटोलता हुआ, हाथ आया और ऊने, पहिले उसके कपाल को छुआ फिर पेट को। ये, दादी का हाथ था। दादी के हाथ का, लाख का चूड़ा, पेट से टकराया तो लगा कि कोई ने, ऊके ठण्डागार चाँचुआ चोंटा दिया हो। पेट पर। वो सिहर गया।

'नान्या...! थारे तो तप चढ़ी आयो है रे; म्हारा छोरा...।' दादी ने बोला। दादी की आवाज, दुलाई के निच्चे दुबके हुए, ऊके ऐसी लगी, जनेकि वह खेत की कोई, दूसरी मेड़ पर खड़ी रह के, ओ'से बोल रही हो। दादी को, बे-बखत उठा हुआ देखकर, शायद भूरिया भी जाग गया था और वो खाट के नीचे आके, कुँकुआने लगा था। फिर भूरिया ने, अपने दोनों अगले पँजे, खाट की ईंस पर टिका दिये। फिर थूँथन से, उसने दुलाई को हटाने की हरकत की, तो नान्या की इच्छा हुई कि वो, ओके हड़का'ई दे। पर, मारे धूजणी के, ऊ'ने अपने दोई जबड़ों को, एक दूसरे से ऐसे भिड़ा रखे थे, कि ओ' से बोलना भी मुश्किल हो रहा था।

ईंस से, पँजों को हटाकर, भूरिया शायद खाटले के नीचे ही बैठ गया।

'म्हारे तो लागे कि म्हारा छोरा नान्या के तो नजर लागी गई है...कँई कराँ...? अबे, ये भी तो सकणों काँ रै...जो? अँई-वँई भागतो ज रै।' दादी की आवाज दूर होती जा रही थी। शायद वो, खुद से बोलती हुई, रोटी-घर की आड़ी जा रही थी। कानों में, झींगुर की सीटियाँ तेज हो गई थीं।

सबकुछ, उसको जाने तो भी कैसी भन्न-भन्न में भींजता हुआ डूबता-सा लग रहा था।

'अपनो, थोड़ो मुण्ड़ो उगाड़ तो छोरा।' ये, कुछ देर बाद सुनाई देने वाली, दादी की लाड़भरी आवाज थी, जो भन्न-भन्न के बीच, ऐसी लग रही थी, जैसे वो, अब कुण्डी के माँय उतर के, वाँ से बोल रई है। नान्या ने, धूजते हाथों से दुलाई हटाकर, अपनी मुण्डी बाहर हेड़ी तो देखा दादी मिट्टी की ढाँकणी पर, एक अध-जलता आलनिया कण्डा रख के, ऊकी खाट के कने खड़ी हुई है। ओ'के दूसरे हाथ में, अक्खी लाल मिर्चे थीं। दादी ने, उन मिरचों को, ऊ'के माथे से पाँव तक सात बार घुमायी और फिर ओ'ने वो सब को, तवे पर रखे, अध-जलिया कण्डे पे धर दिया वे चिरचिराती हुई जलने लगीं। भूरिया, जो उसकी खाटली के नीचे था, मिर्ची की उठती धाँस के मारे, खौं-खौं कर के, खाँसने लगा और फिर बाहर निकल गया। धाँस तीखी थी, लेकिन उसके फेफड़ों में, घुस के कोई ठसका तक नी उठा पायी—जनेकि, फेफड़े के भीतर जाकर के, ठण्डी और ठुठराती साँस में ही, वो डूब गयी हो। गुड़प्प-दनी से।

'हाँ, नी तो, छोरा के, नजर तो घणी काट्ठी लागी है...देखो तो सई, थारो भूरियो कुतरो तक भी खाँस्यो, पे, नान्या थारे तो खाँसी को, कँई रजी-सो, ठसको भी नी उठ्यो।' दादी, अपने से ही बोली फिर तवे और उस पर जलती मिर्चियों वाले आलनिये कण्डे को, पिछवाड़े का दरवाजा खोल के, बाहर फेंकने निकल गयी। नान्या ने देखा, घर का कोणा अँधेरे से भरा था, जि'में आल्ये में रखी, चिमणी के उजाले से, खपरैल के काले-पीले डाण्डे दिख रहे थे। ओ'के डर लगा कि तप में, कहीं म्हारा भी पराण तो नी निकाल जायगा... ? जैसा कि, तब पाठशाला में ओ'की कक्षा में पढ़ने वाले, बलई-सेरी के बालू का निकली गया था। बालू को भी ऐसेई 'तप' चढ़ी थी, जो उतरने का नाम ई, नी ले रही थी। तब, पाठशाला में, प्रार्थना के खतम होने के बाद में, गुरुजी ने, सगळे बच्चों को, अग्गे रै के बोला था—'सब विद्यार्थी, बिना कोई विलम्ब किये, पीपड़ल्ले जाकर, बड़ी माता का टीका लगवा लें...आज से ही, सब विद्यार्थियों की तीन दिन की छुट्टी दी जाती है।'

दादी, कह रही थी—'ऊ'ना बालू के तो 'बड़ी माता' निकली थी। वो'ई मातेसरी ओ'के लईगी।''

अब क्या होगा ? बड़े'बा भी तो नी हैं, जो उनके कृष्णवल्लभ बैदजी को बुला लावैं। पर, तभी नान्या को बड़े'बा की याद आते ही, घोड़े की पीठ पर बैठे, बड़े'बा की, कचेरी जाते समय बोली गई बात याद हो आयी—'अरे अबे, इसका भणाना-लिखाणा छोड़ के, ढ़ोर-ढ़ाँढा चराणे के वास्ते, माळ में भेजना पड़ेगा... ।' ये बात याद करने के बाद तो नान्या को, बड़े'बा घोर कुचमाती दिमाग वाले, कुचराँदे मनख लगे। नान्या ने, दादी के कहे मुजब तो, झाझे जर्मन। बड़े'बा से बदला लेणे के वास्ते,

ऊ'ने मने-मन सोचा—'अच्छा हो कि ओ'के भी बलई-सेरी के बालू की तरह, बड़ी-माता निकल आय, तो ऊके भी पराण निकल जायें...तबै बड़े'बा किसको भेजेगें, माळ में...? हाँ, ढोर-ढाँढा चराणे...? ल्लो, तमारो सींट...! भेजो...अबे, नान्यो तो सटकी गयो...।' एक कावा तो ओ'के मन के माँय, इच्छा उठी कि वो ऐसा करे कि वो रात में गुपचाप उठै और सीधा जाके, मीठी कुण्डी में, कूद के मर जाये...पर, कुण्डी तक ओ'के ऐकल्ले जाने में, शुरू से ई डर लगता है।' अपने बारे में, ऐसा और इत्ता बुरा-बुरा सोच के, नान्या को जोर की रुलाई फूट पड़ी। पर, मैं मर जावूँगा तो दायजी-माँ और नानकी खूब रोयेंगे...हौ, रोते-रोते, अपना जीव हेड़ लाखेंगे। क्या मालूम वो भी रौवें ही नी।

नान्या रोते-रोते, चणिक-सा घबड़ाया और डर-सा गया। तभी, नान्या को दादी की और निहाल बुआजी के बीच की, उस दिन वाली, वो बात याद आ गई। हाँ, वोई बात, जि'में वो उछल-बछेरी छबीली छोरी, अपन मन के माँय से, उठती इच्छा के ऊप्पर, काँकरो रख देती थी। वो, गते-से अपनी खाट से, उठा और खाट के पाँये के नीचे लगाया छोटा-सा काँकरा उठाया और अपनी बण्डी की जेब में, रख लिया। थोड़ीक देर में ही, उको लगा कि वो मर जावै की इच्छा, काँकरे के नीचे दब गई है। नान्या को, अपने मर जाने से डर लगने लगा कि कँई ऐसा तो नी, कि सीतला-माता, ओ'के भी लेने के वास्ते सच्ची-मुच्ची में आ गयी हो...? रुलाई आई और ऐसी बढ़ गई, कि गाल से सटा हुआ, माँथे के नीचे लगा, रूई का ओसीसा भी भींज गया!

नान्या, देर तक इसी ऊण्डे बिचार में, ऊँधा-सूँदा होता रहा

तभी, उसको याद आया कि ओ'ने तो, सीतला माता का टीका, मन्दिर में जाके, पुजारी जी से अपने कपाल पे, लगवा ई लिया था। हाँ...भई, ठीक सीतला सप्तमी के ही दिन। आरती के, ऐन खतम होवा के बाद। पुजारी जी ने ई, तो लगाया था, अपने हाथ से, आरती की थाली से कुँकू का बीच कपाळ में। फेर, बड़ी-माता, मेरे को लेने, क्यों आवेगी...? बाद इसके, वो नींद में डूब गया। ओ'के कुछ सनागत ही, नी बैठ पाई कि वो कहाँ है? किसके पास है? दायजी के पास, कि दादी के पास...? दिन है, कि रात है...? रात की भी, कित्ती बखत है...?

जब नींद खुली, तो देखा कि बड़े'बा का हाथ, उसके माथे पर, बालों में घूम रहा है। अपनी झबरीली मूँछों के नीचे, उनके होंठ छिपे थे और वो, धीरे-धीरे हिल भी रहे थे। शायद से बड़े'बा कुछ बोल रहे थे—'नान्या...ऐ बेटा, नान्या...! तू कैसो है रे...ऐं...? म्हार से बोल और बात कर बेटा...तू थारा, बड़ा'बा से बात नी करेगा कँई?' पेहिली कावा लगा कि अपनी कड़क आवाज में भी, बड़े'बा कित्ते प्यार से मीठा बोलते हैं। ये, वो कई कावा देख चुका है। दादी कहती है—'अरे नान्या...! थारा ई बड़ा'बा, अपना मिर्ची का मुण्डा से भी, गुड़ सरीखी की मीठी बात करिया करे है रे, छोरा..! पर, इनका दिमाग की, कँई खच्चित कहते नी आवै। ई तो

ऊ'ना...ओ'का सई है रे...कि कदी तो सौ कावा टीका करे, और कदी तो मुण्डो भी नी धौवे...ई। हौ, अभी ई लाड़ दे, अने अभी ज ई झाड़ दे...।'

बड़े'बा, लगातार कुछ बोलते जा रहे थे। पर, नान्या को, कुछ भी समझ में ई नी आ रहा था। शायद से, वो दादी को कोई बात बोल रहे थे। ऊ'का मन हुआ, कि वो बड़े'बा से, वो वाले उस दिन के टीके के बारे में, साफ से बता दे—कि ओ'के, बड़ी सीतलामाता, बालू सरीखी लेके नी जावैगी...वो रौवें, बेल्कुल नी। क्योंकि, ओ'ने तो सीतलामाता का मन्दर में, टीको लगवई लियो है।' पर, गला एकदम-से सूख रहा था। कुछ भी बोलते ई नी बन रही थी, जनेकि, गले के भीतरे, छोटे-छोटे और दिवड़ी सरीखे, तीखे-तीखे काँटे निकल आये हैं। बड़े'बा ने, दादी को आवाज दे के कहा, 'दयाराम की माँ...! ला तो जरा अपणी, वा गंगाळ लई के आ...हाँ, छोटी वाली...हाँ, भई, पाणी भर के।' दादी ताँबे की गंगाळ लायी...तब तक बड़े'बा ओ'के बालों में गते-गत, हाथ फिराते रहे। बोले—'नान्या, तू देख तो सई...अब्बी थारो तप उतरी जायगा...अरे, ऊ के तो भागते बाट नी मिलेगी, हा दारी का के...। थार से पूछेगा, अबै, जऊँ तो कँई आड़ी जऊँ, नान्या अरे, तप का तो पोटा फाटेगा।' नान्या, दादी से कहना चाहता था—'दादी क्या ठीक, बारा-बोर की बन्दूक से, ऊना दिन चोर का पोटा फाटिया था।'

जब दादी, पानी भरी के गंगाल उठा के लायी, तो वे उठे और उनने उसे, खाट के पास रख दिया फिर आलिये में, रक्खै रहणे वाले, अपने भगवान् जी के सिंगासण में से, सालिगरामजी उठाये और उनको गंगाळ में डाल दिया वे, बोलते जा रहे थे—'देख जो, सालगजी, तम म्हारा छोरा नान्या को बुखार सुभै तक उतार दीजो...नी तो, जब तक तुम 'तप' नी उतारोगा...हूँ तमारे गंगाल में ई पटक के रखूँवा...और, या बात भी याद रखजो कि, तब तक तुमारो नैवेद्य भी बन्द...और, फिर तमारे मालम है, म्हारे पिन्नाटो अई गयो तो हूँ, चूल्हा पे चढ़ई दूँवाँ...गंगाल के।...समझिया की नी...? जरा झट से उतार दो, म्हारा नान्या को तप। क्यों अपना, इत्ता फजीता कराव हो?'

नान्या को, जोर की रुलाई फूट पड़ी—'येल्लो, बड़े'बा ओ'के, कित्ता लाड़ करते हैं...और एक वो है कि उनको लेके, योंई ऐल-फेल सोचता है। बताव, वो तो ऊके वास्ते, भगवान् से भिड़े और भाती पड़ गये...और उनको भी धौंस तक दे दी।' दादी कहती तो है—'थारा बड़ा'बा खाली बाहरे से, साँटा सरीखा कड़क है, पण उई भीतर से, एकदमै से मीठा चूक।' बड़े'बा उसको इता प्यार करते हैं कि नान्या ने देखा, ओ'के खातिर, वो अपन सालगजी से ही नी बल्कि आक्खे संसार से भी, भाती पड़ सकते हैं। मन हुआ, दुलाई फेंक के उठै और बड़े'बा के गले से लटूम के, फूट-फूट कर रोने लाग जावै। उनके गाल पे, वैसेई मटी दे, जैसा जब वो भौत छोटा था तो देता था। तब बड़े'बा, बदले में, ऊ'को अपने कान्धे पे उठा लेते। दादी कहती है—'देख, अपना घर का लोग बेमार होय तो फिर समझी ले कि उनका वास्ते, इनका अग्गे सुन्नो भी

मेल। फिर ई तो काय की भी परवाह नी करे। अरे, जब हूँ कुँआरी थी, तो म्हने पाँच शिवरात्रि की ऐसेई मान थोड़ी करी थी। मान करी थी...अने तीसरी की बखत तक तो म्हारो इनसे ब्याव ही हुई गयो थो... ।' दादी अभी भी, शिवरात्रि का उपवास रख के आक्खी रात जागरण करती है कि बड़े'बा जैसो धणी मिलियो उनके। शिवरात्रि को वो, जमीन पर रेत की जलाधारी और शिवजी बनाती है। ओ 'के याद है, एक कावा, वो बिसर-भूले में दादी की बनाई रेत की जलाधारी को, उलाँघ गया था तो दादी ने, दु:खी हो कर कहा था—'छोरा, जिनगी में, भूली के भी जलाधारी के, उलाँघणो नी चईये...भौत पाप तो पड़े...शिवजी सिड़ला है, जरा-सी गलती पे नाराज ही हुई जावै। क्योंकि, शिवजी महाराज तो रूद्र को औतार है...महाकाल हैं। दादी ने, उना दिन फिर से पूरी जलधारी नवी बनई थी, सुफेद रेत की।'

तब तक, दादी फिर से कोई नवा काढ़ा बना के लेके आई थी। घुटकने के बाद लगा, जनेकि, तुलसी-पत्ती अने सोंठ को सवाद, कँई तो भी, ओ 'का हलक में हिलगी गयो है। दादी ने, फिर अपनी अँगुली में, शहद भरी के, नान्या के मूँ में चटई दी। बोन्दू की बड़ी-डोकरी माँ कहती है—'शहद में हज्जोर फूल को रस होवे। भगवान् भी तरसे शहद का वास्ते। ई का वास्ते, शहद में उनको अभिषेक करो तो उई रीझ जावै।'

नान्या को, अपने कान के आसपास भटकती, भन्न-भन्न से लगा कि जरूर से, बड़े'बा कोई मन्त्र को जाप या फिर पाठ करी रह्या है। गते-गत, उस भन्न-भन्न ने, अपने भीतरे नान्या को ऐसा खींच लिया कि इसके बाद, बड़े'बा और दादी क्या गुट्टी-सुट्टी करते रहे, नान्या को नी माल्लम। सब, सुन-सनाका में डूबी गयो। आक्खो घर, आक्खी बैठक, औसारो, बामणसेरी और बगड़ भी।

वो, नींद में गुड़गप्प हो गया था।

नींद खुली तो देखा कि भूरिया खाट के नीचे, अपने पँजे से, लगातार ही खटर-पटर कर रहा था और बारी के बाहर, भिनसार का उजला और भूरा उजाला था। दादी पाँचों गाय, जिको वो पंच-परमेसरी कहती है, का दूध काढ़ चुकी थी और अब, रोटीघर में घुस के, चूल्हा सिलगाणे में भिड़ी थी, क्योंकि वाँ बलतन में, कोई तड़-तड़ी झरकल आ गयी थी। शायद से टीमरू की; जिससे, चूल्हे में से, रै-रै कर चिट-चिट की आवाज, उठ-उठके, ओ तक, आ रही थी। लकड़ी शायद से, थोड़ी गीली भी थी। और राते आगुन में, बसन्दर के वास्ते, दादी कण्डा भारणा भूल गयी थी तो...चूल्हे से ज्यादा, तो दादी खुद'ई चिड़-चिड़ कर रही थी। बड़े'बा ने गाय-बैल को, खूँटे से खोल दिया था और वे, अब ग्वाड़े को, खुरों से घूँदते हुवे, डुँकर रहे थे। उनको घेर-घार कर, माळ में चराणे के सरू ले जाणे वाले, किसनू भैया भी, अभी तक नी आये थे।

नान्या ने, दुलई को थोड़ीक और खींची और अपनी मुण्डी, पूरी तरह से भीतर कर ली। तप ने, तीन दिन से, इधर का मूँ तक नी किया था। पर, बड़े'बा ने, वो दिन की गुरुजी वाली बात का, पाछले तीन दिन में, एक कावा भी, जिकरा नी किया था।

नान्या, डर रहा था कि कहीं ऐसा ना हो कि, बड़े'बा का पिन्नाटा, फिर से मुण्डी हेड़ के, बाहर आ जाये। और वो, फिर से अपनी वोई, घई-पावड़ी ले के बैठ जायें कि 'नान्या को ढोर-ढँगर चराणे के वास्ते, माल में भेजना ही है, नी तो वो सुधरेगा ज नी।'

रात को, वो दादी से देर तक, अपनी खुस-फुसी खुर्राट आवाज में, जाने क्या तो भी, घनमथन करते रहे थे। दादी, कहती तो है कि 'इणकी पागड़ी से हज्जार गुणा जादा पेंच, तो इनकी खोपड़ी में है रे, छोरा...।' कहीं, दादी भी, इनके उलाले में नी, आ जाये। क्योंकि, बिच्चारी दादी भी, बड़े'बा के सामने, अपनी काँ हाक पाती है... ? केहती तो है—'निहालबई, ई'ना घर में म्हारी कदे चली है...ऐं... ? चाहे, होय कित्ती'ई कोर-कसर, पे म्हारो धणी म्हारो परमेसर...।'

तभी, कोई ने, किवाड़ की कुण्डी, खड़खड़ायी तो वो, चौंक गया। ऐसा होता नी कि कोई बारना के कने, इत्ता बिना बोले आ जाये और फिर सीधा कुण्डी खड़खड़ा दे। सब के सब, ओटले के नीचे से, बगड़ में ही खड़े रै के, दादी को या बड़े'बा को हेला पाड़ते हैं। फिर भूरिया भी, भौंक-भौंक के, भम्भड़ मचा देता है। तब, दादी ऊ'को टटकारती हुई, भौंकने से रोक देती है।

नान्या ने, गरदन दुलाई से बाहर हेड़ी।

गरदन हेड़ के, बाहर देखा। ओ'के खाटले के ऊपर भी, मार धुँआड़ा ही धुँआड़ा हो रहा है।

'ऐ नान्या, उठी के थोड़ा, देख तो रे...वाँ दरवज्जा पे, कुण ओगलो मनख है।' दादी चूल्हा फूँकणा रोक कर, रोटी-घर से ही बोली। दादी की, आवाज में भी धुँआड़ा भरा हुआ था। बोलने के बाद, वो खाँसी भी। वो, आलस को तोड़ के, दुलाई को पैंताने करके, अपने खाटले से उठा। येल्लो...भूरिया भी नी है। सुभे-सुभे, वो भी जाने काँ खिसक गया। दुक्की करने गया होगा, जिको कि बड़े'बा बोलते हैं, शौच...! वर्ना, भौंके बिना तो वो, रहता ही नी है।

किवाड़ खोला तो सामने खड़े, ऊँच्चे-पूरे पठाण मनख को देख के नान्या तो बेलकुल चकद्दम रह गया। कन्धे पे लाल रंग का, सेरगाम वाला झोला। माथे पे कपड़े की, सुफेद झक्क टोपी—बस समझो कि आँख खोली के, फिर मींचो...इत्ती ज देर लगी। वो पिचाण गया—'अरे, ये तो दायजी हैं। बापू'बा के नुकते के बाद, अब आये हैं। पारसाल के भी पारसाल बाद।' वो, शरमाया और भाग के, रोटी-घर में जा के, काम करती दादी से बिना कुछ बोले, लिपट गया।

'नेठूई, म्हारा अवाँड़ा में कँई भराय रे छोरा...बोले नी... ? दरवाज्जा पे, कुण है... ?' दादी झुंझलाहट में भर के बोली, तो ओ'के मूँ से तो, कहो कि बोल ही नी

फूटे। मारे खुशी के, वो नेंठूई गूंगा हो गया। नान्या खुद ही अकबका गया कि हमेसा ही वो नानकी, अपनी माँ और दायजी के बारे में सोचता रहता है। और... ? अभी, दायजी को सामने देख के तो, सम्पट ही नी बैठ रही, कि वो क्या बोले... ? ऐं... ? वो, खुश तो इत्ता-इत्ता था, कि 'पाणी-बाबा आया, काँकड़ी भुट्टा लाया' जैसा नाचने लग जावै। कँई माल्लम... ? दायजी, ओ'के वास्ते क्या-क्या लाये होंगे...माँ और नानकी ने भी, जोर देके बोला होगा—'दायजी, म्हारा नान्या दादा के वास्ते, ये ले जाव, वो ले जाव... ।' वो अपने दोस्त, बोन्दू को बुला के, एक-एक चीज बतावेगा। क्योंकि, बोन्दू के दायजी जदे, कचेरी भी जावै, तो बोन्दू के लिये कोई ना कोई अगीणी चीज, लावे जरूर।

'अरे, सुणी री है, कँई... ? थारो लाड़को छोरो दयाराम अई गयो है...भोपाल से।' बैठक से, बड़े'बा की हेला पाड़ती आवाज आयी, तो दादी ने, चूल्हा फूँकणा रोक के, नान्या के माथे में एक टनकोळा-सा मारा और बोली—'कारे, गेल्या ! थारा दायजी आया है, या बात बताणे में थारे कँई सरम आई री थी ! ऐं... ?' नान्या मार सरम के ही तो, भेला हो रहा था। दादी ने, ओ की टाँटड़ी पकड़ी और फिर खींच के, रोटी-घर के बाहर ले चली। नान्या, काबरी गाय के केड़े की तरह, दादी के पिच्छे-पिच्छे पीछे घिसट के चलने लगा।

'क्यों रे नान्या... ! थारा दायजी के कँई पाँव नी पड़ेगा, बेटा... ?' बड़े'बा ने बोला। बड़े'बा की आवाज वही थी, कड़क और काँटेदार, पर उसमें अभी वो उनका छील लाखने वाला पिन्नाटा नहीं था। सुभै-सुभै चिड़चिड़ा के बोलने वाली, उनकी कँजड़ी और कुँजड़ी आदत, जैसे कहीं डोटई गई थी। ओ'के लगा कि बड़े'बा में, ये फेरबदल दायजी के आ जाने के कारणे हो रहा है। उनने, नान्या के साँते बेटा भी बोला।

वो, फुरती से दौड़ा। दायजी के पाँव पड़े और फिर ओ'से भी कहीं ज्यादा तेजी से, लौटके, वो फिर से दादी की पीठ के पीछे, जा के छुप गया। और अब वो, दादी की ओट से देखने लगा।

दरअसल, बात ये थी कि नान्या को, खुद को ही, ये सम्पट नी बैठ पा रही थी कि ओ'को ये क्या हो गया है... ? काँ चली गई, वोई सब बातें, जो वो, रात को, सोणे जाने के पहिले, दायजी के आने पर, उनसे करने की सोचता रहता था... ? मने-मन सोचा करता था, कि वे जब आयेंगे तो वो कि दौड़ के, उनके पैरों से लिपट जायगा। कहेगा, कि अब वो सेरगाम नी जावे, यहीं रहे। गाम के सभी छोरों के दायजी, यहीं ज रहते हैं। माँ और नानकी को भी वे, याँ पे ले आवें—इत्ता बड़ा तो घर है। दादी कहती है—'अरे नान्या.., अपनो गाम में घर है...माल में खेत है.....कुण्डी में पाणी है, कोठी में नाज है, ग्वाड़ा में गाय है और हाथ में हरकत और बरकत है...और ऐसे में भी, कोई हाथ-पाँव हो जावे, तो चार-आठ लोग दौड़ी के, अपना आँगणा में अई के खड़ा हुई जाय—बता, फिर अपण, यो गाम को काँकड़ छोड़ी के,

सेरगाम क्यों जावैं... ? ऐं... ? कँई सेरगाम का काला कुतरा ने, काटी खायो है, कँई अपणे... ?' नानकी और माँ के बारे में,वो मुलक सारे सवाल सटासट करेगा। उल्टे तो वो, सगली बातें, जो अपने बारे में, दायजी को बताना चाहता था, सब गड़म-गप्प हो गई। एकदम से गुलुप। उल्टे, वो तो, अपने दायजी की आड़ी, आँख उठा के, देखने की भी हिम्मत, नी कर पा रहा है।

दायजी ने भी ओ'को ना छुआ और ना ही उसका हाथ पकड़ा। ल्लो और तो और माथे पर हाथ तक नी फेरा...बस बड़े'बा के पास से चले गये। और फिर जबै दादी अई तो ऊ की पाँव-लागी करके, वापस बड़े'बा के कने ही, छादरी पर जा के बैठ गये, और बड़े'बा से फिर बात करने लाग गये।

'जा तो छोरा...पाणी की चरू भरी के ला तो...थारा दायजी का वास्ते...अरे हाथ-मुण्डा धोने का लेणे...।' दादी ने पीठ ठपकार के, ऊ'को काम सौंपा, तो वह भींतर तक भरा-भरा हो आया। ओ'ने बाहर गाँव से आये पावणों के सामने, पाणी लाने वाली दादी की हिदायत को याद करके, पहले चरू को चारी-आड़ी से, अच्छी तरह से पोंछी। फिर, उसे हण्डे के पानी से झंकोली। ऊमें, ताँबे के उलीचणे से, पानी भरा, तथा ऊके, एक हाथ में लटका के लाने के बजाय, दोनों हाथ से, बड़े'बा के पूजा के गड़ू की तरह, उठाया और अपने दायजी के सामने लाके, रख दिया फिर, थोड़ा छेटी खड़ा होके, उनको देखने लगा।

पहली बार, लगा कि दायजी दिखणे में तो, एकदमै से, नेठूई बड़े'बा के सरीखे लगते हैं। मूँछें छोटी और थोड़ी कतरनी से कतरी हुई हैं। जैसे, दायजी को, बड़े'बा सरीखी झबरीली मूँछें रखने की, सेरगाम के बँगले वाले ऐहलकार ने, कोई मनाही कर के रक्खी हो। आँख ऐसी जनेकि, देख नी रही हो, बल्कि पूरी पड़ताल कर रही हों। पाठशाला के गुरुजी की तरह। मनेकि काँ पे क्या हो रहा है... ? कुरता भी ऐसा, जैसे पाठशाला में गुरुजी के, जीमणे हाथ की भीत पर टँगे छापेवाले नेहरूजी हों। सुफेद कुर्ते पे पेन्हीं, उनकी बण्डी को देखकर तो ऐसा लगा, कि वो जोर से बोल दे—'चाचा नेहरू, जिन्दाबाद...।'

दायजी ने, अपने कन्धे से उतार के, बगल में छादरी पर रखे, झोले का मूँ खोला। ओ'में से एक डब्बा निकाला। नान्या को लगा कि वे, ओ'को देने वाले हैं। लेकिन, उन्होंने हाथ आगे बढ़ा के, दादी को दे दिया। पता नी, उसमें क्या होगा। हो सकता है, माँग में भरने के सिन्दूर का वो डिब्बा होगा, जो याँ पे नी मिलता, केवल सेरगाम में ही मिलता है। जिके बारे में बड़े'बा चिट्ठी में लिखा करते हैं। हौ, वही लाये होंगे।

'ऊबी कँई है, दयाराम के वास्ते चाय बणई ला।' बड़े'बा की आवाज में, वो तप वाले दिन से निथर के नई नरमास अई गयी है, जनेकि मस-मस के, मोयण मिला के तैयार किया गया। गुँजे बणाने का आटा हो।

'चाय पिलई के काय सरू, म्हारा छोरा को पेट बाळो...।' दादी ने बड़े'बा को ताबड़तोब हड़का दिया दादी चाय नी पीती है, घर में खाली बड़े'बा भर पीते हैं। वो भी सिरफ सबेरे। बेदजी भी नी पीते। एक कावा घर आये और चाय का पूछा, तो वे बड़े'बा को वो बोले—'चाय पीना सर्वथा निरर्थ है, दा'साब...! इससे, आमाशय में जलन होती है...और क्षुधा मर जाती है...और अन्त में क्या... ? केवलम् मूत्रवर्द्धनम्।' उनकी आखिरी बात को सुन के, नान्या ने अपने दिमाग में रख ली थी। फिर एक दिन, जब बड़े'बा चाय पीने के वास्ते बैठे, तो वो, उनके कने से निकल के बोला—'केवलम् मूत्रवर्द्धनम्' और भाग गया। बड़े'बा बोले—'अब आ तो इधर...डामिस कहीं के...तेरे कान काटूँ...।' बड़े'बा, पहले चाय कप-बस्सी में पीते थे। एक दिन पण्डिज्जी पन्नालाल परसाई पीपड़ल्ले से आये तो बोले—'दा'साब, अरे ये क्या... ? आप चीनी के इन पात्रों में चाय पी रहे हैं...! विष्णो-र-विष्णु...इनमें तो, गायों की हड्डी का चूरा मिलाया जाता है...दादी ने, ये सुना और नान्या को, तुरत बोला—'ऐ छोरा नान्या...! ल्ले फेंक आग्गा इनके...ऊ'ई बामण काय का, जो हड़का चूसे गाय का...।'

बस्स, फिर क्या था, नान्या को मिल गया, दादी का हुकूम। तो फिर ओ'ने पिछवाड़े की न्हाने की सिल्ला पे, फेंक के फोड़ मारे थे, पीपड़ल्ले के हाट से लाये हुवे, कप-बस्सी। दूसरे दिन, बड़े'बा ने दादी को बोला था—'दयाराम की माँ...! आज तो भेरू तलई पे जाके, पण्डित पन्नालाल परसाई जी से, हिमादरी-असनान कराणा पड़ेगा। लाव, मेरा जनेऊ-जोड़ा निकाल दो। वो दिन के बाद से, बड़े'बा, अब चाय, पीतल के लोटे और छोटी वाली भानकी में पीते हैं।

'अरे याँ आयो है, म्हारो छोरो तो ऊ के, अपना घर की गाय को दूध पीणे दो...। सेरगाम में काय को दूध...! आधो तो पाणी होय, ऊ में...।' दादी ने, बड़े'बा को ऐसा हड़काया कि उनकी बात, उनके मूँ में फेर दी। दायजी के आते ही, दादी में तो जैसे कोई नई, ताजी ताकत और तर्राटी आ गयी थी। बड़े'बा सिटपिटा गये। हाँ, ऐसे कि नान्या को जोर-म-जोर की हँसी छूटणे को हुई। उनका वो, हर-हमेस रहने वाला पिन्नाटा तो, कोस-कोस तक, नदारद था। एकदमै-से अलोप। पूँछ दबा के, जाने काँ चला गया था। नेंठूई गायेब। वरना तो, इत्ते में वो, दादी को कब का ही भम्भोड़ लेता। अब तो दादी, खुद'ई झाझी जर्मन लागी री थी।

तभी, भूरिया पीछे के बाड़े वाले दरवाजा से, घुस के आया और ऊ'ने दायजी को देख के, जैसे ही एक भौंक मारी। नान्या ने, ओ'को हड़काया तो वो चुप होके, ऊके पाँव में लोट लगाने लगा। जनेकि, बे-वजेह भौंक के, कर दी गई कसूरी की, ओ'से माफी माँग रहा हो। नान्या को लगा, आज ओ'की खुद की आवाज में, बड़े'बा की आवाज वाली, कड़क तैनाती और तर्राटी आ गयी है। ओ'की, एक आवाज पर, भूरिया को पाँवों में लोट लगा देख के, दायजी को पता नी क्या लगा होगा, पर नान्या को लगा, कि 'कैसी और कित्ती होश्यारी आ गई है, उनके नान्या में' ये बात का पक्का

अन्दाज, दायजी को, अभी जरूर से हो गया है। अब अग्गे से, वो अपनी चिट्ठी में, ऐ बात तो पूछना ही बन्द करी देगें कि नान्या क्या कर रहा है... ? क्या सीख रहा है... ?

नान्या, इस समै भूरिया को कहना चाहता था—'बैठक में बड़े'बा के पास बैठे हुए, जो मनख हैं नी...भूरिया, बण्डी पेन्हे और सिर पे कपड़े की सुफेद-झक्क टोपी लगाके। हाँ, बेल्कुल ही सेरगाम वाले आदमी सरीखे; वो और कोई नी हैं, उसके दायजी हैं, समझे... ? वो, कोई ओगले मनख नी है, कि पट्ठा, तू उनकी आड़ी, अपनी कुत्तई में भूँकने ही लग जाय। ध्यान से सुण ले...अग्गे से, उनकी आड़ी देख के, भौंकना भी मत...नी तो फेर खजूर की, लीली कीमड़ी से, तेरी सुटाई हुई जायगी।' लेकिन, कहने की हिम्मत नी हुई कि दायजी सुन लेंगे।

'नान्या से, यो कुतरो ऐसो हिली गयो है कि ऐ की आँख का इसारा पर चले...फेर ई को भी मन रमी गयो है रे दयाराम, ई'का साथ...।' बड़े'बा बोले। दायजी, कुछ बोले'ज नी। उनने नान्या की आड़ी, खाली उछटती नजर से देखा, तो ओ'ने, गते से, अपनी ऐड़ी ऊँच्ची कर ली ताकि दायजी देख सकें, कि बकरी का दूध पीने से, वो कित्ता बड़ा हो गया है। बड़े'बा दायजी से, फिर से वो'ई बात करने में लग गये; जि'में ले-दे के, था ही क्या... ? वे ही जूनी बातें थीं, जिनको, वो दायजी को, चिट्ठी में कित्तई कावा तो लिखते रहे थे।

नान्या, वहीं का वहीं रुका हुआ था। नान्या को लग रहा था, दायजी, ओ'से कोई बात पूछेंगे, लेकिन उन्होंने तो ओ'की आड़ी, अपना मूँ ही नी किया। कुछ देर वो, वहीं पे खड़ा रहा फिर दौड़ के, दादी के तरफ रोटीघर में चला गया। जाने क्यों, ओके लगा कि भौतई जोर की रुलाई आ रही है और थोड़ीक देर और रुका रहा तो, फूट-फूट के और छाती फट-फट के आने वाली, रुलाई चल्लू हो जावेगी।

दादी, चूल्हे पे दूध की भगौनी चढ़ा रही थी। वो, वाँ से निकल के, बगल की ओड़ली में घुसा और गोदड़मच्ची पे चढ़ के, सो गया। नान्या के वास्ते, वो ऐसी निरात की जगह है; जाँ पे वो गुपचाप, फूट-फूट के और ऐकल्ला रो सकता है और घर के मनख को, पता भी नी चलता है। वो, जब रिसा जाता है, तो फिर यहीं पे आके छुप जाता है। दादी कहती है—'यो तो नान्या' को कोप-भवन है।'

इस बखत, ओके रुलाई और हिचकी, दोनोंई गेले-गेल आ रही थी। बोन्दू कहता है—'जब गुरुजी पीटते हैं, तो म्हार के, नी तो रुलाई आवै, और नी ही हिचकी। हाँ, म्हार के, दुक्की के साथ इक्की जरूर आवै है।' फिर बोन्दू ने, ओ'से पूछा भी था—'नान्या... ! क्या तू बिना इक्की के, खाली दुक्की कर ले है, क्या... ?'

अभी, सूरजनराण भगवान् ने, बादलों की पोपड़ी फोड़ के, अपनी बस रजी-सी ही मुण्डी बाहर निकाली ही थी। गाम के मुताबिक, ये भुनसारे के ठीक बाद

की, बखत थी। दादी ने, नान्या को जगा दिया। जब राते, दादी ने, ऊके या बात बतई थी—'नान्या, थारा दायजी, काल सवेरे अपना साँते, थारे सेरगाम ली जावैगा।' तो सुनते'ई नान्या बिलख के, रोता हुवा, दादी की छाती से, बान्दरी के बच्चे मुजब, चिपक गया था। ओकी, तो घिग्घी ही बँध गई थी। या, एकदमै बीच में, कैसी गपड़ताण हो गई... ? ऐं... ? ओ के तो, पाँचमी-कक्षा का बाद, पीपड़ल्ले पढ़वा के जाणो थो, फिर ऊका पेलाँ,यो कैसो गफड़ल्लो ? यो सेरगाम बीच में, अड़ूँजणे, काँ से अई गयो... ? जरूर से, ये बड़े'बा का ही किया, कोई उथलधड़ा है। दादी से वो, देर रात तक, रो-रो के, बिनती करता रहा था—'दादी, तू दायजी को, ये बात गले बिठा दे, कि नान्या थारे कने ही रहेगा। और नान्या, थारे कने नी रहा तो, तू मरी जावैगी—सच्ची दादी, हूँ थारा वास्ते अम्मरजड़ी लई के, देने वालो हूँ...तू ऊके खई के, कभी भी नी मरेगी।' पर, दादी बार-बार नान्या को, ऐक'ई बात बोलती रही थी—'बेटा नान्या, अबे बात, म्हारा बस की नी है। आखिर, दयाराम थारो बाप है। और तू, ऊकी औलाद है। अगर, ऊ तै करे, कि अब तू ऊका पास सेरगाम में रैगा...तो ईमें, अब तू'ई बता, कि हम कँई कराँ, ऐं... ? बस अबै, तू जल्दी सोई जा। सवेरे, थारे-म्हारे दोई के ही जल्दी उठणों भी है।'

नान्या, अपनी खाट में पड़ा-पड़ा, देर तक चुपचापै रोता रहा। फिर रोते-रोते, ओकी आँख कबै लगी गई, नान्या को, ये माल्लम नी रहा।

दादी ने, ऐन सबेरे जगा दिया था और फिर पिछ्वाड़े सिल्ला पे बिठा के, गरम पानी से, निहला भी दिया। धुलै कपड़े पेन्हा के, ओके आखिरी बार, बकरी का दूध पिवाड़ के, दादी ने काँगसी से ओके बालों की, अच्छी तरे से पाटी पाड़ी। और, फिर ऊके ओटले पे लायी तो नान्या ने देखा कि कन्नू काका, अपनी बैलगाड़ी लेके, सेरी में खड़े हैं। और दायजी और बड़े'बा गाड़ी में पोटले रख रहे हैं। सेरी में, मुलक सारे लोग भेले हो गये हैं।

येल्लो, निहाल बुआजी भी, अपने घर से निकली के, अई गई थी और दायजी के बोल रई थी—'अरे दयाराम... ! तू तो राते आवै, और परभाते चल्यो जावै...अरे, यो भी कँई, अपना घरे आणो हुवो...ऐं? अरे, ऐसी काय की नौकरी थारी ? अग्गी बाळ ई के। ऐं... ? मस्साण का ल्यो, ऊ ऐलकार है कि जेलकार...जो, थारे छोड़े ही नी...बन्दी बनई दियो कँई थारे... ? नेंठूई बाँधी के राख लियो है, कँई... ? अग्गो बलो हो, भाभी, नान्या के तो वाँ भेजो मत, उल्टो दयाराम के बोलो कि ऊ, अपणी लाड़ी और छोरी नानकी के, ली के, यहीं गा में अई जावै।'

नान्या को हाथ पकड़ी के, दादी घर का ओटला की सीढ़ी होण उतरी और ऊके लई के, अब गाड़ी में बिठाड़ दिया। ये बखत, वो गाड़ी के ऐन बीच में, कुछ देर से एकदमै गुमसुम बैठा हुवा था। रुलाई से नान्या का गला, अभी भी भरा हुआ था और थोड़ाक थूँक से भी। थूँक, ओने गटक लिया। और आँख से, गुपचाप बड़े-बड़े आँसू

बहके, बाहर निकलना चाह रहे थे। दादी ने भाँप कर कहा था—'तू काय के वास्ते रौवे रे, नान्या... ? एं... ? तू अपनो गाम छोड़ी के थोड़ेई जई रहियो है...खाली अग्गे भणवा का वास्ते, थारा दायजी का साथ जावे है, भोपाल जैसा सेरगाम में। तू वाँ भणी के, राजो-बेटो बणी वापस अई जावेगा। अरे, ढोल-ढमाका का साँथे, थारे आक्खो गाम, काँकड़ पे लेवा के आवेगा... । देख रे...वाँ जाते'ई थारे मिलेगा, नवी-नवी पोथी-किताब, नवो-नवो बस्तो, नवा-नवा कपड़ा और नवा-नवा जूता...और बूट। बेल्कुल मजे से रैगा रे, तू नान्या...हम कँई काशीजी का गुरुकुल थोडे़'ई भेजी रिया है, थारे...जो तू ऐसो रोवा लागी गया... ।'

अबे, वो खुदई, ये बात समझ नी पा रहा है कि दादी के कने, खाटले पर सोते हुए, नींद में जाने के पहले, रोज-रोज येई बात तो सोचता रहता था कि 'कँई जाने कदे, वो दिन आयगा, जब वो माँ और नानकी के पास, सेरगाम जायेगा... । जाने की, खच्चित बात सोच के, वो इत्ता खुश हो उठता था कि पाँव से दुलई को, पैंताने फेंक के उठ बैठता। मन होता था, कि खाट से नीचे कूदी के, फिरकणी के मुजब नाचने लग जाये, जनेकि सेरगाम नी, हाट में जाणे की खुशी हो। दादी बताती है—'वाँ तो अक्खो सेरगाम, हाट जैसो लागे... ।' ओ'ने नानकी के वास्ते, कित्ती सारी चीजें भेली करी के, रख छोड़ी थीं। वो, सब की सब नानकी को देना चाहता था—गारे की गाड़ी, लाड़ा-लाड़ी, सेठ-सेठाणी, बान्दरा-बान्दरी आग-पेटी की, आगकड़ी से बनाया घर। राड़े के बैल-गाय। काली चिड़ी का बनाया घोंसला। पुराने लत्ते से बनी दड़ी। बेलण-चकले चूल्हे। ओ'ने, ये सब चीजें, गारे की कोठी में, लुगड़े से बने झोले में, रख छोड़े थे। नान्या को, जब ये याद आया तो वो, तुरत गाड़ी से कूद के, घर में गया और अपना वो, खिलौकणे से भरा झोला उठा के ले आया।

दायजी ने, वो झोला, ओके हाथ से लिया और ऊके खोल के देखा और उठा के अलग ई पटक दिया।

'ये सब कचरा-कूड़ा, वहाँ नहीं ले जाया जा सकता।' दायजी ने बोला, तो उसको तो जोर-म-जोर की रुलाई ही आ गयी। ल्लो बोलो...दायजी तो ओके, इन सब खिलौकणे को कचरा-कूड़ा बोलते हैं। ओ'का रोना, रुक ई नी रहा था। दादी, अपने नान्या का दुःख के पिचाण गयी थी और बोली थी—'नान्या... ! अभी इन सब के तू मत लई जा...यहीं ज रैहणे दे, हमारा पास...नी तो हम भी, ऐकल्ला हुई जावाँगा...देख, जदे थारा बड़ा'बा और हूँ भोपाल अऊँवा, तो इन सब के लेती अऊँवां...म्हार पे भरोसो राख, हूँ इन सबके, अच्छे-से अटोपी के, गारा की कोठी में राखी छोड़वाँ...हो।'

फिर भी ओ'ने, दादी से कालजी कर के, चकले-बेलण, सेठ-सेठाणी, लम्बी पूँछ वाले बान्दरा-बान्दरी रखवा ही लिये थे, अपने झोले में। नान्या ने सोचा, कि जब वो, नानकी को ये सब खिलौकणे देगा, तो वो तो नेठूई बावली हुई जावेगी...बोलेगी

अबै तेरे को दोनों 'ई हाथ में दो-दो राखी बाँधूँगी...नान्या दादा। ना कहो,वो गाल पे, ऊके मटी भी दे देवे। जैसे कि वो दादी के गाल पे दे देता है।

अभी, नान्या को ये देख के, गज्जब की बात लगी कि हमेशा करारे और कड़क रैहणे वाले बड़े'बा, ये बखत बेल्कुल नरम-गाँधले हो गये थे, बल्लर की बेल सरीखे, थोड़ीक-सी हवा में, नेंठूई लजु-लजु करके हिलणे वाले। और ओ'से वो, ऐसी मीठी-मीठी चूक, बोली में,बोल रहे थे, जनेकि पट्ठे, रोज ई आमरस झाड़ते हों। उनकी ये बात देख के वो, बड़े'बा को केहना चाहता है कि जब वे, नान्या को इत्ता ही लाड़ करते हैं तो वे ऊके गाम में ही रोक क्यों नी लेते... ? क्यो जाणे दे रहे हैं भोपाल। फटाक से, साफदनी से बोल दें, दायजी को—'ऐ, दयाराम! नान्या हर हाल में यहीं पे रैगा और तेरे साँथे, सेरगाम बेल्कुल नी जायगा।' पे, बेल्कुल गूँगे गणपति बने हुए हैं। उल्टे उनने, नान्या की पोथी-पुस्तक और कपड़े के साथ ही साथ, ओ'के खिलौकणे भेले कर के,एक पोटला बनाके, उनको बैलगाड़ी के पीछे वाले साल्ये से बाँध दिया। जैसे कि नेंठूई पाप काट देना चाहते हों। जैसे कि नान्या कोई बला है। जैसे तैसे टल जावै तो टल जावै।

दायजी ने, अपना लाल झोला, कान्धे पर रख लिया।

दादी ने, कपड़े की एक पोटली में, पोखड़े के वो लाडू बाँध दिये थे, जो ओ'को घणे पसन्द हैं। नान्या ने, देख लिया था कि दादी बोलते समै तो, बड़ी चतरी बनके बात करी रई थी, पर बोलना बन्द करते'ई अपन लुगड़े की किनोर से, मुँह छुपाके गते-गत रोवा लाग गई थी। वो कहती है—'रोणा नी चईये क्योंकि, इससे खून पाणी बणी के, आँख की बाटे बाहेर निकली जावै।' पर, आज तो ओ'के आँसू इत्ते आते जा रहे हैं कि रोकने पे भी रुक'ई नी रहे हैं। अब खून पाणी बणे, तो बणे। रोना तो अब, म्हारे देव से भी नी रुकेगा। जबकि, दादी तो भौतई काठी छाती की है। फिर भी वो भी खुदई तो रो रई है।

गाड़ी को घेर के, गाँव के भौतई सारे जणे खड़े थे, जिनमें, वो सबलोग थे, जो बड़े'बा से कागद लिखवाणे या कागद पढ़वाने, इतवारे-दीतवारे आते रहते हैं।

दादी के साथ भी, सेरी की सभी की सभी बईराँ-मानस होण, भेली हो गई थी। उनमें, निहाल बुआजी भी थी। खाली, मोहिनी बेन नी थी। होती, तो वा नान्या को, रोते-रोते मटी देती जाती। पाठशाला में, ऊकी कक्षा के पाँच-छै छोरे भी थे, जिनके माँय खड़े बोन्दू ने, तेजी से अग्गे आके नान्या के, कान में बोला था—'नान्या, यार तू सेरगाम मत जा। गाड़ी से कूद और भाग चल, म्हारा साथ। अपण बँजारा-बाग में, कोई राँझ के भीतरे ऐसा छुपी जावाँगा कि कोई का बाप से भी ढूँढे नी मिलाँगा, हम...फिर वाँ तो अपण अलोप भी हुई जायँगा...है कि नी...फिर ई सब, अपना हाथ-पग जोड़ी के कहेगा—छोरा होण, तमारा-हाथ जोड़ाँ...बाहेर अई जाव...बाहेर अई जाव...! अपण इणसे नक्की करी के ही अलोपी-जगेह से बाहेर आवाँगा...फिर

ऊ सुन्ना-चाँदी खोदणे को काम भी तो धरियो को धरियो ही रई जावैगा।' बोन्दू की ये बात सुन के नान्या के मन के माँय, वो उछल-बछेरी जैसी मड़मड़ाती इच्छा उठी, कि वो अभी ही गाड़ी से कूद के, दौड़ लगाता भाग जावे, बोन्दू के साथ...हाँ, नी तो...! बताव दायजी याँ पे, कल दिनभर से हैं। गाम भर के बईराँ-आदमी और छोरे-छापरियों से खूब नज-मजे से बोले-बात की—कोई के माथे पे हाथ फेरा तो कोई की पीठ थपथपाई...पर, ओ'से? ओ से तो उनने, एक बोल भी नी बोला...! फिर वाँ सेरगाम में, इनके साँथे कैसे रह पावेगा...? हाँ...नी तो...? ओगले आदमी के माफक...क्यों जऊँ, इनके साँथे सेरगाम...?

नान्या के मन में, कचकची खाके उठ रही थी, ये इच्छा, रै-रै के और घड़ी-घड़ी। हाँ, बोन्दू के साथ भग जाणे की इच्छा। पर, तभी ओके, दादी की वो उस रात वाली बात याद अई गई। ओ'ने बोन्दू को मना कर दिया और धीरे से, बगड़ में झुक के, एक छोटाक-सा कँकड़ जैसा ढगल्या, गपुचाप उठा के, अपनी कमीज की आगली जेब में, धर लिया। ये, इच्छा को दबाने की जुगत थी। ऐसा करती बखत, नान्या को, कोई ने देखा भी नी था। नान्या, जानता था, अब कूद के बँजारा-बाग में छुप जाने वाली इच्छा, वहीं की वहीं, दब के बैठ जायेगी। अपनी मुण्डी फिर से उठा ही नी सकेगी।

बोन्दू ने, फिर ओ से, धीरप से बोला—'नान्या तू तो सेरगाम से जल्दी ही अई जा जे।' केहणे के बाद बोन्दू ने, सबकी आँख बचई के, नान्या की ओर अपनी मुट्ठी बढ़ाई और ओ में से, कोई चीज, ऊके दी। और ऊके कान के बेल्कुल कने, मूँले जाके बोला—'नान्या, तू म्हारो वालो, साँप को यो जेहर-मोहरो रखी ले। कालबेलिया से, नाग-पंचमी पे, हूँ नवो लई लूवाँ।'

फिर बोन्दू, गाड़ी से निच्चे उतर गया।

भूरिया तो, कूँ-कूँ कूँ-कूँ करते हुए, पूँछ हिला-हिला के, बार-बार अपने अगले पँजे, ओ'के कन्धे पे रखके, ऐसा मुण्डा हिला रहा था कि पट्ठे का बस चले, तो वो ओ'का मूण्डा ही चाट ले। नान्या ने, उसको गते-से 'हुंह' करके हड़काया था कि वो ऐसा नी करे। फिर ऊके, दादी की एक कावा की कही बात याद आ गयी थी—'कुतरा की जात में, ऐसी कूबत होय कि ऊ आंधा और बहरा मनख की बात भी समझी ले।' नान्या ने, भूरिया की गाबड़ी पकड़ी और जबरेश्वर जी के नन्दी महाराज की धज में, ओ'के कान को पकड़ के, कान में बोल दिया था—'देखजे हो भूरिया, तू अग्गे से ऐसा मत करना कि कबूतर-काबर पकड़ के, घर में लै आवै...फिर समझ लेणा कि इस घर से, थारी कट्टी हुई जावैगी, समझा। और हाँ, दादी के साँते लवारे जैसा हर जगेह जाया करना हो। मन्दिर जावै तो भी तू पिच्छे-पिच्छे जाना और पेड़ी के वाँ पे बैठा रैहना...।'

उधर, दायजी ने चटाक-पटाक करके, उसका और अपना सारा सामान बैलगाड़ी में चढ़ा लिया था।

तभी, जाने काँ से हबड़-तबड़ में, भागते-दौड़ते, अपनी धोती की, लाँग सँभालते हुए, गुरुजी आ टपके। नान्या को, लगा कि गुरुजी जरूर से ओ'की वो ही, आदा-पादा लौंग सवादा वाली बात दायजी को, बताने आये हैं। ओ'के लगा कि गुरुजी, भौतई खुन्नस वाले हैं, छँटे हुवे आँटीबाज। ल्लो बताव, अब चलते-चलते बखत भी आके दायजी को वो, बात बता के मेरी सुटाई करवाने का खटकरम कर रहे हैं। पर, उनने दायजी को, अपने कुर्ते के खोत्ये से, एक कग्गद निकाल के दिया और बोले— 'भाई, दयाराम जी! ये रहा नान्या के शाला छोड़ने का प्रमाण-पत्र। वहाँ इसका दाखला क्रराने में, अब आपको कोई अड़चन नहीं आयेगी।'

दायजी ने, जल्दी से झुकी के दादी और बड़े'बा की पाँयलागी की और बड़े'बा के बाँधे गये पोटलों को, दायजी अपने कन्धे पे उठा के गाड़ी में, अग्गे रख लिये और फिर खुद गाड़ी पे चढ़ गये। गाड़ी चली तो नान्या का मन हुआ कि वो इत्ती जोर से रो दे, कि सारी सेरी काँप उट्ठे पर, वो अपनी बत्तीसी को, प्रेमावाली-चण्टई के दिन मुजब, खूब भींच के, चुपचाप बैठा रहा था। अच्छा हुआ कि ये जाती बखत में, प्रेमा नी अई। क्या माल्लम, ओ'के पेट में बच्चा तो बड़ा नी हो रहा होगा...ऊका...?

बाकी सब, वहीं बामण-गली के खूँपे तक, चलने के बाद, रुके रह गये थे। खाली भूरिया भागता हुआ, गाड़ी के पीछे-पीछे, काँकड़ तक आया, फिर बीच गरवट में बैठ के, आसमान की तरफ अपना मूँ ऊँच्चा करके रोने लगा था। ओ'का मन हुआ था कि वो ओ'के भी, गाड़ी में अपने साथ चढ़ा ले। दादी से ओ'ने पूछा भी था कि क्या वो भूरिया को अपने साथ सेरगाम नी ले जा सकता? मनेकि भोपाल... ? तो दादी ने एक बड़े भारी संकट की बात बोली थी कि एक तो मोटरवालो आदमी में ई'की टिकट ज नी काटे अने, फिर सेरगाम का कुतरा होण तो इना गरीबड़ा के, वाँ मारी खायगा रे। यो तो यहीज रहेगा, हमारा कने।'

ये बखत, वो गाड़ी के ऐन बीच में, कुछ देर गुमसुम बैठा हुआ पीछे छूटते गेहूँ और चने के खेतों और मेड़ के झाड़कों को, देखता रहा...आँवली-आम्बा, खेर-खजूर...और फिर लेट गया। दायजी, कन्नू काकू के साथ, अग्गे बैठे थे। गाड़ी घेरने की, बलई-पाटली के पास। गाड़ी में, नया खेतों से बीना हुआ कपास लबालब भरा था, जो गाड़ी में भर के मण्डी में बेचणे के वास्ते, ले जाया जा रहा था। यों तो, गाड़ी गरवट पर अग्गे ही अग्गे चल रही थी, पर, लेट के ओ'ने, ज्यों ही अपनी आँखें मीचीं, गाड़ी उल्टी आड़ी और पीछे की तरफे चलने लगी। जैसे गाड़ी में जुते बैलों ने, झटके के साथ मूँ पलट लिया है और वो, वापस ऊके गाम की तरफे ले जा रहे हैं। पिच्छे छूटी गई दादी और बड़े'बा के कने।

पर, ये तो उसको, ऐसा खाली-पीली, जो भान हो रहा था, वो भला लग रहा था। कैसा मजा आवे कि ऐसा-ई हो जाय। जबकि, असल में ऐसा था नी...।

नान्या ने आँख खोल ली। ऊप्पर खाली अक्कास था, जि'के आड़ी देखी के, दादी हमेशा से बोले—'नान्या...! यो भी कोई ने कोई, आसा पे टिकियो है रे, छोरा...।' ऊ'में, कहीं-कहीं काबर और कागले उड़ रहे थे, जिनके सरू, दादी खग्रास की रोटी बना के, घर की मगरी के खापरों पर डालने के वास्ते, ओ'के ही तो कहती है। नान्या को लग रहा था, अब तो ये सबके के सब, पीछे छूट रहे हैं। चिड़ी-चिड़कली, झाड़-झड़ुकल्ये, खेत-खला...।

गाड़ी में बैठ जाने के बाद, याद आते'ई दादी ने बोला था—'नान्या ! जा तो बेटा, पीपलदेव के धोक दिया रे...।' वो, उतर के वाँ पे गया था, तो नान्या को लगा था जैसे कि पीपल के उन पत्तों ने भी, चुप्पई साध ली है, जि'के बारे में, दादी कहती है— 'ई कदी जक नी ले...हरदम हिलता रै...। लोग कह रहे थे, जिणा दिन मोहिनी-बेन मरी थी, वो दिन तो इस पीपल के आक्खे पत्ते ज पीले पड़ के झड़ गये थे। ओ'के याद आया कि यदि वो, उस रात में उठ के कुण्डी में कूद जाता, तो क्या इस पीपल के पत्ते वैसे'ई झड़ जाते... ?

नान्या को याद आया कि पीपल के निच्चे, ओ'ने कभी, मुत्ती नी करी।

'दयाराम दादा, अपण, दफोर तक तो किसी भी हालत में, सड़क से लागी जावाँगा...' कन्नू काकू ने बोलना चल्लू किया—'क्योंकि, दोई बैल नया नारिया है...छै माणी की गाड़ी के, छकड़ा सरीखी खींची दे...इनका पुट्ठा पे हाथ रखियो नी...कि दुलकी चाल धर ले।' कन्नू काकू ने, दायजी को बोला और गाड़ी हाँकणे की, हलकी-सी हलकार भरी, तो दोनों बैलों ने, गाड़ी को गड़गड़ा दी। कपास की गाड़ी होने से, ऊ'में लगते दचके लगने से भी से भी, मजे आणे लगते हैं। ओ'ने फिर से आँख भींच ली। कन्नू काकू ने, कोई गीत ऊगेर दिया था। वे, गाड़ी हाँकते हुवे, झूम-झूम के गाने भी लगे थे, जि'में परदेस की बात थी कि वाँ पे, आलनिये कण्डे पे सिंके दाल-बाफले खावा के वास्ते, नी मिलते। नी मिलती वाँ कबीट की चटणी। नी मिलती वाँ कड़ैले की रोटी।' उनके ऐसे गीत गाने से, उसके भीतर धुकधुकी और बढ़ गई और रुलाई भी, जो कि थोड़ी-थोड़ी देर में, फूट-फूट के, आँसुओं में बदल के, बाहर आ रही थी। तो क्या ऊ'के भी, अब वाँ दाल-बाटी देखणे को भी नी मिलेगी... ? गोल-मटोल और घी में तर। दादी के हाथ की, अरीट और आगुन के भमूर में भार के सेंकी।

कुछ बखत बाद तो नान्या को लगा, कि बस ओ'से, अब तो ढँग से रोने की भी नी बन रही है। ओ'ने दादी के दुलार के बारे में, सोचना शुरू किया तो, फिर ओ'के ये याद ही नी रहा कि वो सेरगाम जा रहा और ऐ बखत, वो कपास की गाड़ी के माँय, गुड़ी-मुड़ी हो के पड़ा है। पे नान्या को तो येई लग रहा था जनेकि वो, अपणा मात्था,

दादी की गोद में धरी के, नज-मजे से, नींद ले रहा है। दादी ऊके बाल में हाथ फिरा रही है।

वो तो नींद में, जाने काँ गुड़गप्प हो गया था।

नान्या को, अचानक लगा कि जनेकि लोहे के पाटे चढ़े गाड़ी के पहिये, मट्टी की गरवट नहीं अलबत्ता पथरौड़ पर गड़गड़ा रहे हैं। नान्या ने, आँख खोली तो अक्कास में, सूरज भगवान् बड़े'बा की धूप-घड़ी के हिसाब से, रोटी जीमणे की बखत पे आ गये थे। दादी ने, ऊके वास्ते भी दूध के आटे में गूँथ के, दसमी बना के, एक सुफेद गल्णे में बाँध दी थी। और कहा था—'जदे तमारी गाड़ी सड़क पे लागी जाय, तो दयाराम, तू इना नान्या के, दसमी तो खवाड़ी दे जे हो...क्योंकि ऐ के, कदी भी भूख, भड़ीका मारती, लाग उठे और यो लस्टम-पस्टम हुई जाय है। नेंठूई पराण निकलवा लागे, ई का।'

चलती बखत बड़े'बा ने भी गाड़ी के कने आके, दायजी को बोला था—'दयाराम...! बैदजी ने एक कावा संका परगट करी थी—'दा'साब, नान्या की इतनी तीव्र क्षुधा का कारण, मधुमेह न हो? तो जब कभी भोपाल जावें, तो इसका रक्त परीक्षण अवश्य करवा लें, क्योंकि, अब मधुमेह राजरोग नहीं रह गया है...किसी भी वय में हो सकता है।'

गाड़ी, थोड़ीक देर और दूर चली—अने फिर, रुकी गयी। दायजी और कन्नू काकू ने, गाड़ी में से, पोटले फटाफट उतार लिये। दायजी ने, कन्नू की पीठ थपथपा के शाब्बासी दी और बोले—'अब तुम सीधे मण्डी के लिये निकल जाओ...हमें भोपाल पोहँचाने वाली मोटर बस आने ही वाली है।'

नान्या, बैलगाड़ी से, सड़क पर उतरा, तो चकद्दम रह गया।

भैंस की पीठ सरीखी, काली सड़क देख के, ओ'के लगा जैसे कोई ने, कोयलों को पीस के काला रंग पोत दिया हो। सड़क की दोई आड़ी, बड़े-बड़े झाड़ों की कतार थी—ओ'के ये देख के, दिमाग की गोल गिर्री ही घूम गई कि आखिर में—'यो ताखो में, कँई ताखो है...?' बताव, हर झाड़ के गोड़ पे, लाल सफेद रंग का कमर-पट्टा। जैसे कोई ने, उनको अपना गुलाम बना के खाँग दिया हो और वे सब, वोई आदमी के केहने में हैं। हाँ, इत्ते कैणे में कि अपनी ये डगाल भी हिलाये, तो ऊ'की डाँट खा जाय...।' वो, दायजी से पूछना चाहता था कि 'ये सब क्या है...?', पर, दायजी तो सेरगाम की, ऐसी बोली बोलते हैं कि नान्या को लगा, ऐसी बोली में वो, उनसे काँ कुछ पूछ पावेगा...? मूँ से बोल तक नी फूट रहे थे।

'भूख तो नहीं लग रही है, तुमको...?' दायजी ने पूछा तो बावजूद भूख के, ओ'ने घोघ हिला के नकारा कर दिया। दायजी की आवाज को, नान्या अपने इत्ते कने

से, पेहिली बार सुन रहा था। वे, उसी से बोल रहे थे। पर, उनने, ओ'का तो, अपने मूँ से, नाम ही नी लिया था। उनकी आँख में, नान्या को पेहिली कावा ऐसा लगा, जनेकि वो, ऊके पिचाणते हैं। वो भरा-भरा हो गया। समझ ही नी पड़ पा रही थी कि वो, ये बात किक्के बोले-बताये कि ओ'के दायजी ओ'से बोलते हैं...हाँ, बात करते हैं। नान्या को तो, येई बात पे रोना ज आ गया। फिर उनके द्वारा भूख के बारे मे पूछने पे, नकारे में नाड़ हिला देने के बाद भी, दायजी ने, झोले में से दादी की बाँधी, दूध-दसमी खोली, और अचार में लपेट के बीड़ा बनाया और ओ'के हाथ में पकड़ा दी। पकड़ा दी, तो नान्या ने, मना भी नी किया और दाँत से काट-काट के खाने लगा।

'लो मोटर आ गई...।' थोड़ीक देर बाद दायजी ने, एकदमै से कहा पर, तब तक ओ'ने रोटी खतम करी दी थी। मोटर, नान्या को तो नी दिख रही थी, पर डूँगरियों के बीच हवा में गूँजते भर्राटे को, कँई माल्लम कैसे उनके कानों ने पटाक से पकड़ लिया था। जरूर से दायजी चौ-कन्ने हैं। उनने दोनों-तीनों'ई पोटलों को उठाके, सड़क के बेल्कुल नजीक रख लिया पर, ओ'के तो कोई सम्पट नी बैठ रही थी, कि कौन दिसा से मोटर आ रही है। क्योंकि,सड़क के काटती दूसरी सड़क भी थी। काले रंग का बेल्कुल वैसा'ई 'कट्टस' बनाती हुई, जैसे गुरुजी, गणित के गलत सवाल के अग्गे बना देते हैं। दादी होती, तो बोलती—'बड़ला में सातिया माँडती-सी जई रही है...या दारी सड़क।'

तभी, पीछे की आड़ी से, ओ'के वो मोटर आती दिखी गई।

नान्या के आँग के, सगले रोओं की जड़ तक में, सलबलाती सुरसुरी भर गयी। ये ल्लो, ये तो एकदमै से, ऐसी लग रही है, जैसे पेहिली कक्षा की किताबों में से, सीदी-सट्ट निकल के चली आ रई है...भर-भर और पीं-पीं करती। ओ'का लाल रंग, तो इत्ता भलक और कड़क था कि कन्नू काकू के दोनों नारिये, अभी यहाँ होते, तो पक्की बात कि वो, भिड़क उठते और गाड़ी की जूड़ी ही तोड़ बैठते। हाँ, जोतर समेले सहित। और अपनी काबरी गाय तो, पूँछ ऊँच्ची कर के, सींगड़े ही मार देती, भैया...भच्च-दनी से। मोटर के पेट में।

दायजी, दौड़ के अग्गे बढ़े और उनने अपना हाथ, ऊँच्चा कर के हवा में हिलाया। ल्लो थारी की...! मोटर तो रुक ई गई। हाँ, पर ओ की भर्र-भर्र बन्द नी हुई। नान्या पोमा गया कि ऊके दायजी भी कित्ती बड़ी चीज हैं कि उनके हाथ हिल्लाणे से, इत्ती बड़ी मोटर वँई की वँई रुकी गई। जैसे कि गुरुजी के सावधान बोलते ही, सगले बच्चे रुक जाते हैं, एकदमै से। दादी, सई कैती है। वो, ऐहलकार के हुकूम में हैं...हाँ, तभी तो मोटर भी केहणा मानती है।

दरवज्जा खुला और एक जवान मनख, धम्म-दनी से, सड़क पे बन्दर की तरेह कूदा और हमारे दोनों-तीनोंई पोटले उठा के, मोटर के पछाड़ी की नसेरनी पे, लेके चढ़ गया। और ऊ'ने उणको, मोटर की पीठ पर रख के, वाँ पे पेहिले से'ई पड़ी रस्सी

से कट्ठा बाँध दिया खाली झोला रै गया था, जि'के दायजी सेरगाम से, अपने साथ लाये थे, वो, उनके कन्धे पर था। उनने सहसा नान्या को उठाया और अपने छाती से चिपटाया और मोटर के, खुल्ले दरवाजे से, दन्नाक से सिढ़ाव चढ़ गये।

नान्या पेली कावा, नान्या अपने दायजी के इत्ते पास था। उनकी छाती के इत्ते कने। उनकी साँस, ओके माथे के बाल पे, लग रई थी। दायजी के पास से, बड़े'बा के पूजापाठ सरीखी नी, कोई नेठूई अलग ही गंध अई री थी। जो ओ'की नाक ने, पहले कभी जाणी ही नी थी। पर, दायजी की छाती बड़े'बा सरीखी ही है। चौड़ी-चकली और मजबूत। उनके कान में रूई का एक पूमड़ा भी खुँसा हुआ था। हो सकता हो, कीड़े भरा जाने के डर से, उनने कान का दरवज्जा बन्द कर दिया हो। बड़े'बा भी वाँ गाम में, कई कावा कपास की दो गोली बना के, अपने कान में लगा के, बरामदे में खाट पे सो जाते थे। कहते थे—'छोरा तू हल्ला-बेदा भौत करे...।' पर, वो जब भौतई छोटा था। बड़े'बा को कहता—'जैसे वो आँख मींचते हैं...वैसेई कान मींच लैं और सो जावैं। हल्ला-बेदा सुणई नी देगा।' पर, वो उसकी बात काँ मानते हैं। कभी-कभी, वो बड़े'बा के कान में फँसी, कपास की गोली को, गते-से निकाल के, वो जोर से बकरे की बोली बोल देता—'ब-ब-ब अ...अ...अ...अ'। बड़े'बा चौंक के देखते और फिर डाँटते—'अरे, ओ ऊन्दरे... ! अब आ तो तू याँ, तेरी पूँछ काटूँ।' वो हँसता...येल्लो, मेरे को पूँछ तो है ई नी, बड़ा'बा ! फिर तम काटोगा, कैसे... ? वो कहते—'कल तो तेरे को पण्डासेरी के बकरी के बाड़े में, छोड़ के आना पड़ेगा। बोल दूवाँ, परतापजी अब आपै इसको अपने घर में बाँधी के रक्खो...क्योंकि, बकरी को दूध पीणे से, यो नान्यो बकरियाणे लगी गयो है...देखी ली जे, परताब'बा भी थारे, इकलेरा वाली माताजी का याँ पे, बलि चढ़ाणे वाला के बेंची देगा।'

वो, भाग कर गोदड़मच्ची में छुप जाता। बड़े'बा पीछे-पीछे दौड़ के आते, हाँ, पकड़ने के वास्ते, पर पकड़ ही नी पाते। वह कहता—'ढूँढ़ो...बड़े'बा...मैं काँ हूँ... ?' बड़े'बा, हार जाते तो वो खुद ही, गोदड़मच्ची से नीचे कूद के सामने आ जाता और फिर भागके, बाहर बगड़ में चला जाता। वे कहते—'अरे सुनती हो दयाराम की माँ... ! इसको सुधारने के वास्ते, अब ई'के सेरगाम में, ऐ'का माँ-बाप के पास भेजणो पड़ेगा।' इस धमकी से, वो डर जाता और दादी की सौगंध खा के कहता कि वो आज पक्के से बोल रहा है कि अग्गे से वो, उनके कान में 'बब्ब...-ब्बब्ब' बेल्कुल नी करेगा।

दायजी ने, मोटर में चढ़ने के बाद, धीरे से ओ'के गोद से उतार दिया वो, पहली कावा मोटर के भीतरे था। ओ'की, धुकधुकी बढ़ गई थी। जनेकि, कालजो ही छाती से कूदी के, बाहर अई जायगा। बोन्दू सच्ची कहता था—'नान्या, मोटर में,

इत्ती कुड़छी कि ओ'में अपनी पूरी की पूरी कक्षा ही मोवई जावे।' अग्गे मोटर-हाँकणे वाला, मोटा-सा मनख था, जि'की मूँछें बड़े'बा से भी कहीं ज्यादा झबरीली थीं, जैसे कि रामलीला-मण्डली वाले रावण की हो...और वो जोर से बोला तो नान्या को लगा कि नाक से निकल के नीचे ही पड़ जावैगी। जबै, गाम में दसेरे पे, रामलीला-मण्डली अई थी, तो बोन्दू अपनी चण्ट उस्तादी से, रावण की मूँछ मार लाया था। वो, पाठशाला में मूँछ लगा के गुरुजी बन जाता। फिर गुरुजी का स्वाँग भरके, सब बच्चों को हड़काता। आक्खी कक्षा का हाँस-हाँस के, पेट दुखवा लाग जाता। वो, अपने दायजी से पूछना चाहता था कि क्या मोटर-हाँकणे के वास्ते, जो मनख हों, ओ'के कँई, ऐसे'ई मूँछ रखणे को नेम-धेम है... ? जैसेकि बाबाजी होण का वास्ते, दाढ़ी राखणे अने तिलक लगावा को ?

'टिकिट काँ तक का बनाना है ?' एक लोग, जो पाजामा पेहन खड़ा था, ओ'ने दायजी की आड़ी इशारा करके बोला। नान्या को याद आया, अच्छा तो, येई वो मनख है, जिका भूरिया की टिक्कट बनाने में पेट दुखता है। नान्या को, ये देख के, अचरज लगा कि ल्लो बताव, ओ'के बाल तो लाल हैं... ! दादी तो कहती है—'सब मनख के बाल, जनम से ही काले होते हैं...और जब, मनख बूढ़ा होणे लगे, तो धीरे-धीरे सुफेद हुई जावै।' नान्या, अफसोच में पड़ गया कि फिर इस मनख के बाल, उल्टे लाल कैसे हो गए... ? दायजी से, वो ये बात पूछ ही नी सकता। नान्या ने सोचा—'जरूर से, ये मनख के बाल, पेलाँ पूरी तरह से, हरे ही रहे होंगे...क्योंकि, जो पेलाँ हरा रैहता, वो ही बाद में लाल हो जाता है...। दादी बोली-बताई भी तो थी—'मनेकि नान्या, अब तू ही देख...हरी कैरी या कि हरी मिरच के...वो बाद में लाल हो जावै...है कि नी... ?' नान्या, ने खुश हो के दादी को बोला भी था—'ये तो अच्छा ही हुआ दादी कि म्हारे बाल शुरू से ही काले हैं...हरे होते तो अपनी काबरी गाय का केड़ा, पट्ठा हर दफै ई चरने के वास्ते म्हारे मत्थे पे मूँ मारता रैहता...है कि नी... ?' दादी दाँत काढ़ के बोली थी—'नान्या, तू निवरी बात में, अपनी अक्कल के जोती राखे...तू माथा पे टोपी पेन्ही राखतो...और कँई...।'

'अरे भाई, बताव कि टिकिट काँ तक का बनाना है ?' ओ मनख ने दायजी से फिर पूछा।

'भोपाल तक की ही बना दो...।' दायजी ने, ओ मनख के बोल के बताया।

'आधी टिकिट तो ये छोकरे की भी बनेगी...तुम्हारे साथ ही है नी... ?' वो बोला। फिर टिक्कट काट के ओ'ने, दायजी के हाथ में दी, तो उनने ऊके लेके, अपनी बण्डी के खोल्ये में रख ली।

'जाव, अब वहाँ, आगे की 'सीट' पे जा के बैठ जाव...।' वो मनख ने, ये बात बोली तो नान्या को हाँसी छूटणे को हुई। बताव, कुड़छी को वो, 'सींट' बोल रहा है। दादी तो, अँगूठे को कहती हैं—'सींट।' बताव, ईना आदमी की बोली में, कैसा उलट

गियान है? दादी होती तो, दाँत काढ़ के खूब जोर से हँसती। न कहो, ऐ मनख को डाँट देती—'का रे, क्यों रे गेल्यो है, कँई तू... ? अरे 'सींट' पे भी कँई कोई बैठी सके... ?'

वो, लाल बाल वाले, पाजामा पहने मनख ने, जाँ पे जाके बैठणे का बोला था, दायजी ओ'के लेके वाँ बैठे, तो वो जगेह तो, एकदमै मोटर-हाँकणे वाले मनख के, इत्ती पास थी कि ओ'से बोल-बात हो सकती थी। नान्या को, बोन्दू की बात याद आ गई तो ऊ'के मन में ये बिचार आया कि वो, मोटर हाँकणे वाले के कान के पास, मूँ ले जाके, वो 'जै-रामजी' की बोल दे। हो सके कि वो, ओ'के और दायजी को मुफत में भोपाल तक, बिठाड़ ही ले जावै। न कहो कि वो, कह दे कि इनकी टिक्कट के पईसे इनको वापिस करी दो।

जब, वो टिक्कट काटणे वाले मनख ने, जोर से पपहिया बजाया, तो गाड़ी का भर्राटा बढ़ गया। जोर की पीं-पीं बजी और फिर मोटर ने चली धरी।

मोटर चली तो ओ'ने सामने के काँच के पार, वहाँ सड़क पर देखा।

सड़क की, दोनों आड़ी के पँगत में खड़े, सब के सब झाड़के, जैसे कि सरर-सरर पीछे भागणे लगे। लेकिन, नान्या की निगाह, दूर डूँगरी की तरफ गई। डूँगरी, गते-गत ओ'के साथ चलवा लगी थी। ओ'के अक्खे शरीर में झुरझुरी होने लगी। हाँ, पाँव से माथे तक। बताव, डूँगरी ज चलवा लाग गई, ओ'के साथ... ? मन हुआ कि जोर से ताली बजाने लगे। लेकिन, दायजी की बगल में, वो साँस खेंच के, सुनमान ही बैठा रहा। दायजी ने झोला, जो उनके कन्धे पर रखा था, कुड़छी के नीचे खिसका दिया और अपनी पीठ, कुड़छी की पीठ से टिका ली। भर्राटे में, थोड़ेई देर में, दायजी ऊँघने लगे। ऐसे'ई जैसेकि, जब घर में दादी के घट्टी पीसने की आवाज आती है, तो वो, कैसा ऊँघने लाग जाता है।

दायजी के, ऊँघते'ई वो अकेला हो गया। ओ'के डर लगने लगा था, कि कहीं चलते-चलते मोटर का कोई पहिया ज निकल गया या फिर वो कोई झाड़ से ही अदड़ा गयी, तो फिर क्या होगा... ? ओ'की हिम्मत ई नी हो पा रही थी, कि वो, दायजी को हिला कर, जगाये और उनको अपना ये डर बताड़ दे। पूरी मोटर, थरथरी से भरती हुई भागे जा रही थी। जनेकि ओ के धूजणी धरा गई हो। तभी, मोटर हाँकणे वाले ने, मोटर चलाते-चलाते, नान्या की आड़ी देखा। नान्या ने, ये बखत जरा-सी भी चूक नी की, और ओ'के धड़ाक से 'जै-रामजी' की बोल दी। वो, मोटर हाँकणे वाला मनख, अच्छे से ई मुसकाया फिर ओने, अपन भापणिये भी उछाल के, जनेकि ऊसे पूछा, कि 'कहो, कैसे हो नान्या... ?' ऐ ई बात से, नान्या के मन में, इत्ती और ऐसी निरात हुई कि कुच्छ कही नी जावै। उसने पूछा—'क्या नाम है, बेटा तेरा?' ओ की बोली तो बेल्कुल सेरगामी। नान्या ने फटाक से अपना नाम बोल-बताया।

नान्या ने आँखें भीचीं और दायजी से सट गया। धीरे-धीरे भर्राटे ने, ओ'की आँख में भी, ऊँघ भरना शुरू कर दिया था।

अब, वो नींद में था।

दायजी, चलती मोटर में, उठके खड़े हो गये। वो मोटर-हाँकणे वाले को बोले—'अरे भाई, थोड़ा आगे, शहर आने से, काफी पहले ही, हमें वन-विभाग के बँगला-पाँच के सामने ही उतार दो।'

कुछ देर और चलके, मोटर रुक गई। जब वो, उतरने लगे, तो नान्या ने एक कावा और ऊ मोटर-हाँकणे वाले मनख को, फिर से 'जै-रामजी' की बोल दी। नान्या ने, जल्दी से ऊके, ऐ भी बोल बताया कि वो बड़े'बा का नान्या है। और ओके साथ, जो मनख हैं, वो ओके दायजी हैं। ऐलकार के याँ बँगले पे नौकरी करते हैं।' दायजी ने, मोटर की पीठ पे लदे, अपने सामान को, नीचे उतरवाया, तब तक,नान्या भी सिढ़ाव उतर के, नीचे आ गया। दायजी ने अपने पोटले और उसका झोला, इकल्ले ही उठा लिये।

अब, वो और दायजी, मोटर से उतरने के बाद, सेरगाम वाले घर के सामने थे।

दोनों पोटले, दायजी ने कन्धे पे उठा रक्खे थे और उनका लाल झोला, उनने अपने जीमणे कान्धे पर टाँग लिया था।

ओ'ने देखा आक्खा ही घर, चारी-आड़ी से ऊँच्चे-ऊँच्चे झाड़-झडुकल्यों से घिरा हुआ था। सब के सब वो, ऐसे खड़े थे, जनेकि पाठशाला में, प्रार्थना के समै सभी बच्चे खड़े होते हैं। दादी होती तो जरूर से बता देती कि वे काय की प्रार्थना करते हैं। उनमें, सगळे झाड़ ऐसे थे, कि वो ऊ'की तो पिचाण में ही नी आ पा रहे थे कि वो कौन-कौन बिरादरी के झाड़ हैं। उन पर, इत्ते सारे लाल फूलड़े खिले हुए थे, जनेकि सबने ब्याव में अगुवाई के वास्ते, अपने माथे पे, लाल रंग की पागड़ी बाँध रखी हो। नान्या को, याद आया कि ओ'ने इनमें से तो, एक झाड़के को भी गाम के बँजारा-बाग में भी नी देखा। सब के सब, निरबंक ओगले थे। जात ही दूसरी। शायद से सेरगामी।

'ये ही बँगला है...।' दायजी ने बोला। वो ठिठका रहा ओ'के अचरज हो रहा था...तो क्या, माँ, नानकी और दायजी इत्ते बड़े बँगले में रहते हैं... ? याँ सेरगाम में, क्या पटेल की हवेली मान मकान को बँगला बोलते हैं ? बँगले तक आते हुवे, रास्ते में चारी-आड़ी गाबड़ी फेर के देखने से, ओ'के मन में सवाल आया था कि वो, दायजी से पूछे कि क्या सेरगाम बड़ले पे रै है। नेंठूई डूँगरी पे... ? याँ डूँगरी पे, घर ही घर हैं, जबकि दादी बताती है कि अपने वाँ गाम में डूँगरी पे गुफा है, जि'में न्हार रैहता है। अपनी घरवाली और बच्चों सम्मेत। वो, वहीं से ही आ'के परताब'बा की दूध देती बकरी को उठा के, ले गया था और परबतसींग पटेल'बा की गाय के दूध धाते बछड़े को।

'पूरा..ऽ...भोपाल ही पहाड़ी पे बसा है...।' दायजी ने, जनेकि अपने से ही बोला।

नान्या के सामने बड़ा-सा फाटक था, बँगले का। वो, अब तक तो इत्ता ऊँच्चा नी हुवा था कि वो, ओ'के खोली सके। गाँव में, पटेल'बा के नैरे के लकड़ी के फाटक से भी बड़ा और जंगी फाटक, नान्या पेल'दफे देख के, दंग रै गया। दादी होती तो बोलती—'लो कोई डेढ़ पुरूस ऊँच्चो।' पण, दायजी ने, तभी ओ आड़ी इशारा किया, फाटक की बायीं आड़ी, जाँ पे, बड़े फाटक के माँय, एक और छोटा-सा फाटक था। छोटे फाटक के पास ही, पतरे की एक तख्ती थी, जि'पे भौतई सुन्दर हरफों में लिखा था, जिसके नान्या ने फटाक से, सारे हरफ एक-एक करके पढ़ लिये। रा-म-श-र-ण-श-र-मा। बँगला-पाँच।

'शर्मा' तो उसको सही लगा। पर, 'रामशरण' समझ में नी आया। क्या, दायजी का नाम, सेरगाम में आके, 'दयाराम' की जिगहे 'रामशरण' हो जाता है... ? फिर नान्या ने, ऊ में एक गलती भी हेड़ निकाली। लिखना चईये था—'रामशरण शर्मा का बँगला'। बताव, लिखने में, लिखवा-वाले से, 'का' ही छूट गया।

दायजी ने, जैसे ही वो, छुटका फाटक खोला, तो नान्या बुरी तरह से डर गया। क्योंकि फाटक खोलने की खट-खट की आवाज के ही साथ ही, जाने कौन दिसा से, कोई जबरा टेगड़ा जोर से ऐसा भौंका, जनेकि हवा में चौतरफा, कम्प भर गया हो। हरी बागुर में छिप के बैठी, चिड़ियाओं की छोटी-सी टोली तो, बेल्कुल जान छोड़ के ही उड़ भागी और सीधी अक्कास में फुर्र हो गई। नान्या के भीतरे, बेतरह धूजणी भर गई और मारे 'भे' के सारे बदन में, जगे-जगे चींटियाँ काटने लगीं। क्योंकि टेगड़े के भौंकने की आवाज, ऐसी अटपटी अने ओगली थी कि ऐसी आवाज तो ओ'ने अभी तक, कभी सुनी ही नी थी। दादी की कैणी में, खाली नाहल्ड़े की आवाज ऐसी लगती थी। भूरिया और गाँव की गली के सारे कुतरों की भौंक से, एकदमै से अलग है, ये तो। कहो कि भूरिया समेत, गली के सगले कुतरे मिल-जुल के, एक साथ जोर लगा के भौंकें तो भी ये वाली भौंक की बिरोबरी, नी कर सकते।

तभी, वो भौंकने वाला कुतरा, बँगले से बाहर के औसारे में आ गया।

नान्या को लगा कि वो, औसारे की ओर से कूद के, झपाटे से, ओ'के ऊप्पर झूम के, ऊके लिथेड़-लिथेड़ कर काट खावेगा। पण, उसके गले में पट्टा था और पट्टा साँकल से जुड़ा था। वो, टेगड़े के भौंकने की आवाज में, साँकल की झन-झन भी मिली हुई थी। तभी, वो भौंकने वाला कुतरा औसारे की ओट पर चढ़ आया।

येल्लो, बाप रे बाप...ये तो भूरिया से भी भौतई भारी है। अभी तक वो, अपने भूरिया को ही सबसे धाकड़ कुतरा मानता था। दादी तो कहती है—'नान्या, यो तो जनेकि भैरू-भगवान् को साक्छात् अवतार है, थारो भूरियो कुतरो... !' ओ'ने सोचा, भूरिया के पँजे में, बावीस नाखून हैं तो इसके पँजे में जरूर से, चौबीस होंगे। ऊ'के

कान ऊँच्चे और लम्बे थे। ऊँच्चई में तो समझो कि बस, काबरी गाय के, केड़े के बिरोबर। नज-मजे की, बड़ी और लम्बी पूँछ। एकदम जने कि माल के जिनावर की पूँछ हो। वो मारे डर के, लकलकी से भरा दायजी के लतरे पकड़े, उनके पाछे, चिपटा-सिमटा होके, दुबक गया।

'डरने की बात नहीं है, नान्या... ! वो तो चैन से बँधा है, हाँ। काटेगा थोड़ेई... !' दायजी ओ'में बिसास भरने के वास्ते बोले, तो भी नान्या के भीतर के 'भे' में, रत्ती भर की भी कमी नी हुई। नान्या का जीव तो, नेंठूई ओ'की तानकी में चढ़ा हुआ था। कुतरा की जात को कँई भरोसो... ?

'ऐ भेरू चुप...चुप होजा..!' दायजी ने कुतरे को बोला, तो ओ'ने अपनी, एकाध छोटी-छोटी पिचाण बताने वाली भौंक और मारी और फिर चुपा गया। दायजी ने हड़काते हुए, जो ओ'का का नाम बोला, तो नान्या को ठीक से सम्पट ही नी बैठी कि उणने ओ'के 'शेरू' बोला कि 'भेरू'? हो सकता हो कि 'भेरू' कहा हो। दादी भी तो, कुतरों को 'भेरू' का औतार बोलती है। ओ'के खुले से बड़े जबड़े, बार-बार बाहर निकल-निकल के, लपलपाती जीभ और हिलती पूँछ से डर, रह-रह के ओ'की की तरफ आ रहा था। नान्या ने, सोचा कि यदि वो झपट्टा मार दे तो समझो कि एक ही लबरके में, वो उसकी टाँग तोड़ खाये। जबड़ा तो ऐसा कि कालू कुल्मी काका देख के, कहते—'यो तो आध-सेर माँस हेड़ी खावै।' नान्या को तो, एकबारगी, ये भी लगा कि हो न हो, दायजी बिसरे-भूले में, कुतरे की जगेह, कोई और ही जिनावर तो नी बाँध लाये... ? कहीं ब्याघसली का, ब्याघसला तो नी... ? क्योंकि, ऐसा जबरा कुतरा, वो जिनगी में, पेल'दफे देख रहा था।

'ये डाबरमेन है...।' दायजी ने, छोटा फाटक बन्द करते हुए बोला। और बजाय बँगले के आड़ी बढ़ने के, वे ओ'से उल्टे चलने लगे। ओ'के कुछ भी समझ में नी आ रहा था कि दायजी क्या बोले... ? 'डाबर' जैसी कोई बात बोली थी। 'डाबर' का चुवनप्राश, वो जानता है। दादी का मुताबिक 'जि'के थारा बड़ा'बा बैदजी के चक्कर में, चटोरे-सरीखा चाटता रै दिन भर।' नान्या से कुतरे और डाबर के बीच, कोई मीजान ही नी बैठ पा रहा था—पर, वो चुपचाप बिना बाचा के मनख मुजब चलता रहा। वो सोचने लगा, बँगले के दरवाजे के आड़ी जाने के बजाय दायजी पोटला उठाये-उठाये, इधर काय लेने जा रहे हैं...क्या पता... ?

'ये वाला तो साहब का बँगला है, इसमें वो रहते हैं, हमारे साहब—रामशरण शर्मा जी। और उनके घर के लोग...और अपन तो वो...वहाँ रहते हैं...वो वहाँ... !' दायजी ने, इत्ते लम्बे चौड़े बाड़े के, कोने की तरफे , अँगुली उठा के इशारा किया वहाँ, दूर बँगले की-सी ही लाल ईंटों वाला ही, छोटा-सा खापरे वाला घर था, जो ऐसा लग रहा था, जनेकि बँगले से ही कोई टुकड़ा टूट के, वहाँ अलग फिंका गया हो। जैसे कभी छिपकली, नी दूर फेंक देती है, अपने शरीर से तोड़ के, अपनी

पूँछ... ? बँगले ने झटक के, तोड़ फेंका हो, वो हिस्सा। पर, अभी तो मारे धूजणी के ओ'के मूँ से, बोल ही नी फूट पड़ रहे थे। वो, दायजी के लतरे का कोना पकड़ के, गते-गत, उनके पिच्छे-पिच्छे चलता हुआ, वो वाले, इक मंजिले घर की ओर बढ़ रहा था, जिसकी आड़ी दायजी ने इशारा किया था।

नान्या ने, वहाँ, ओ वाले घर की आड़ी धियान से निगाह डाली।

वाँ पे, पाँच छः झाड़-झड़ुकल्ये थे, जिनको वो पिचाण तो पा रहा था, पण, उनका व्यवहार एकदमै अलग था। एक झाड़का, जरूर एकदम ओगला और अनजाना था। बिना ओलखाण का। पीपल का जो झाड़ था, वो नीम से भाती पड़ गया था, जनेकि ओ'की बाँह मरोड़ रहा हो। ऊ'की बड़ी-बड़ी, दो तीन डगालें, नीम के भीतर जगे-जगे घुस गई थीं। इमली की तो बड़ के झाड़ ने, समझ लो कि जैसे नेंठूई गलगच्ची ही दे रखी हो। वो, आड़ा-बेड़ी देकर चारी तरफ से लिपट-सा गया था। कहो कि बिचारे की जान हेड़ लेने की, तै कर चुका हो। एक खजूड़ला था, वो बिच्चारा धरती पे आड़ा पड़ा था। मनेकि इन दो'ई के झगड़े-झाँटे के बीच, गरीबड़ा धक्का खाके गिर पड़ा हो। ये बखत ऊ'ने कैसे तो भी सिरफ अपना माथा ऊँच्चा उठा रखा था। जि'के कारण, ओ'के खोड़िये लटूरियों की तरह लटक रहे थे। उनके माँय, एक बेलकुल बिना पिचाण का झाड़ भी था, जि'की कमर की ऊँच्चाई तक,आसपास लोहे पत्तियों का कटघरा था, जैसे वो रात में कहीं भाग नी जावे, इस डर से ओ'के कोई ने खाँग के रक्खा हो।

नान्या को, दादी की, वो एक कैणी याद आ गई, जि'में अम्बे का झाड़, रात के तीसरा पोर में एक गरीब आदमी के आँगणे में, जाके गरीब आदमी के बच्चों के वास्ते, अपनी केरियाँ और साग टपका आता और फिर वापस ठाकोर के बगीचे में आ जाता था। जब, ठाकोर को झाड़ की, ये सयाणपत मालूम पड़ी, तो ओ'ने ऊ'की कई सारी बड़ी-बड़ी डगालें काट के, ओ'के गोड़ के चारों तरफ, लोहे का कटघरा लगा दिया, ताकि वो रात में, कहीं इधर उधर जा ही नी पावे।

कुल मिलई के सगली बात, ये कि वो अब चलते-चलाते, दायजी के केहणे के मुताबिक, अपने घर के सामणे आ गये थे। घर में बाँस की खपचियों का बना, छोटा दरवज्जा था, जि'पे गाँव में दीवाली पर, गाय बैल के सींगों के रंगने वाला रंग चुपड़ा हुआ था। हरा-हरा। दादी देख के बोलती—'नान्या यो तो एकदमै-से सुआपँखी।' पे, वाँ पे, दायजी के नाम की लिखी हुई, कोई पाटी नी टँगी थी।

दायजी ने, अध-खुले दरवज्जे में हाथ डाला और भीतर की साँकल खोल ली।

दरवज्जा खुला तो दायजी, पोटले सम्मेत भीतरे चले गये। उनके पिच्छे-पिच्छे, वो भी। भीतरे पोहँचते ही दायजी ने, झटके के साथ, कन्धे से पोटला, एक ओर पटका,तो नान्या के कलेजे में पोटले के, ऐसे अलपर्वाई के साथ फेंकने से, बड़ा-सा डबका बैठ गया कि पोटले को, ऐसे जमीन पर फेंकने में, कहीं नानकी के लिये, गाम

से लाये गये, उसके वो सगले खिलौकणे टूट ही नी गये हों, क्योंकि, वो सब तो गारे के ही तो बने हैं।

दरवज्जे से भीतर आके, ये बखत वो, जाँ पे खड़ा था—वाँ पे उसने, एक भरपूर निगेह डाली। ल्लो, ये जगेह तो, गाम के औसारे और बड़े'बा की बैठक से, भौत'ई छोटी है। छत, खूब ऊप्पर और बिना डाण्डे की थी। दादी होती तो, वो तो ये सब देख के कहती—'नान्या, आग्गो बलो रे, इम्में कोई छींको बाँधे भी, तो बताव, काँ बाँधे... ?...ऐं... ?' तभी ओ'का धियान गया। कि वाँ पे, जैसे सुतली से, काँच का कोई कुछ, भँवरे मुजब गोल-मटोल सा, हवा में लटक रहा है, जिसे वो पेल दफे देख रहा था। और, बड़े'बा तो, ये घर में आ के, सुभै से साँझ तक भौतई पिन्नाटे में रहते और कहते—'येल्लो...दयाराम की माँ...बताव, इसमें कहीं कोई मौलवा ही नी है, भई...। अब, कोई चीज ऊप्पर धरना हो, तो कोई क्या अपन माथे पे धरता फिरे क्या... ? याँ तो सगली चीजें, नान्या को हाथ-लगी हो जावेंगी...और, ल्लो कवेलू की गर्मी तो, एकदम ऊप्पर की ऊप्पर रह जाये...।'

तभी, सहसा उसकी नजर कोने में गई, तो वो तो, उण्डे अफसोंच में ही पड़ गया कि वाँ पे पाठशाला में गुरुजी के बैठणे जैसी, लकड़ी की एक कुड़छी और एक मेज भी थी। मेज के ऊप्पर, एक घड़ी रखी थी—बेलकुल ही, पाठशाला की घड़ी के जैसी...और ऊके ऊप्पर भीत पे था, वोई का वोई काँच में मढ़ा, बापूजी का छापा। छापे के पिच्छे, चिड़ी ने घोंसला बना लिया था। एक चिड़ा था, जो छापे पे बैठा था—दायजी, कन्धे का झोला भीत से लगे तखत पे रखने गये, तो वो उड़कर खिड़की से बाहर हो गया। नान्या ने, ये सब देख के मने-मन सवाल किया—तो क्या, दायजी याँ पे गुरुजी बने हुवे हैं? छोरे होण को भणाते हैं.. ? पण, कहीं कोई श्यामपट और टाटपट्टी तो दिखाई नी दे रही है? भीत में, एक अल्मारी थी, काँच लगी, जिमें पोथी-ही पोथी-ही भरी पड़ी थी, जिस पे भी, कड़ी में पीतल का, एक ढगल्ये बिरोबर टुईयाँ-ताला लगा था।

'अरे, नानकी... ! भई कहाँ हो... ?' दायजी ने हेला पाड़ा। हेला पाड़ते ही घर के और भीतर से फदड़क-फदड़क दौड़ कर, किसी के, बाहर बैठक की तरफे आने की आवाज आने लगी। पल भर बाद ही, नान्या ने देखा कि दहलीज पर, बीच दरवज्जे के, गुलाबी झगले में, कोई गोरी-गट्ट छोटी छोरी है, जि'की दो-दो चोंटियाँ थीं और ओ'ने उनको आपस में, एक लाल चिन्दी से बाँध रखा था। दादी की चोंटी की तरेह, सतरंगी नाड़े से गुँथी हुई नी थी, वो। वो, खिल-खिल हो रही थी।

ऊ'ने, हवा में हाथ फैलाये तो दायजी ने, चट से ओ'के गोद में चढ़ा लिया फिर दायजी ने ऊ'के गाल पर मटी भी दी और गाढ़े-गाढ़े से मुसकराये भी।

'अरे, मेरी बेटी कैसी है... ?' दायजी ने, नानकी से लाड़ में भरी आवाज में पूछा। जवाब देने के बजाये ऊ'ने दायजी के गाल पे मेंटी दे दी। तभी, नान्या को याद

आया कि जब दायजी, गाँव आये थे,तो ओ'ने ही तो दरवज्जा खोला था। तब, दायजी ने, ना तो ओ'के उठाया था, ना ही ओ'के गाल पे मटी दी थी। नान्या को, थोड़ीक बेर को लगा कि वो तो, जनेकि अनमानेती का बेटा हो। नान्या का मन, ये बात से डुबक-डुबक हो गया।

नान्या ने खुद'ई से बोला—'हौ, ये ओ'की छोटी बेन, नानकी ही है। पर, ये तो, वो नानकी जैसी बेल्कुल नी है। नानकी की याद, उसे अच्छी तरेह से है। जब, वो पारसाल के भी पारसाल, माँ और दायजी के साथ गाँव आयी थी। जब, गाम में बापू'बा का इन्तेकाल हो गया था और उनका नुक्ता था। दादी ने, तब माँ और दायजी से पछतऊ बात भी कही थी—'अरे, दयाराम, तम दोई मनख, खाली मरिया-गड़िया का नुक्ता में आव। कदी-कदी यों ही अई जाया करो। नी तो फिर, इना नान्या का वास्ते तो, ओकी बेन नानकी और माँ, बेल्कुल ओगला मनख जैसी हुई जावगा।'

तब, नानकी, कित्ती'ई तो छोटी थी। वो, ऊके अपनी पीठ पे, उठा लेता था। घोड़ा-घोड़ा के खेल में। ऊके तो बाल भी भूरे और सुनेरी थे। वो उदास हो आया कि ये नानकी, वो वाली नानकी नी है।

'पापा आ..ऽ गये...पापा...ऽ आ गये।' नानकी, ऊँच्ची आवाज में जोर से, ऐसी बोली जनेकि, किताब की 'बोली' में, कोई तोती बोल रही हो। एकदमै से ओगली। जि'में नान्या को खाली इत्ती बात ही तो समझ में आयी कि—'आ गये हैं !' मतलब आने की बात कही है। लेकिन, पहले के दो सबद की, नान्या को सम्पट ही नी बैठ पा रही थी कि ओ' पेहले वाले सबद का मतलब क्या है.. ? वो पेल'दफे कोई के मूँडे से, ये सबद सुन रहा था—'पापा'।

'अरे, सुनो तो...! जरा निकल के बाहर तो आओ।' दायजी ने, अपनी मोटी और पाटदार आवाज में, प्यार भर के बोला। पेल'दफे लगा कि उनके मूँडे पर, भौत घणी सारी खुशी फैली हुई है। पूरा मूँडा ही खुशी से उबराण आ गया है। नानकी को गोद में उठाने के बाद, दायजी की आवाज तो इतनी नरम हो गई, कि बस पूछो'ई मत। कहना पड़े तो कहो कि मैदे में मलाई मिलई के मस दी हो।

उनने, नानकी को गोद से जमीन पर उतारा, तो वो उतारते ही सरपाटे से दौड़ती हुई, घर के भीतरे घुस गई। नान्या को लगा, जैसे उसके कालजे के भीतरे, कोई काँटा गड़ गया है और साल रहा है। नान्या को उलझाँट हो रही थी। ओ'ने सोचा—'ये नानकी है, तो फिर, ओ'के वो पिचाणती क्यों नी है... ? नान्या को लगा जनेकि पेट के भीतर से, रुलाई का कोई मोटा-सा बरगूला जैसा उठके, नेंठूई ऊके कण्ठ में आके, उलझ गया है। अब, ये बखत में कोई, ओ'से बोलने की कह दे, तो सच्ची में, वो अपने गले से, एक भी हरफ फोड़कर बाहर नी हेड़ पावेगा।

'अरे, ये तो नानकी का बड़ा भाई आया है...!' भीतरे, शायद से रोटीघर से, बाहर आते ही, जि'ने हुलक के, ये बोल बोले तो वो, झट से पिचाण गया कि ये तो

वोई, माँ है। आँखें, हाँसने का लटका और हाँ, आवाज भी वही, पहिले वाली, जिके ओ'ने गाम में देखा था। पारसाल के भी पारसाल। पर, इसके बाद भी नान्या को, मन के माँय लग रहा था कि गाँव में, बापू'बा के नुक्ते में, जो माँ गाम में अई थी, वो वाली जैसी माँ, ये तो नी ही है। अब, माँ ने, दादी के जैसा माँथा भी नी बाँधा हुआ है। बाल एकदमै खुल्ले हैं। लुगड़ा तो बेलकुल ही नवी ढब का कहीं, ऐसा तो नी कि हबड़-तबड़ में, माँ ने लुगड़े को, उल्टा ज पेहन लिया हो।

माँ के हाथ में, दो गिल्लास थे। पानी के भरे हुवे। ऊ में से हाथ बढ़ा के एक दायजी ने ले लिया और, खड़े-खड़े ही घुटकने लगे। दूसरा गिल्लास, माँ ने, ओके हाथ में दे दिया ऊ के भी, तीस तो लग ही रई थी। नान्या ने, मूँ से अड़ाया और एक ही साँस में, पूरा खाली कर दिया।

'बेटा और पानी पीओगे... ?' ऊ ने नकारे में, अपनी मुण्डी हिला दी। नान्या को लगा कि माँ बोली तो, बेलकुल किताब में लिखी, बोली जैसी बोली है। अपनी ज नी लगती। नान्या को थोड़ी-क बेर तो समझ में ही, नी आया कि ये घड़ी में, वो क्या करे... ? रोवा लाग जावै... ? हँसे या कि दौड़ के, हरी खपचियों वाले दरवज्जे से, हिट के बाहर भागी जावै। माँ ने, ओ से और दायजी से, खाली गिल्लास लिये और दोनों को एक के भीतरे एक फँसा के, अपने डाबे हाथ में रख लिये।

'ये नान्या है... ?' नानकी, ये बीच, भीतरे से बाहरे अई गई थी-ने, माँ की तरफे मूँ करके जनेकि संका में भर के पूछा। फिर ओ'ने नान्या की तरफ मूँ किया और उससे तपासा—'बताव, क्या तुम नान्या हो... ?'

नान्या, गुपचाप वहीं खड़ा रहा बिन बोले। जनेकि, सवाल ओ'से नी, कोई और लोग से किया है। अलबत्ता, इसी बीच, माँ ने ही, नान्या को टाँटड़ी पकड़ के, अपनी आड़ी खींचा और ओ'के अपने से लिपटा लिया। नान्या को, सहसा ये लगा, कि माँ के कपड़ों में, उसका मुँह लगभग धँस गया है। माँ के कपड़ों में, ऊके, दादी के कपड़ों वाली बास नी लगी। वाँ बेल्कुल कोई और ही तरह की बास मिली, जिके, ठीक तरेह से, ऊ'की नाक से पिचाणी ही नी जा रई री थी। जैसे कि गंज तरेह के फूल होण को, मसल दिया हो, हाथ से। दादी के, लत्ते-कपड़ों में तो कच्ची हरी घास, ओस और जँगली फूलों-पौधों की पत्तियों की, बीड़ और बाड़े की बास होती है। उम्बी-होले वाले दिनों में तो, दादी के कने सोते हुए, लगता है, जनेकि, गेहूँ-चने के खेत में ही उतर गया है, वो। नान्या ने आँख मूँद ली। वो, बाट देख रहा था, कि बस माँ उसको उठाने ही वाली है, अपनी केड़ या गोद में, जैसे कि दादी उठाती है, केड़ पे। दायजी ने भी तो, मोटर पे चढ़ाते हुए, नान्या को, फटाकदनी-से अपनी गोद में उठा लिया था। लेकिन, ऐसा कुछ नी हुवा।

नान्या को, लगा कि बस उसकी रुलाई की कच्ची पाल टूटवा वाली ही है।

'हाँ, बेटा ! ये तेरा बड़ा भाई नान्या है...।' जब, दायजी ने, ये बोल बोले

और फिर अग्गे बोले—'चलो, भई तुम लोग इससे बात करो, तब तक, मैं बँगले पर होकर आता हूँ, वहाँ आज हाजरी जरूरी है।'

दायजी ने, टोपी ठीक की और वे ये बात बोल के, खपचियों वाला दरवज्जा खोल के फटाक-दनी से बाहर ही चले गये। उनके जाते ही, नान्या को लगा, कि वो तो अब, अन-ओलखिये घर में, एकदम ऐकल्ला ही पड़ गया है। समझ में ही, नी आ रहा था कि वो अब, इनके माँय क्या करेगा... ? अभी तो नान्या में, कोई भी और कैसी भी बात पूछवा की, हिम्मत ही खुट गई थी।

'हट्ट...माँ, ये नान्या नँई है...।' पहिले नान्या की आड़ी देख के, जैसे परखने के वास्ते नानकी ने नजर को बारीक करके देखा फिर माँ की तरफे , अपना मूँ मचकोड़ के, जब ये बोली तो ओका मन हुआ कि बोले, 'वो नान्या ही है' और उसका, वही गाम वाला बड़ा भाई...नान्या दादा... ! ये बात को, साबित करवा के वास्ते, वो अभी ही, अपना पोटला खोल के, ऊके वास्ते लाई गई गारे की गाड़ी, चिड़-चिड़ी, मखोले के बान्दरा और बान्दरी, सेठ-सेठाणी, मनेकि, सबके सब को, सबूत की तरह बता दे, जो वो नानकी के वास्ते, खासतौर पर गाँव से लाया है। अरे, वो उसका बड़ा भाई है, ये बात तो, ये सब ही मिल के खुद'ई बता देगें। फिर तो, नानकी को खटाक-दनी से, याद आ ही जायेगा कि वो गाँव में, ये वाली गारे की गाड़ी से, कैसी तो भी खेलती रही थी...। हाँ, पारसाल के भी पारसाल।

'बड़े'बा और दादी कैसे हैं... ?...ठीक हैं ना, दोनों...।' माँ ने, ये पूछा भी और अपनी ही बात में, पूछे गये सवाल का जवाब भी, अपनी ही तरफ से मिला दिया तो ल्लो, अब वो, बड़े'बा और दादी के बारे में, माँ को क्या बताय... ? भला, अब वो बोले भी तो क्या बोले... ? बस, हामी में, ओने अपनी छोटी-सी मुँडी हिला दी। माँ ने, ओके बाल में, अपना हाथ फिराया और बोली—'नान्या, बेटा, तू क्या खायेगा... ?'

नान्या को, माँ का हाथ, अपने माथे में फिरने से, भीतर ही भीतर, एक ऐसी भरभचक उमाड़ी उठी कि वो माँ के वास्ते क्या-क्या नी कर दे... ! माँ ऊके बोल दे, तो वो माँ के, सगले बरतन माँज दे, खजूर के खोड़िये की सँजवारी उठा के, सारे घर का बुहारा कर दे, कपड़े धो-निचोड़ के सुखा दे...आटा गूँथ दे, रोटी बेल दे, डागले पे चढ़ के, गुड़ की खोड़ी हेड़ दे। ओ'के लग रहा था कि माँ, ओ के माथे में, खूब जोर से अपना हाथ घुमावे और बिगाड़ दे, उसकी माथे की पाटी और एक कावा ऊका गाल पे मटी दे दे। नान्या ने, माँ को, ऊके सवाल के जवाब में, बस एक छोटी-सी बात भर बोली—'हूँ रोटी जीमूवाँ।'

'अरे, वो तो ठीक है, पर तुझे सब्जी कौन कौन-सी पसन्द है... ?' माँ ने, जब ऊ से, ये सवाल पूछा, तो नान्या भौतई साँकड़े में पड़ गया। समझ में ही, नी आया कि क्या कहे.. ?

वो, पसोपेंच से घिरा हो गया। बताव, दादी तो उससे ऐसा पूछ के, कभी भी

परेशानी में पटकती ही नी है। ओ'के सब-का-सब माल्लम है कि उसको भटे भाते नी हैं...भिण्डी भुराला कर देती है...और करेले काटते हैं...और गँवारफल्ली देख के तो वो, एकदम से पिन्नाटे में ही आ जाता है। और, कद्दू खाने से तो, ओके पेट से पद्दू निकलती है। बाकी, वो सब खा लेता है, जो बड़े'बा अपने भगवान् को भोग लगाते हैं। बड़े'बा कहते हैं—'भोग में भटे निषिद्ध हैं, ये सब तामसी हैं। चातुरमास में तो बेल्कुल ही नी खाने चाहिये।' दादी केहती है—'क्या करो, थारे बड़े'बा को, पण्डित पन्नालाल परसाई जी ने, ये सब उल्टा-सुल्टा गियान, जो बाँट रखा है, नी।' माँ ने, ये पूछ के ओ'के सामने, बड़ी बिपत खड़ी कर दी। मन में आया, कह दे—'मैं तो ये बोलूँ कि माँ, बस तू जो बनावेगी, बस वोई खई लूँगा।' असल बात तो, ये थी कि इस बात की खुशी में, वो माथ-छेक डूब ही गया था कि आज पेल'दफे, माँ के हाथ की रोटी जीमेगा। वो, जब रोटीघर में जीमवा को बैठेगा, तो फिर माँ को बतावेगा कि वो खुद भी रोटी बेल लेता है। एकदम से गोल। आगुण की आँच में सेंकना भी आता है। दादी ने, ये सब सिखा दिया है, ओ के।

माँ, शायद रोटीघर में से, रोटी-पाणी की तैयारी को, बीच में ही छोड़ के आई भी। दायजी की हेला पाड़णे की आवाज सुन के। सो वो, फिर से वापस, भीतरे चली गई। नान्या ने सोचा कि नानकी, अभी ओ से बोलने में, शायद से सकुचा रई थी। वो भी, ऐ का वास्ते ही, माँ के लुगड़े का पल्ला पकड़े-पकड़े के, माँ के गेले-गेल, भीतरे ही चली गई।

ओने सोचा, कि येई बखत है वो, जबकि वो, पोटले में से, नानकी के वास्ते लाये गये, खिलौकणे बाहर निकाल ले। वो, जब नानकी को, सगले खिलौणे अपने हाथ से, उसको देवेगा, तो नानकी, एकदमै से खुश हो जावेगी और ओ से, घणी प्यार से बोलने-बतियाने लगेगी। ऊको, वो पिचाण भी लेगी कि मैं ऊ का, बड़ा भाई नान्या ही हूँ। हाँ, नान्या दादा...वोई...गाम वाला। जो ऊके, अपनी पीठ पे, घोड़ा-घोड़ा करवाता था।

वो, पोटले की गाँठण खोलने लगा।

पोटले में, बेल्कुल ऊप्पर के ऊप्पर धरे थे, सारे खिलौकणे। चिड़े-चिड़ी और सेठ-सेठाणी। सेठ-सेठाणी तो पट्ठे दोई जनेकि, सेरगाम में पोहँच के बाहर आने के वास्ते, नेंठूई हाबरिया-काबरिया हो रहे थे। दोई, फटाक-दनी से, कूद के बाहर निकल आये। चिड़े-चिड़ी भी फुर्र-से बाहर फुदक पड़े। हाँ, बान्दरे-बान्दरी, बदमासी करके जरूर कहीं भीतरे छुपी गये थे। उनको हेड़ कर, बाहर निकालने में, थोड़ीक देर लगी और गाड़ी तो अपनी जूड़ी और पहियों सहित, पोटले के कपड़े में फँस गई थी। सबको वो जमीन पर कायदे से, एक के कने एक, जमाने के बाद, सोचवा लगा, कि ऐसे में अगर घर के भीतरे से, अभी नानकी बाहर निकल आवे तो, वो खुदई रह के, ओ'से कहेगा कि—'ऐ नानकी, इधर आ...! तेरे वास्ते, देख मैं गाम से, क्या-

क्या लई के आया हूँ...! फिर वे दोनों'ई भाई-बेन, मिल-जुल के, सब खेल खेलेंगे...हौ, कित्ता मजा आवैगा। वो चिड़े-चिड़ी और बान्दरे-बान्दरी का तो ब्याव भी करवा देगा। ऐसा सोच के नान्या को लगा, कि वो मार खुशी में, उछल ही पड़ेगा। हुप्प-हुप्प करके, गुलाँटी ही मार देगा।

'अरे, नान्या! तूने ये अपना, पोटला खोल-खाल के, ये सारा सामान काहे बिखेर दिया। चल बन्द कर...। बाँध दे, इसे...अभी।' माँ फिर से कोई काम के वास्ते बाहर बैठक में आई, और ओने ने, ऊ'के पोटला खोलते देखा तो एकदमै से टोंक दिया। माँ की, ये टोंक से, नान्या का तो, अब सब कुछ ही सुन्न पड़ गया। कुछ कहने की तो बात तो छोड़ो, वो से हामी में, अपनी मुण्डी भी हिलाने की नी बनी।

माँ, तखत पे रक्खा कोई सामान था, जिसे ले के, फिर से भीतरे चली गई।

ओ'के लगा कि माँ के, ऐसे टोंक देने से तो, गाम से ऊ,के साथ आये, सेठ-सेठाणी और बान्दरे-बान्दरी भी बिच्चारे, एकदम ज से सीने-बीने हो गए हैं। उनके मूण्डे लटक गये हैं। उनमें भी, जनेकि खिसियाणपत भरई गई है। सोचने लगा कि अब नानकी से बोलने-बात करने के वास्ते तो, कोई जुगत ही नी रही...? बताव, अब नानकी, ओ से बोलने के वास्ते, राजी ही कैसे हो पावेगी...? क्योंकि, ये खिलौकणे ही तो, ओ'को राजी करने का आसरा थे। ओ'ने निरासरा-सा हो के, गुपचाप पोटले के भीतर, एक के बाद एक को, गते-गत उठा के, सबको फिर से बन्द कर दिया फिर पोटले में कस के, दो-तीन गाँठण कसके लगाई, ऐसी कि जैसे अब ओ'के अग्गे कभी पोटला खोलना ही नी है। पोटले को, गाँठण मारती बखत में, ऊके मन में से भीतरे से भरभचक-से कुछ उबराण आने लगा था, हौ, भीतरे का न जाने ऐसा कुछ, जिसको वो क्या बोले। जनेकि कोई नाम ही नी हो उसका।

नान्या ने, अपने ओ पोटले को, बेकदरी से खींच के, घर के कुन्ने में कर दिया। याद आया कि बान्दरे-बान्दरी तो ऐसे थे, कि उनको देखी-देखी के, बोंदू का मन हर-हमेसा ललचाता रहता था कि वो यदि दोनों खिलौकणे ऊके दे दे, तो वो उनके बदले में, उसको अपने दोनों, गुल्ली-डण्डे दे देगा...हाँ, पटवारीजी के पास से मारा हुआ, वो काले वाला रूल भी। पर, तब ओ'ने बोन्दू को साफ बोल दिया था—'यार बोन्दू! ये म्हारी छोटी बेन नानकी के वास्ते, सेरगाम ले जाणे को छोड़ रक्खे हैं। अभी तो इनको वो किसी को भी, कोई भी किम्मत पे नी देगा।' बान्दरे-बान्दरी बनाने के बाद तो वो पोमा गया था। जदे ये बात पाठशाला में, गुरुजी को पता लगी थी तो गुरुजी ने कहा था—'नान्या, तुम एक बन्दर और बनाओ...हम पाठशाला में बापूजी के तीन बन्दरों की तरेह तुम्हारे बन्दरों को हमारे कक्ष में रखवा देंगे। जब जिले से बड़े अधिकारी आयेंगे तो उन्हें बतायेंगे। हो सकता है, वे तुमको कोई पुरस्कार दे दें।'

नान्या ने दादी से पूछा था—'दादी, तू ही बता, अब मैं पाठशाला में तीन बन्दर काँ से रख दूँ। एक तो बान्दरी है। फिर दादी, तू म्हार के ये भी बता कि, ऊई बापूजी

के तीन'ई बन्दर है कि उनमें एक बान्दरी भी है।' दादी बोली—'म्हारे भी लगे नान्या, कि ऊई तीन'ई बन्दर ही होगा। अरे, उनमें एक बान्दरी होती तो ऊई दोई, कदी का ओका वास्ते, माँय-माँय लड़ी बैठता। बईराँ के ली के तो बड़ा-बड़ा झगड़ा-झाँटा, मनख-मनख का माँय हुई जावै। तो फिर ई तो बान्दार की जात है रे।'

नान्या के सामने, दादी ने, नवी मुसीबत पटक दी। तो दादी ने ही बाट निकाली थी—'अरे, तू तो इणके खाली, बान्दरा-बान्दरी ही भर रैणे दे...दोई धणी-बईराँ अपणा घर में।'

'दादी, जनेकि बड़े'बा और तू...! फिर भलै'ई होती रै, इन दोई में माथा-फोड़ी।' नान्या ये बोला तो दादी बुहारा करते-करते, बुआरी उठाके ओ'के मारवा के वास्ते दौड़ी थी—'कारे छोरा...हूँ कँई थारा बड़ा'बा से रोज माथाफोड़ी करूँ हूँ? ऐं' तो नान्या खिल-खिल करता हुआ, बाहर भाग गया था, बगड़ में।

पोटले को कोने में सरका के, नान्या, खपच्चियों वाले दरवज्जे से, बाहर आ गया। ओ'ने पूरे बाड़े में, एक निगहे डाली। वाह...! गज्जब, ये तो पटेल'बा के नैरं से भी, कोई दो गुणा बडा है। उनके नैरे में, पाँच-पचौल गाय, और चार सामण के बैल बँधे रहते हैं। न कहो, इसमें दस पचौल ढोर-ढाँढें, यूँ ही, आ जावें।

उधर, जीमणे हाथ पे, शायद से कोई पीवै के पानी की कुण्डी थी। जाँ पे, एक रस्सी और बाल्टी भी पड़ी थी। हो न हो, माँ वहीं से, पीने और न्हाणे का पानी भरती होगी...कित्ता अच्छा है। दादी की तरहे, माँ को पानी भरने के सरू, अधकोस गाम के गोयरे तक, नी जाना पड़ता है—मीठी कुण्डी तक। पर, खयाल आया कि पट्ठे लखन काकू ने, याँ भी तो कोई वैसी ही, गाम जैसी, बेन-बेटी का भोग लेने वाली, मीठी कुण्डी तो नी खोद मारी हो। पता नी उनने याँ पे, मोहरत देख के खोदी होगी कि वैसे'ई। पण्डिज्जी पन्नालाल परसाई से पूछ लेने में, वो आलस क्यों करते हैं। निहाल बुआजी भी योंई हैं। हड़काती नी लखन काकू को।

नान्या चलता हुवा, कुण्डी के पास पहुँच गया।

नान्या ने निगेह घुमाई। देखा कि कुण्डी से कोई पाँच-छै रास की छेटी पे, इत्ते सारे बड़े-बड़े झाड़ थे, कि कोई बड़े'बा जैसे झाड़े-जर्मन आदमी ने, उनको हड़काया और घेरी के जैसे एक जगह भेले कर दिये हैं। एक दूसरे में, वे इत्ते जादा भिच्चम-भिच खड़े थे, जनेकि वे डरे हुवे हैं और एक दूसरे से, बिसास बटोर रहे हों। नान्या ने, सोचा कि उनकी डगालों में, धूप तो उलझ के, ऊप्पर की ऊप्पर ही रै जाती होगी। पत्तों के माँय। जैसी कि बंजारा-बाग में झाड़कों में रै जाती है। नान्या को, संका हुई कि याँ पे, साँझ में कहीं न्हार तो, नी आवै...? क्योंकि, ये भी तो हैं, पहाड़ ही है, नी? डूँगरी। पर, ये बात को, वो पूछे तो पूछे ही किस से...? हो सकता है कि वो, उन सब के 'झाड़े' जाने की जगेह हो। जाँ, गाम में लोग 'झाड़े' जाते हैं, वाँ भी झाड़ ऐसेई तो भिच्चम-भिच हैं। झाड़े के वास्ते, बैठणे के बाद तो, आदमी दिखता ही नी

है। वो तो, जब मनख हाथ-पाणी लेने के बाद, खड़ा हौवे, तबै पता चलता है कि कोई वाँ पे 'झाड़े' बैठा था।

फिर ओने जीमणे हाथ की आड़ी थोड़ाक दूर देखा। वाँ, वो ठेठ दक्खन में, लाल-ईंटों वाला मकान था, जि'के दायजी बँगला बोल रहे थे और जिमें दायजी के, वो ऐहलकार साहब रहते हैं। जब, बाड़े में आये थे तो, वहीं से ही तो वो, काला टेगड़ा भौंका था। वो, ये समै, याँ से तो दिखाई ही नी दे रहा था। बँगले के सामने, हरी घास का एक चौकुणिया खेत था। ओ'के चारी आड़ी लोहे के खम्भे थे, जिनके माथे पे सारस के अण्डों जैसे, बड़े-बड़े और सुफेद से कुछ रक्खे थे। जो, पता नी क्या थे? मन में आया कि वो, नानकी के साथ जाके, कभी नजीक से देखेगा। बोन्दू होता, तो वो यहीं से, हा इत्ती दूर से'ई गुलैल से मार के, उनको निच्चेई टपका देता। बोन्दू का निशाना भौतई अचूक है।

वो, गते-गत चलता हुआ, दायजी के घर के पिछवाड़े गया। तो देखके, फिर चकद्दम रै गया। हत्तेरे की...! ये क्या...? ये तो वोई है, भीत का सहारा ली के टिकी हुई, जि'के बारे में गाम की पाठशाला की, पेहिली कक्षा में एक पाठ था, जि'में ऐसा ही एक छापा बना था। ओमें दो गोल बड़े-बड़े पहिये थे। गुरुजी ने, सब बच्चों को बताया भी तो था—'सुनो छोकरो...! इसके सहारे कोई भी आदमी, घोड़े की चाल तक की बराबरी कर सकता है,। अठ्ठाइस मिनिट में, कोई आदमी अट्ठारह कोस चला जा सकता है..। देखा...! आदमी का दिमाग भी, क्या करामात की चीज है...? कैसी-कैसी चीज बना सकता है वो...? छोकरो, तुम भी अपना थोड़ा दिमाग लगाओ और बनाओ, कोई ऐसी अनोखी चीज! समझे कि नहीं? कहीं के बट्ठरो...! सुन लो, अब इसको बाईसिकल कहते हैं।'

गुरुजी ने, ऊ में, गंज सारी जोखिम भी बताई थी कि जदि इसको चलाणे वाला आदमी, उस बाईसिकिल को रोकने के वास्ते, अग्गे के पहिये में बणी, जुगत को दबा दे, तो फिर वो बाईसिकल, अपना पिच्छे का पहिया, हवा में उछाल के, चलाने वाले आदमी को, औंधे मूँ गिरा देती है। और हाँ, अग्गे ये भी बताया था कि इसको चलाते हुए दुनिया में, कई लोगों ने अपने हाथ-पैर तोड़ लिये हैं और कई लोगों को तो, अपनी जान से भी हाथ धोने पड़ गये। उनने अपनी आखीर की बात, ऐ ठिकाने पर लाके छोड़ी थी—'भले आदमी तो, इससे दूर ही रहते हैं और पाँव-पाँव चलते हैं।' गाँव में कोई के भी घर में, ऐसी कोई बाईसिकल नी थी। बोन्दू ने गाँकरी पुन्नम पे बताया था, कि भूतेसर की जात्रा में, बाईसिकिल आने वाली है। एक अदमी सुभै से सँजा तक, चलाके के बतावेगा और धरती पे, अपना पाँव तक नी रक्खेगा। अगर रक्खा गया।...तो साईकिल चलाणे का, एक नया पैसा भी, उसको नी दिया जावेगा। हाँ, उसको चलाते-चलाते ही रोटी जीमेगा। चलाते-चलाते इक्की और दुक्की कैसे करेगा, ईके बारे में, कोई पता नी था। गाम के आधे से भी जादे लोग, ओ कावा, ये

ही करतब देखने के वास्ते, भूतेसर की जत्रा में गये थे। चिठ्ठीरसा काका भी भले आदमी हैं और डाक से भरा थैला, अपनी पीठ पर ही तो लादके लाते थे। उनके कने भी काँ थी, बाईसिकल। हमेशा पाँव-पाँव ही तो आते थे।

नान्या, पेहिली कक्षा के, पाठ में देखे गये, छापे से मेल कर के, तै कर पाया था कि ये बाईसिकल है। वो ओ'के पास जाके, गुपचाप खड़ा हो गया। फिर चारी-आड़ी, अपनी गाबड़ी घुमा के, खूब हुश्यारी के साथ, निगेह डालके देखा, कि कहीं कोई मनख ओ'के देख तो नी रहा है... ? जब, ये खच्चित हो गया कि इस समै, कोई भी जना उसको देख नी रहा है, तो बस लगा कि रोम-रोम में गुदगुदी भर गई है। नान्या ने, धीरप से, ओ को छुआ और ऊ के चलाणे वाले मनख के बैठने की पाटली पर हाथ फेरा तो चौंक गया।...हत्तेरे की कित्ती नरम...हाँ, इत्ती कि बताने की ही नी बने। ओ'के डर भी लागा कि 'म्हारा छू देने से, ईके चाल-चलण के माँय, कँई कोई खामी आ गई तो उल्टी ओ'के मत्थे नी आ जावे।' चाँदी-सी चमकदार एक कटोरी भी थी, ओके डण्डे पे, अग्गे औंधी धरी हुई। कहीं इसी की चोरी ही माथे नी आ जावे... ? न कहो कि ये बात सोच के, चणिक-सी देर का वास्ते ओ'के सारे सरीर में, हैदस--सी भर गई।

शायद से, इसी हैदस के कारणे, ओ'के पेट में, गुड़-गुड़ होने लगी हो। दादी को तो, हैदस के मारे 'झाड़ा' ही आ जाता है, लोटा लेके भाग ही पड़ती है। इधर ओ'ने, ये सोचा भर ही था कि ओ'के लगा कि ओ'के पेट में भी, गुड़-गुड़ होने लागी गई है और वो, फटाफट 'झाड़े' जाने की कह रही है। वो, तेजी से कुण्डी के कने पहुँचा। वाँ बाल्टी के पास, जर्मन की एक चरू पड़ी थी। ओ'ने भँवरी की फुर्ती से ओ'में पाणी भरा...अने बाड़े के आखिरी कुन्ने में, जाँ भिच्चम-भिच झाड़ खड़े थे, जल्दी-जल्दी पाँव उठाता हुआ वो, ओ आड़ी बढ़ लिया। उन झाड़कों को देख के, पेहली कावा में ही ओ'ने ये अन्दाजा लगा लिया था, घर के सगले लोग जरूर से, याँ पे ही 'झाड़े' जाते होंगे।

वो झाड़े जाने के बाद, ऊके पेट की गुड़-गुड़, छू मन्तर हो गई थी। दादी की बोली में वो बोले, तो कहे कि 'कोठो तो भैया, एकदमै-से साफ हुई गयो।' झाड़े जाके, हाथ-पाणी लेवा के बाद, वो जैसेई खड़ा हुवा, तो अचानक ही नान्या की आँख, झाड़कों से, थोड़ीक दूर और चली गई। वो तो, देख के एकदमै से दंग ही रै गया। अरे, वाह...! गज्जब...! ओकी खुशी तो बेल्कुल बे-ठिकाणे ही हो गई। किस्को बतावे—ओ के तो अक्खे बदन में ही पुलक भर गई। एकदम माथ-छेक। ल्लो, अरे वाँ पे तो, ठीक बँजारा-बाग में, बोन्दू के बताये बीमले मुजब और और कहो कि ओसे भी जादे ही बड़ा, एक बीमला है ! ऐं... ? नान्या को लगा कि याँ पे तो बँजारा-बाग से भी कोई चार-गुणा जास्ती, सुन्ने-चाँदी की ईंट गड़ी लागे। मनेकि, याँ पे भी भूलणजड़ी का कोई गफड़ल्ला ही रहा होगा। पर, ईके बारे में, ओके खच्चित बतावे भी तो कौन... ? बोन्दू की बड़ी डोकरी-माँ भी तो नी है, याँ पे।

ये सब सोचता हुआ, वो वाँ से, बाहर हिट आया पर, ओके मन के माँय, औचक अने, अचानक एक गंज बड़ा उथलधड़ा तो शुरू हो ही गया था। नान्या को, अब लगणे लगा कि ये पक्की तौर पे, ऊके पग-पाल्या होने के बरदान की बखत एकदम कने आ गई है। वाँ गाम पे तो खोदा-खादी के काम में लखन काकू के भेले करने में, थोड़ीक संका भी थी कि ऐन बखत पे कोई गपड़-सपड़ हो सकती है। पर, अबे याँ तो अक्खे के अक्खे दायजी हैं। लम्बे-तगड़े। सब काम देख लेंगे। क्योंकि दायजी पिन्नाटा खाते रैने वाले मनख थोड़े'ई है। नान्या के मन में, अचानकै भौत निरात हो अई थी कि अब, सबकुछ बिना बिघन के सुलट जावैगा। फिर गाम से नानकी और माँ के वास्ते बँजारा-बाग के सुन्ना-चाँदी को उठा के, याँ तक लाने की कट-कट ई नी रैवगी। नान्या ने तै कर लिया की जबै, दायजी अने, ओ के बीच जैसेई ढँग से, बोल-गलामा शुरू होगा, वो दायजी को सगली बात, निरात से बैठ के बतावेगा और फिर ही उनको गैंती-फावड़ी की बोलेगा। पेलाँ ही बोल-बता देगा कि ई में, उनको कुच्छ भी नी करना है। क्योंकि पग-पाल्या तो, मैं ही तो, हूँ नी ? खोदा-खोदी मेरे'ई हाथ से होगी। और जब इच्छाधारी निकलेगा, तो ऊसे दायजी को डरवा की, रजीक-सी भी जरूवत नी है। म्हारा कने बोन्दू का दिया साँप का जेहर-मोहरा भी है। फिर, पग-पाल्या की छाँव पड़ते ही, वो तो अन्धा हो ही जावैगा।

ओ'ने देखा, कि ल्लो, सोचते-सोचते चलता हुवा, वो तो कुण्डी के कने ही आ गया है। कुण्डी के आस-पास, ऊ के कण्डे की राख तो दिखी ही नी रई है। सो, ओ'ने सोचा कि कोई बात नी, वो चरू को गारे से ही माँज कर रख देगा। तभी, नान्या ने देखा कि नानकी, घर से बायर निकली और ओ'के देख के, ठिठक गई है। गते-गत, वो इधर ही आ रही है। वो चरू को पकड़े-पकड़े, देख रहा था कि देखा कि नानकी ओ'की आड़ी, घूर-घूर के, ऐसे देख रही है, जनेकि ओ'ने, कोई माफी नी दी जा सकने वाली भारी कसूरी कर दी हो। जबकि, नानकी को ये बात तो अभी माल्लम ही नी है कि वो इस समै में, नानकी को साबुत देख के कित्ता खुश है कि नानकी, अभी तक मीठी कुण्डी में धड़ाम नी हुई है। वो, बाहर है और के सामणे, ओ से बात करती हुई। ये कुण्डी तो भोग लै सकती है।

'वहाँ पर, काहे और क्यों गये थे, तुम? ऐं?' नानकी चल कर, नान्या के नजीक आई और ओ'से पूछा, हाँ, ऐसी हड़काती आवाज में, जैसे गुरुजी पाठशाला में, बोंदू से ऊकी बदमाशी के बारे में तपास करते हैं। नानकी की आवाज में भी, गुरुजी की तरह खेंच देणे वाला, झटका और झमका था। कहो कि नानकी की तो 'बोली' ही गुरुजी वाली है। बेल्कुल ही सेरगामी।

'झाड़े'... ! हाँ, उधर 'झाड़े' गया। था।' नान्या ने, लगभग हकलाते हुए बताया और नानकी के चेहरे तरफे टकटकी लगा के देखने लगा। जैसे, वो कोई ओकी सजा के लायक, कसूरी बताने वाली हो।

'वहाँ, उन झाड़ों की तरफ नँई जाना चईये...वहाँ कोई नँई जाता...हाँ मैं भी नँई जाती हूँ...।' नानकी की आवाज में, कड़क हिदायेत के जैसी बात लग रही थी।

'हाँ, और ये बताओ कि तुम वहाँ, ये चरू काहे को ले गये थे... ?' जब, बाद में नानकी ने ओ'से ये चरू वाली बात पूछी, तो नान्या को लगा कि अब वो, जोर से दाँत काढ़ उठेगा...एकदमै से ठहाका मारे बिगेर, रै नी पावेगा। बताव, नानकी भी, ऊकसे, कैसी गेलसप्पी बात पूछ रही है...ऐं... ? अरे भई, जब 'झाड़े' जऊँवा, तो म्हारे को, क्या हाथ-पाणी लेने की जरूवत नी होगी ? पानी चरू ही में तो ले जा सकता हूँ—याँ पे, कौन खाँकरे का झाड़ है, जि'के पत्ते का दूण्या बना लूँ... ?...ऐं... ? एक कावा, बड़े'बा के कने, पण्डित पन्नालाल परसाई आये थे तो वो बोल रहे थे— 'बिलायती लोग शौच के बाद, जल से गुदा-प्रक्षालन ही नहीं करते। तो क्या मैं, बिलायेती थोड़ेई हूँ,जो हाथ-पाणी नी लूँ। पण, अभी नानकी और ओ'के बीच वो, वाला, हाँ,एकदम हाँस-हाँस के बात करने वाला, मेल कहा हुआ था, जो वो, ये बात को, नानकी को दाँत काढ़ के बोल-बता देता।

'हाथ...हाथ पाणी के वास्ते...चरू तो लागती ज है।' खाली, जवाब देने की मंसा से भर के नान्या ने, नानकी को बताया।

'अरे, उन पेड़ों को पानी, चरू ले जा'के, हाथ से थोड़ेई देते हैं... ? वहाँ, माली बाबा देते हैं और वो भी झारे से...हाँ...।' नानकी ने बोला।

वो चुप ही रहा

'और पता है... ? माली बाबा क्या बोलते हैं... ?' नानकी ने, हाथों की पाँचों अँगुलियों को उल्टे चुल्लू की तरह किया, जिससे हवा में, साँप के फन के जैसा आकार बन गया। फिर अग्गे बोला—'माली बाबा बोलते हैं, नानकी, तुम कभी भी, उधर नँई जाना...क्योंकि, वहाँ खूब बड़ा और काला स्याह साँप रहता है। वो, अगर काट ले, तो आदमी मर जाता है।' नानकी ने, बात पूरी करने के साथ ही, आँख मींच के, गरदन लटका के, मनख के मर जाने की, धज बना के भी अपनी बात नान्या को को समझाई। उसकी, आँख और आवाज में भी पूरी तरेह, 'भे' भरा हुआ था। नान्या को, हँसी आ गई। नानकी को, ये बात काँ माल्लम, कि म्हारे को देखके साँप के मूँ पे, ताला ही लग जाता है। और फिर म्हार पास तो बोन्दू का दिया हुवा, साँप का वो जेहर-मोहरा भी तो है। साँप से, म्हारे को काय को डर ? पर, नानकी की बात से, नान्या के दिमाग में बोन्दू की, वो वाली बात चिलका मारने लगी कि सुन्ने-चाँदी की ईंटों की निगरानी के वास्ते इच्छाधारी साँप रैता है। वो के, मन के माँय, नानकी की, ये बात तो पक्की हो गई कि याँ पे भी, बँजारे लोग, सुन्ना-चाँदी गाड़ के भूल गये हैं। जभी तो साँप याँ पे डटा रैहता है।

'चलो, तुमको भीतर बुलाया है...।' नानकी ने, ये बात बोली और वापस घर की तरफे, दौड़ गई। नान्या ने, नानकी को दौड़ते हुए देखा। देखा और सोचा—

'शायद से, नानकी, याँ पे बकरी का दूध नी पीती है। अभी ही, देखा तो सई, कि वो उत्ती ताकत से, काँ दौड़ पाती है... ? जैसा कि वो दौड़ता है। फिर नानकी बिच्चारी पीवै भी, तो कैसे अने, काँ से पीवै... ? क्या पता, याँ की पण्डासेरी, उसने देखी भी है भी कि नी... ?

नानकी के जाने के बाद, ओने तै किया कि वो, जल्दी से भी जल्दी, नानकी से कोई कग्गद माँग के, आज ही बोन्दू को, ठाकोर-बाखल के पते पे, जरूर से चिट्ठी लाख देगा। कारड तो खुल्ला रैता है, तो वो के तो चिट्ठीरसा काका ही बाँच लेवेंगे। लिखेगा कि—वो तुरतै, सेरगाम के, बँगला पाँच पे, आ जावै। मोटर में बैठ के। मोटर हाँकणे वाले को, वो बोल दे, कि वो बड़े'बा के नान्या का दोस्त है। मोटर हाँकणे वाले को, वो मोटर के सिढ़ाव से ही, जैराम जी की भी बोल दे। टिक्कट की, कोई कट-कट ही नी रैगी।' असल बात ये है, कि दायजी, जाँ पे रैते हैं, वाँ पे भी, बँजारे सुन्ने-चाँदी की ईंटें गाड़ के भूल गये हैं, शायद से वोई भूलणजड़ी वाला चक्कर होगा। ऐका वास्ते, वो बिना बिलम करे, चिट्ठी बाँच के आ जावे। आती बखत वो, अपना अणीता और गुलैल तो लै ही आवै, पर तनगिया भी लाना ना भूले। क्योंकि, वाँ पे करौंदी की झाड़ियाँ भी हैं, वो म्हारे को काटना पड़ेगी।

नान्या ने, चरू को, गारे से अच्छी तरह से माँजा, फिर बाल्टी टेड़ी करके, पानी से झँकोला और फिर से चरू को, वहीं रख के, गते-गत घर की आड़ी बढ़ने लगा। जाने क्यों, ये बखत, ओ के पाँव, जनेकि जमीन पे, पड़'ई नी रहे थे। बँजारा-बाग का काम अधूरा रै जाने का अफसोंच अब झड़ गया है। भीतरे, खुशी ही खुशी भर गई है।

हाथ-मूँ अच्छी तरेह धो-धा के, जब वो, घर के भीतरे आया तो, थोड़ा-सा, खुद को कनावड़ा लग रहा था। शायद से, झाड़े जाने में हुवे बिलम के कारणे, ऐसा हो रहा था।

माँ, वहीं आगे की जगह में, रोटी जीमणे के वास्ते, थालियाँ लगा रही थी। वाँ गाम में सभी रोटीघर में बैठ के ही, तो जीमते हैं। ओ'की इच्छा भी हो रही थी, कि वो भीतरे जाके देखे, कि माँ का रोटी-घर कैसा है... ? चूल्हा कैसा है... ? आगुन कैसी है... ? क्या चूल्हे के पीछे रोटी को, हर-समै गरम रखवा के वास्ते, चूल्हे में 'ओल' भी बणी है... ? वो, छींका काँ बाँधती है ? पण, अभी तो ओ'के, माँ की आँख की आड़ी, देखने की भी, नी बन पा रही थी। पर, लग रहा था, माँ दादी से भौतई ज्यादा आँखली-नाखली है। माँ इत्ती सुन्दर लगती है कि जनेकि, वो ओ'की माँ ही नी है...कोई और है—दादी की, बखाणी-बताई गोकुल की कोई गोपी जैसी। बाहर, खपचियों वाले खुल्ले दरवज्जे से आते, उजाले ने, माँ के मूँ को और उजाल दिया था। माँ, एकदमै-से गोरी-आग लग रई थी। दादी की, एक टप्पी में बात में बोलो तो, येई कि—एकदम-से कच्ची बाटी। जैसेकि, बड़े'बा की रामायण के छापे में, माता सीता जी।

माँ के, माथे पे पल्ला था। पल्ले का, वो हिस्सा, जो कपाल के अग्गे आता था, किनोर के कने से, फटा हुआ था। वो वाले, फटे हिस्से से, माँ के बालों का एक गुच्छा, नेठूई हीरामणि बेन के बालों के फुग्गे की मुजब, मुण्डी निकाल के, बाहर झाँक रहा था। नान्या को देखने में, ऐसे लगा जनेकि बालों के, उस फुग्गे ने ही, माँ के पल्ले को, उस जिगेह से फाड़ दिया है। तो क्या माँ के बाल इत्ते कड़क हैं... ? लोहे के बारीक तार की तरेह... ? पर, कुछ देर पेहिले तो वे खुल्ले थे और नरम गाँधले से, रेसम की तरह उड़ रहे थे। हवा में। उसे, याद आया, दादी तो हमेंसा सेरगाम के अपन सासरे से, गाम में लौट के अई, हीरामणि बेन को हड़काती रहती है—'क्यों री छोरी, अब थारा भी बाल खुल्ला रैणे लागी गया।... ? ऐं... ? दिखे, थारे भी सेरगाम की हवा लागी गी है।'

वो समै, ओ'का मन दादी से पूछने को भी होता भी था कि—'दादी, क्या सेरगाम की हवा ऐसी होवे है, जो बालों में घुसी जावे और ऐसो सब उथलधड़ो करी दे कि सारा बाल खुल्ला हो जावें... ? पल्ला, सिर से फिसल के, पीछे जाता तो माँ खेंच के, फिर उसको वहीं ला देती। शायद से इसी कारणे, वहीं से किनारे के पास, बार-बार खींचणे से फट गया होगा...नान्या ने सोचा और चुपचाप थाली के सामने बैठ गया।

ओ'के मन में एकबारगी, ये बात आई थी कि वो माँ से या नानकी से ही पूछे कि, क्या गाय, कुत्ते और कागले को रोटी देनी है... ? अगर देनी है तो ये काम, म्हारे बताव। ये काम और ओकी रोजीना की जिम्मेवारी, गाम में, दादी ने ओ'के दे राखी थी। पर, चुप ही बना रहा

'दायजी जीमणे के वास्ते नी आये... ?' ओ'ने, दायजी को वाँ नी देखके, बड़ी मुश्किल से, माँ से पूछने की हिम्मत भेली की।

'वे बँगले पर, साहब के हुकूम में हैं। मोहलत मिलेगी तो आयेगें।' माँ ने, थाली की कटोरी में सब्जी परोसते हुए बोला। क्या बताव कि गाँव में बड़े'बा नी हों, तो घर में दादी और वो कोई रोटी ही नी जीमें...।

सब्जी काय की थी, खाते हुए भी, ओ'के समझ में नी आ रही थी। ना शकल से, न सवाद से। पर, फिर भी कहो कि सवाद ऐसा था, कि माँ कह दे तो, पूरी की पूरी सब्जी को, वो ऐकल्ला ही सूत दे। वैसे, दादी के जित्ती चक-झन्नाट, सब्जी तो नी थी। क्योंकि, वो लहसुण की चटणी से दाल-सब्जी बघारती है। रोटी जीमते हुए, वो नानकी को, ये पूछना चाहता था कि क्या वो, अभी भी लहसुण की चटणी से, सी-सी कर उठती है... ? पर, वह बोल नी पाया नान्या को लगा, नानकी को तो, ये सब बातें भूल गई हैं। याद ही नी है, ओ'के ? तभी नानकी ने, माँ को सब्जी परोसने के बारे में बोला। नान्या को, समझ में ही नी आया पर, ओ में, कोई फूल की सब्जी की बात थी। फूल की भी कोई सब्जी बनती है, ये नान्या के वास्ते, एकदम नवी बात थी। जब वो गाम में, वापिस जावेगा, तबै दादी को बतावेगा कि—'येल्लो दादी, वाँ

तो फूल की भी सब्जी बणे है।' दादी, पेहिले तो खूब'ई दाँत काढ़ेगी और फिर कहेगी—'अरे, नान्या... ! सेरगाम का लोग होण को, बस चले तो ऊई, भटा की जगे, भाटा की सब्जी बणई ले रे, म्हारा छोरा।'

तभी, खटका हुआ। दायजी, दरवज्जे पे आ गये।

नान्या को, थोड़ी चैन मिली। माँ और नानकी के बीच तो, ओके लग रहा था कि वो, बेलकुल एकदमै से ओगले मनख के माँय, लाके छोड़ दिया गया है। भौतई, अटपटा लगा कि दायजी के पास, मोहलत पर छूट कर आये आदमी की मुजब, समै कम था। समै कम था, तो वे आते ही माँ से, जल्दी से जल्दी रोटी परोसने की बोले। माँ भी कम समै के वास्ते घर में आये मनख से, कम और जल्दी-जल्दी, अपनी बात कहणे और करने लगी। दो टप्पी बात। वो उदास होने लगा कि वे रोटी जीमेंगे और फिर बँगले आड़ी चले जावेंगे, साहब के हुकुम में...और वो, फिर से ऐकल्ला पड़ जावेगा।

येल्लो, दायजी ने तो, खड़े-खड़े, दो रोटी में सब्जी लपेट के, बीड़ा बनाया और गटागट खाने लगे। कभी-कभी, दादी भी ओके ऐसाई बीड़ा बणा के दे देती है...पर, बड़े'बा बीड़े पे बिगड़ जाते हैं। कहते हैं—'ब्राह्मण के घर में जनम लिया है तो अन्नदेव का आदर करना सीख लै रे, नान्या..! ये कैसे मँगते मुजब, रोटी तोड़ना सीख रहा है। ठीक से, पाटला बिछा के भोजन करने बैठ... !' पर, वो जान करके, बोला'ई नी कि बीड़ा तो ऊके, दादी ने ही बना के दे दिया है। फुकट की झँझट हो जावै तो और काँ झेलो। ऐं?

अचानक, दायजी खाते-खाते बोले—'नानकी बेटा, चार बजे बाद, तू भैया को बँगले पे ले आना।'

और ल्लो, इत्ते में तो उनका रोटी जीमणा ही, पूरा हो गया। मनेकि नान्या और नानकी का जीमणा पूरा हो, उसके पहले ही, दायजी तो रोटी जीम के, येज्जा और वोज्जा हो गये। माँ ने, ओ'से हियाव में भर के पूछा—'नान्या, सब्जी अच्छी लग रही है कि नहीं तुझे... ?' तो नान्या का मन हुआ कि माँ, ऊके, अपने से लगा ले तो वो, एक दफे खूब जोर से रो ले। भौतई फूट-फूट के। अरे, नी तो ऊ'के रोटी चावै, और नी ही, कोई सब्जी। खाली, माँ चईये। वो, कब से'ई, तो ई'की बाट देख रहा था।

जाने क्या ऐसा था, कि नान्या की तो अब, नानकी से भी, खुद आगे रै के बात करने में छाती नी चल पा रही थी। ओ की, एक कावा इच्छा हुई, कि वो पूछे कि अब क्या बखत हुई है... ? गाम में, घड़ी तो खाली पाठशाला में ही थी, पर ऊ'में समै देखना, कोई भी बच्चा नी सीख पाया था, क्योंकि वो घड़ी तो हमेशा बन्द रैती थी। ऊ में पाठशाला लगने का समै ठीक था, बाकी सब गलत। पर, दादी के वास्ते, बड़े'बा ने घर पे, पिछवाड़े की भीत पे, एक धूप-घड़ी बना रक्खी थी। जब, अक्कास में बद्दल हो जाते, वो बन्द पड़ जाती। गाम में, घर में समै टुकडों-टुकड़ों में दीखता। दादी का गाय छोड़ना...दादी का न्हाना...दादी का पूजा करना...दादी का चूल्हा जलाना...दादी

जैसेकि कोई काम को बढ़ा दे, तो समै भी बढ़ जाता...काम घटा दे...समै घट जाता...जबकि पाठशाला में समै बँटा होता। गणित...हिन्दी...भूगोल...में। भूगोल में समै देर तक ठैहरा रैहता। गणित का समै, कठिन होता...हिन्दी का समै तो हा-हा...ही-ही में ही पूरा पड़ जाता...नान्या को, सबसे अच्छा समै, प्रार्थना का लगता। वो, ऊ में भूल जाता, पाठशाला को, भूल जाता खुद को, याँ तक कि भूल जाता, समै को भी! क्योंकि, आक्खे समै, वो येई प्रार्थना करता कि ओ'के दायजी और दादी में, कोई तितर-भिन्नाट नी होवै और ऊको नानकी और माँ से मिलनो हुई जावै।

दायजी ने, जब से चार बजे बँगले पर आ जाने की, जो बात कही थी, ओ से नान्या के मन में धुकधुकी हो गई थी। समै को वो, काँ से और कैसे देखेगा... ? फिर, वाँ कैसे जावेगा... ? क्योंकि वाँ पे, वो जबरा कुतरा, जो है। बँगले के, उस कुतरे ने तो, आते ही ऊ के, अपनी भारी भौंक से इतरा डरा दिया था कि वो, इस जनम में तो, बँगले की आड़ी मूँ करके, फी-फी भी नी करे।

तभी जोर से, वोई टेगड़े के भौंकने की आवाज अई। ऐसे कि पूरा बाड़ा, ओकी भौं-भौं से गूँज गया। नान्या ने, भौंक को सुण के, नानकी की ओर देखा। नानकी ने, अपनी आड़ी देखते, देखा तो बोली—'साब का शेरू है...! जरूर से कोई बच्चा, बँगले के बड़े फाटक के, बहुत पास से निकला होगा।'

माँ, भीतरे चली गई तो, नान्या ने सेरगामी बोली में,बोलने की जुगत लगा के, नानकी से पूछा कि—'ये कैसे याँ पे बैठ के, तेरे को कैसे माल्लूम हो गया कि वो, तुमारे साब का शेरू, कोई बच्चे को देख के ही भौंका होगा... ?' तो नानकी बोली—'मैं सब जानती हूँ, क्योंकि, जब पापा की, बँगले के हूकुम से, दोपहर में, छुट्टी होती है ना, और वे घर में होते हैं...तो मैं, पापा के साथ ये ही खेल तो खेलती हूँ और पापा को हरा देती हूँ। मैं पापा से पूछती हूँ—'पापा बताव कि सड़क पर से, कित्ते लोग निकले... ? तो वे बता नी पाते और मैं चट से बता देती हूँ। मुझे इस बात का पता, खाली शेरू के भौंकने की आवाज से चल जाता है। उसकी भौंक की तरकीब-से, ये भी पता चल जाता है कि कित्ते लोग, बँगले को सड़क से बाईं ओर से गुजरे...कित्ते दाईं ओर से...कित्ते फाटक के पास से कित्ते...फाटक के दूर से...मुझे सब पता है कि शेरू की ये वाली भौंक, आदमी के लिए थी...ये वाली कोई औरत के लिये...ये सब्जी वाले के लिए। और, ये ठेलेवाले के लिए...मैं तो शेरू की गाय और सूअर के लिए भी भौंक को बता सकती हूँ...शेरू गरीब और बूढ़े लोगों से बहोत ज्यादा चिढ़ता है।'

नानकी ने, अपनी बात पूरी की और फिर, नान्या की आड़ी, ऐसे देखा कि जनेकि, वो बेलकुल अड़ग्यानी है और हाँसने लगी। नानकी को, वो पहली बार हाँसता देख के, भीतरे-भीतरे से भरा-भरा हो गया। चाहे वो अपने पे ही हाँसी हो, पे नान्या को अच्छा लगा। नान्या ने मन में बुरा ही नी लगाया, कहो कि ओ के हाँसने से गिर गई हो, दोई भई-बेन के बीच की, ओगलेपन भीत। मन हुआ कि वो, एकदमै

से उछल पड़े। जैसे गाँव में, दादी को आता देख के, एकदम से उछल पड़ता है। नानकी के बोलने में, अब के दफे , इत्ती नरम-नरम आवाज थी कि नान्या को लगा कि, आवाज में नरमी, ऐका कारणे है कि वो 'फूल' की सब्जी खाती है, मेरे जैसी पत्थरचटटी, काले चणे और खाट्टी भाजी जैसी की थोड़ेई खाती है।

वो सोचने लगा, वो चल के, ओ'के एकदम कने बैठ जावे। फिर, खूब सारी बात करे। बोलते समै, हिलते समै, नानकी की दोनों चोंटियाँ भी, हिल-हिल उठती थीं, जि'में लाल रंग की चिन्दियाँ गुँथी हुई थीं। नान्या को याद आया, कि ये ही बखत है, जब वो, गाम से पोटले में बाँध कर ऊके वास्त ही लाये गए खिलौकणे, नानकी को दे सकता है। पर रुक गया। माँ ने, जैसे बरजते बोला था—'क्यों बखेरा कर रहे हो।' तो न कहो, अभी देख के फिर से डाँट दे। वो, माँ को रजीक-सी भी नाखुश नी करना चाहता है। पता नी, माँ ओ'के दादी सरीखी लाड़ कबै करेगी... ?

'तुमको, उस टेगड़े से डर नी लागता?' ओ'ने नानकी से, जानकारी लेने से कहीं जादे, नानकी से बात करते रहने की गरज से बोला। फिर, ये भी लगा कि नानकी को, बात में बाँध के नी रखा तो वो घर के भीतरे चली जावेगी और वो फिर से ऐकल्ला रह जावेगा तो करेगा क्या... ?

'टेगड़ा? ये, टेगड़ा क्या होता है... ?' नानकी ने मूँ मचकोड़ के बोला।

. 'मनेकि, बँगले के ओ कुतरे से... ?' नान्या, नानकी जैसी बोली में, बोलने की हिम्मत तो भेली कर रहा था। पर, बीच बोलते में अटक जाता था। ओने, बात साफ की। नानकी ने, मुण्डी हिला के बताया—'मुझे, उससे बेल्कुल ही डर ही नहीं लगता।'

तभी, नान्या को गाम की गली के कुत्तों की, रात को, इन्धेरे में आसमान की तरफ मूँ करके रोने की, दादी वाली बात की याद हो आई। नान्या के मन में, सवाल उठा कि—'क्या साहब का ये कुत्ता भी, ऐसेई रात को रोता है... ? क्या, इसके मन के माँय भी, आपने माँ बाप भाई बेन से बिछड़ने का, कालजा-काट दुःख होता है... ? हाँ, जैसा कि भूरिया को, कभी-कभी होता है... !' दादी कहती है—'कुतरा होण भी प्रार्थना करे। ऊँच्चो मूण्डो करी के, भगवान् से।'

'क्या, वो साब का कुत्ता भी रोता है... ?' ओ'ने नानकी से, नरम आवाज में सवाल पूछा।

'वाह... ! शेरू भला, रोयेगा क्यों... ?' नान्या को, नानकी ने लगभग भौंह चढ़ा के, झिड़क दिया फिर आगे बोली—'अरे...उसको कोई मारते थोड़ेई हैं...साहब के कुत्ते को, कोई मार भी नँई सकता...और डाँट भी नँई सकता। साहब उसके मालिक हैं...वो, उसको खाने को देते हैं। पहनने को देते हैं... ।' कुतरे को पेन्हने को भी देते हैं, ये बात तो, नान्या की सम्पट के काँकड़ के, बेल्कुल ही बाहर हो रही थी। तो क्या, ये कालिया कटखना कुतरा कमीज, टोपी और...क्या लँगोट पेन्ह के घूमता है... ? हाँ, बड़े'बा जैसी लँगोट... ?

'अच्छा...!' नान्या की आँख में, अड़भेगा अचरज था, जो ये सुनके, पेलाँ से कहीं जादे गहरा हो गया।

'तुमको पता है...? उसका खाना भी अलग से आता है।' नानकी ने, उसको और नये अचरज में डाल दिया था।

'उसको, वे नहलाते भी हैं...साबुन से।' ये बात और भी चकद्दम करने वाली थो।

'वो घूमने भी जाता है, रोज शाम को...।' ये तो ओका दिमाग ही बट्ठर कर देने वाली बात थी।

'साब, उसके साथ खेलते भी हैं...गेंद...हाँ, इसलिये वो, बहुत खुश रहता है... बेल्कुल नँई रोता...।' नानकी ने, वो ऐहलकार के कुतरे के, नी रोवै के कारणों की, नान्या के अग्गे, इत्ती मुलक सारी बातें, एक साथ रख दीं कि वो तो, कहो कि सन्न रै गया था। कहे कि ऊकी आक्खी खोपड़ी ही खदबदा गई। ओ के मन में, ये सोचके भारी अफसोच हो गया। और याद हो आया कि भूरिया के भाग, कित्ते खराब हैं। बताव, बड़े'बा तो कित्तई कावा, बिच्चारे की कीमड़ी से कुटाई कर देते हैं। खुद दादी ने, कोई तो दो'दफे, गरीबड़े को मोगरी फेंक के मार दी थी। वो ने भी, भूरिया को वो, काबर वाली कसूरी में, बड़े'बा की कूबड़ी से कूट दिया था। ये सब याद कर के, आ के लगा कि भीतरे, कालजे में, रुलाई-सी उठने वाली है। हाँ, अपने भूरिया के वास्ते।

'तुमको मालूम है? साहब के कुत्ते को परसों ईनाम भी मिला था। नुमाइश में। देखना, उसके गले के पट्टे में तमगा बँधा है।' नानकी ने, जो जानकारी दी, वो एकदम से नवी थी।

नान्या के, जी में आई कि वो पूछे कि आखिर ओ'के, तमगा काय का मिला...? गाम में तो खाली परीक्षा ही में तमगा मिलता है...तो ये क्या, याँ पे, सेरगाम में, सगले टेगड़े भौं-भौं की परीक्षा देते हैं...? ऐं...? ओने, खुद को मना लिया कि ऐहलकार के कुतरे की भौं-भौं, इत्ती भे-भरने वाली है कि परीक्षा में कौन उसे ऊके, ना पास करेगा...? पर, चुप ही बना रहा नान्या की तो ये बखत, बस एक ही इच्छा थी कि वो घर के कोने-कोने में, हिरी-फिरी के, घूमघाम के, देखे कि जाँ पे दायजी नानकी और माँ रहते हैं, वो भीतरे से कैसा है...? पण, उसकी तो इससे आगे की जगेह से, भीतरे घुसवा की हिम्मत ई नी हो पा रही थी। फिर नानकी और माँ ने तो, अग्गे रै के ओके, कुछ कहा नी...? फिर, वो बलबट भीतरे कैसे भरई जाते...?

अचानक अन्दर से, माँ की हेला पाड़ने की आवाज आई—'नानकी...! अरी ओ नानकी...!'

माँ की हेला पाड़ने की आवाज, नानकी के कान में जैसेई पड़ी, तो नानकी बीच में ही बात की बेल तोड़ के, भीतरे की आड़ी भागी और वो फिर से घर के अग्गे के हिस्से में ऐकल्ला ही रै गया।...! तो फिर से वोई बात पे बिचारने लगा कि वो बोन्दू

को ये बात भी लिख भेजेगा कि वो, अपनी बड़ी डोकरी-माँ से, थोड़ीक और जाणकारी भी भेली कर ले कि बाद में कोई बात का भी साँसा नी पड़े। हाँ, याँ पे, घीसरा-गाड़ी की जरूवत नी रैगी।

अब, नान्या क्या करे... ? तो वो चुपचाप एकटक हो के, भीत पर लगी, बापूजी की तसवीर देखने में लग गया। वो'ने देखा, वाँ, काँच में मढ़े बापूजी के छापे पे, चिड़ा फिर से बैठा हुआ है। चिड़ी कहीं दिखई ही नी दे रही थी। हो सकता है, चिड़ी घोंसले के भीतर बैठी हो। हाँ, अपने बच्चों के कने। चिड़ा उड़के, खूँटी पे बैठ गया। फिर खूँटी से उठके मौलवे पर। दादी होती तो कहती—'अरे, ऐ'का तो टाँगड़ा ई नी टिके...घर में।...दिन भर गिरस्ती से बाहरे ही बाहरे रै। बेल्कुल, थारा बडा'बा जैसी गोम है, इमें। देख, थारा बड़ा'बा दिन भर गाम में ओटले-ओटले बैठता रै। घर गिरस्ती में तो, हूँ ही खटती रहूँ नी... ? ई तो एकदमै-से बारवट्टिया...है।'

चिड़ा, नान्या को बारबट्टिया लगा, बड़े'बा की तरह, तो फिर नान्या को चिड़े को कोसने में मजा आने लगा। सोचा, नानकी वापस घर का भीतरे से निकल के, आवैगी तो दादी की, ये वाली बात बतायेगा तो वो, खूब खिल-खिल के हाँसवा लाग जायेगी। तभी, सहसा ओ'का ध्यान, एक जोखिम आड़ी गया कि कहीं ऐसा नी हो कि नानकी, गफड़ल्ले में गलती से, ये बारवट्टी वाली बात को, दायजी से नी जोड़ी ले। दायजी भी तो दिनभर, घर के बाहरे ही बाहरे रहते हैं। तब, क्या दायजी भी बारवट्टिया नी कहे जावेंगे... ? नानकी, इस पे ऊके डाँट सकती है.. ? ना कहो दायजी को ही बोल दे कि नान्या उनको बारवट्टिया बोल रहा था।

दायजी में, ऐसी गोम देख के वो ठिठक गया। नान्या ने, दायजी में, जाणी-बूझी के बुराई नी ढूँढ़ी थी, बस कहो कि अलसट्टे में दिखी गई। क्योंकि, दादी, बड़े'बा को, उनकी बाहरे ही बाहरे रैणे वाली ऐब को लेके, 'ऐब्ले' कहती है। नान्या को लगा, कि वो उलझन में फँसता जा रहा है और चिड़ा-चिड़ी तो अलगै रै गए। बड़े'बा, दायजी, दादी और माँ ने उनकी जगह ले ली। ध्यान हटाने के वास्ते, नान्या ने, कोने की आड़ी देखा—जहाँ, पाठशाला में, गुरुजी की कुड़छी मुजब, लकड़ी की जो कुड़छी थी, उके अग्गे रक्खी थी, एक मेज। ओ'के मन के माँय विचार आया कि वो इस तखत से उठके, कुड़छी पे जाके बैठ जाये। और, फिर पूरी कक्षा को डाँट पिलावै। वो, ऐकल्ला ही पाठशाला-पाठशाला खेल खेलेगा। वो ही, गुरुजी बन जावैगा। वो ही बोन्दू बन जावैगा। और नान्या तो, वो सदा से है ही।

'शान्त...शान्त. ! अब कक्षा में, कोई बोलेगा नहीं...हाँ, एक भी शब्द...चलो, अब सब बच्चे पराँच लो...दस के पहाड़े से शुरू करो। चलो, शुरू। हाँ, बोन्दू... ! अब तुम पहाड़ा बोलो...दस एकम् दस...दस दूना वीस...गुरुजी पराँच लिवाने लगे और धीरे-धीरे नान्या को उनकी पराँच लिवाती आवाज सुनाई देना बन्द हो गई।

असल में, नान्या तखत पे बैठा-बैठा ही, कक्षा से निकल के, नीन्द में चला गया। और चिड़ा-चिड़ी, नानकी, दायजी, माँ...हौ, ये सब के सब, बाहरे के बाहरे ही, रै गये थे। वो, ये बखत, तखत पे, छक के सो रहा था।

गोबिन्द तेजी से, ऊँच्ची आवाज में, जोर-जोर से बोले जा रहा था—'आदा-पादा, लौंग-सवादा। कच्ची कैरी, पक्का आम। ढाँ-ढुँस्स, पादे-फुस्स।' और तभी गुरुजी आ गये। उनने उसका कान पकड़ा और खेंच के दो-तीन कीमड़ी मार दी है। बोन्दू अग्गे आके बोलता है कि गुरुजी, नान्या की कसूरी नी है तो गुरुजी ने एक कीमड़ी ओके भी मार दी है। वो, उसकी टाँटड़ी पकड़ के, घसीटते हुवे लाये और उसके हाथ-पाँव बाँध के, बैलगाड़ी में पटक दिया है। तमासा देखवा के वास्ते पूरा गाँव भेला हो गया है। बड़े'बा और दादी उनमें नी हैं। दायजी, गाड़ी घेरके, उसे सेरगाम ले जा रहे हैं। गुरुजी दायजी को बोल रहे हैं—'दयारामजी, ये नान्या, आदा-पादा लौंग-सवादा जैसा गन्दा खेल, पाठशाला के सारे बच्चों को सिखाता है। आप इसको लै जाव, वरना यहा पर गाँव में, ये बिगड़ जावैगा।' दायजी, उसका कन्धा झिंझोड़ कर के पूछ रहे हैं...'बोल ना नान्या? बता, बोल क्यों नहीं रहा है? क्यों खेलता है, इत्ते गन्दे खेल... ?'

कन्धा फिर झकझोरा गया।

नान्या ने, हड़बड़ा के, आँख खोली और अपन चारी-आड़ी देखा। कलेजा धड़क-धड़क किये जा रहा था। वो, घबड़ा गया। अरे... ! यो कँई हुवो... ? कक्षा के सगले बच्चे जाने काँ चले गये.. ? .बोन्दू काँ चला गया... ? पाठशाला भी काँ चली गई... ?, और ऊ पे पिल पड़ने वाले गुरुजी तो कहीं भी दिखाई ही नी पड़ रहे हैं... ? भीत पे, खाली बापूजी का काँच में जड़ा, वो छापा भर है। छापे के नीचे, खाली कुड़छी और मेज।

ओ'ने फिर बेकली से, अपनी गाबड़ी घुमा के आसपास देखा, तो समझ में आया कि ये तो दायजी का सेरगाम का घर है...हाँ। और नानकी ही, ओ कन्धा पकड़ के, ओके हिला रही है।

'अरे, पापा ने, बँगले पे बुलाया है नँई, अपने को। चार बजे।' ये बात, नानकी ओ'से कह रही थी। माँ, शायद से अन्दर ही है। ये बात का भान होते ही, नान्या को रुलाई सी आने को हुई। मन हुआ, जोर से चीख पड़े, दादी को पुकारता हुआ। कहे कि वो बस्स ओके, अभी ही वापस गाम पे, उनके ही कने आना है।

'चलो, उठो और हाथ मुँह धोकर तैयार हो जाओ...।' नानकी फिर बोली।

अब नान्या, अच्छी तरेह से आँखें खोल चुका था। पर, लगा कि पूरा शरीर ठीक से, अभी जागा नी है। वो, तखत पे से, धीरे से उठा और लड़खाता हुआ, खपचिये

के दरवज्जे की ओर बढ़ने लगा तो नानकी, कुछ झिड़कने के से ढंग से बोली– ‘अरे, इधर नँई, उधर...हाँ, उधर।’ नानकी ने जीमणे हाथ की दिसा में की भीत में बने, दरवज्जे की तरफे इशारा किया। वो, एक निरबंक गूँगे पुतले की मुजब चला और दरवज्जे से बाहर निकला तो देखा कि वो तो, बाड़े के पिछवाड़े में आ गया है। पिछवाड़े आके, नानकी ने हाथ के इशारे से बताया, कि वो वहाँ जाये। नानकी ने कहा और तुरन्त ही वापस घर के भीतरे घुस गई। नान्या का धियान गया कि शायद से नानकी वो'के दादा बोलने के वास्ते, बेल्कुल ही राजी नी है। दायजी ने भी तो बोलती बखत, ओ'का नाम काँ लिया था... ?

नान्या ने देखा, पिछवाड़े, इस घर से कोई दो रास छेटी पे, एक छोटा-सा घर था। दो दरवज्जों वाला और एकदमै-से वैसी ही, लाल-लाल ईटों वाला, जि'का तीन-चार पेड़ियों वाला सिढ़ाव था। ओने, बेमन से सिढ़ाव को गते-गत चढ़ा और वो वाले घर के, बन्द दरवज्जे की बाहर लगी, आड़ी साँकल खोली, तो भीतरे का नज्जारा देख के भूल-भुलैया में जा फँसा। सम्पट ही नी बैठ रही थी कि नानकी ने, ओ'के याँ पे क्यों भेजा... ? हाँ, काय बल्ले भेजा।

ओ ने गौर करके देखा कि वाँ कोने में सुफेद झक्क सी, शिवजी की जलाधारी बणी है। ठीक एकदमै-से वैसी ही, जैसी शिवरात्रि की बखत दादी औसारे में बनाती है, सुफेद रेत से। शिवजी की पूजा के वास्ते। जिसके खाली उलाँघ जाणे से ही पाप पड़ जाता है। पर, जलाधारी में शिवलिंगजी की मूरती नी थी। खाली गड्ढा था। नान्या को लगा कि जरूर से कोई उथलधड़ा है, जिके कारणे, कोई उसको उखाड़ के कोई ले भगा है। ये तो पक्का है कि ले भागणे वाले के, हाथ-पाँव बाँके-टेड़े हो गये होंगे। नान्या को लगा कि हो न हो, न जलाधारी के निच्चे, कुच्छ ना कुच्छ तो भी उल्टी-सुल्टी चीज गड़ी ही होगी। कँई माल्लम क्या रहा होगा। हाँ, वाँ पे कोई फूल पत्ती भी नी थी। मनेकि याँ पे पूजा तो नेंठूई'ई बन्द। और घण्टी तो थी ही नी। नान्या ने सोचा कि वो पूछे तो पूछे भी किन और कौन मनख से... ? कि ऐसो क्यों है ? फिर, ओके मन में, बिचार-सा आया कि जब, याँ पे जलधारी है तो एक लोटा पानी ही चढ़ा दे। नान्या ने, बगल में ही भरी रखी, पानी की बाल्टी से, एक लोटा भरा और जलधारी में पाणी चढ़ाने गया तो देखा कि वाँ तो एक छोटा-सा साँप। जरूर से नागिण है। नान्या को उसको देख के एकदमै से पिच्छे हट गया। क्योंकि बोन्दू बोलता है, नागिण सुभाव से भौतई चिड़चिड़ी रै है। पर, जब फिर से देखा तो लगा कि ये तो बिस-बामणी हैं। बिचारी गरीब'ड़ी।

नान्या सपाटे से बाहर निकल आया। आते ही लगा कि अरे यार, अपन को तो मुत्ती आ रही है, अने...वो भी लपक के। ओ को रोक पाना, अब उससे बनेगा नी। वो फटाकदनी से भागा और उस छोटे-से घर के पिच्छे गया। सोचा कि वाँ पे मुत्ती मार के आ जावेगा। पर, जब पिच्छे का सबकुछ बिखराव देखा तो नान्या तो सन्न रै

गया। हत्तेरे की...! यो कँई...? जनेकि ओ का सबै कुच्छ लुट गया हो। क्योंकि पिच्छे तो बड़ै वाले बीमले की बगलै में ही, एक बड़ा-सा खाड़ा खुदा हुवा था और ओ की चारी-आड़ी, मिट्टी के काले-काले ढेपे ही ढेपे बिखरे पड़े थे। नान्या को लगा कि जरूर से कोई और पग-पाल्या आके, सगली सुन्ने-चाँदी की ईंटें खोद लै गया है। कहीं ऐसा तो नी कि ये खोड़ला ऐलकार ही पग-पाल्या हो और इन्ने ही खोद के अपन बँगले में छुपई लिया हो, याँ पे गड़ा, सगला चाँदी-सुन्ना।

नान्या को तो जनेकि जोर से रोना ही आ गया। अब किससे बोले-बतावे कि क्या हो गया? मन में आया कि घर में जावै और नानकी से कग्गद माँग के बोन्दू तुरत ही चिट्ठी लिखे कि वो मोटर में बैठी के सेरगाम नी आवै।

नान्या धीरे-धीरे चलता हुवा, वापिस घर की तरफे चलने लगा था।

नानकी ने, जब दरवज्जे से अपनी मुण्डी निकाल के देखा कि नान्या अभी तक क्यों नी वापिस आया तो नान्या, ऊके एकदमै से सामने था। नानकी ने कहा—'चलो, अब हम बँगले पे चलते हैं।'

और अब नानकी के साथ उदास-उदास-सा चलता हुआ, नान्या बँगले के बेल्कुल कने था। चलते हुवे, जाने क्यों ओके लग रहा था, जनेकि ओ के दोनोंई पावों में लेत लग गयी है। वे इत्ते भारी हो गये हैं कि एक पाँव को ऊप्पर उठाके दूसरा फिर से आगे जमीन पर रखने तक में देर लाग रही है।

नानकी ने ओ का हाथ पकड़ रखा था। कलाई के पास से। नान्या के याद आ गया था कि वाँ उस जगह कलाई पे, पिछले साल नानकी की मोकली राखी बँधी थी। पर, नानकी के हाथ पकड़ने से, नान्या को थोड़ा अटपटा लग रहा था, जने कि वो बड़ी है और नान्या छोटा है। मन हुआ कि नानकी से हाथ छुड़ा के, वो नानकी का हाथ पकड़ ले। बड़े'बा ये ही करते हैं, जब वो उनके साथ कहीं पे भी जाता है। वो, कट्ठे से ओ का हाथ पकड़ लेते हैं।

चलते हुए, नानकी मुड़ी और मेहन्दी की हरी बागुर के धड़े-धड़े, कोई चार बाँस इत्ती दूर चल के फटाक से मुड़ी, तो नान्या ने देखा कि वाँ का तो नज्जारा, एकदम से अलगै है। खूब लम्बी चौड़ी, सुआ-पँखी छादरी बिछी हो। याँ से, जने कि बेल्कुल उन्हालू की खेत लागे। ऐसा बगीचा, ओ ने कभी नी देखा था। ऊ के, चारी कोने में, चार माणक खम्भ जैसे गड़े थे। लोहे के लग रहे थे, जिनके माथे पे, एकदम सारस के अण्डे जैसी गोलगट्ट कोई चीज रखी थी, जिसे ओ ने दूर से देखा था। वो सुफेद झक्क चीज, अब नजीक से जादे बड़ी लग रही थी। फूल के पौधे तो इत्ते थे, जैसे इना बाड़ा में पहिले उगे रहने वाले सगळे के सगळे पौधों ने, डर के मारे, इसी जगेह पे ही, अपनी हाजरी लगा ली हो, दायजी की तरेह। कोने में कुड़छी पे कोई मोटा-सा लोग बैठा था।

शायद से बँगले का येई ऐहलकार साब होगा। जरूर से इसकी गुड़गी पे चम्पाबई की अँगुली के निशान होंगे। दूर से देखने में भी, वो बड़े'बा से भी, ऊँच्चा लग रहा था। हो न हो, ये पट्ठा बकरी का काच्चा दूध, प्रेमा से भी जादे बार पीता होगा। न कहो कि इसने अपणे घर के भीतरे ही, दो-चार दूध देती बकरी बाँधी राखी होगी।

उसके आगे छोटीक-सी मेज थी।

तभी, वो ही काल्या कुतरा, जोर से भौंका और उनकी ओर लपका, पर नानकी तो उसको भौंक के, लपकता देख रजी-भर भी नी डरी। जबकि, इत्ती देर में ओके तो बदन के रोंगटों की न कहो, जड़ होण तक में धूजणी भर गई...कि लो, अब तो ये हेड़ खायगा, अपनी टाँगड़ी का आध-सेर माँस। वो पेलाँ, नान्या के कने आया और ओने, अपना थूँथन लगा-लगा कर, नान्या के पाँव को सूँघा फिर कपड़े-लत्ते को। वो डर के मारे, घणा थरथरा रहा था। ऊ के मन में शंका आई कि सूँघणे के बाद, ये कुतरा कँई, ओ पे मुत्ती तो नी मार देगा... ?

तब तक, नानकी ने लपक के, कुतरे की गरदन का पट्टा ही पकड़ लिया।

पट्टा पकड़ने के बाद, नानकी कुतरे की पीठ पे, ऐसे हाथ फिराणे लगी जैसे कि वो गाम में अपनी काबरी गाय के केड़े की पीठ पर फेरता है, जिससे केड़ा, तुरत हियाव से भर उठता है। नानकी द्वारा, ओ की पीठ पर हाथ फेरणे से, वो अपनी पूँछ हिला-हिला के, नानकी से अपनी पिचाण का परमाण बताने लगा। नानकी ने, अपने हाथ की पकड़ से, कुतरे का पट्टा छोड़ा तो वह भागता हुआ, ओ ऐहलकार आदमी के पास पहुँच गया, जो हरी घास की छादरी के कोने पे, कुड़छी लगा के बैठा था।

'डाबरमेन...।' हौ...यही था, वो सबद, जो दायजी ने इस कुतरे के वास्ते बोला था। ये, इस कुतरे की बिरादरी थी। नान्या ने सोचा, जब लपकता हुआ, ओ के बेल्कुल कने आ गया था, तब तो मारे डर के, ये वो सोच भी नी पाया था कि वो, ऊके पँजे की तरफ देख भी ले। देख लेता तो, नाखून को गिन लेता कि वो क्या गिनती में चौबीस हैं... ? भूरिया के नाखून से जादा।

कुड़छी पर बैठा, वो ऐहलकार आदमी, कुड़छी से खड़ा हो गया। खड़े होने से, साफ-साफ दीखने लगा था कि ये आदमी तो दादी के हिसाब से तो नेंठूई झाझा जर्मन लगता है। ओने, अपनी काँख में गिल्ली खेलने के जैसा, एक डण्डा दबा रखा है। काला कुटट। नान्या को याद आया कि ऐहलकार के कने, जिस रूल होने की बात, दादी ने बतई थी, न कहो, कमबखत ये, वो'ई वाला रूल ही हो। ओके हाथ में एक लाल गेंद थी, जो दादी के द्वारा घर के, फटे-पुराने चिन्दों का गोला बना कर सिल दी गई गेंद से, बस थोड़ीक ही थोड़ी बड़ी थी।

'ये ही, वे बँगले-वाले साहब हैं... !' नानकी ने कहा

तभी, साहब ने गेंद को हाथ ऊँच्चा कर के दूर फेंकी। वो, तेजी से लुढ़कती हुई, मेंहदी की ओ आड़ी की बागुर की तरफे जाने लगी। लगे हाथ, उनी लुढ़कती गेंद के

पीछे, वो कुतरा भी जान छोड़ के, भागणे वाली तेजी से, कसके लपका और ओने पहले, ओके अपने पँजे से, बीच में ही दबोची और गेंद को मुँह में दबा के, फटाफट दौड़ता हुआ, बँगले वाले साहब के पास ले आया। नान्या ने, इत्ती दूर से भी देख लिया कि ऊके गले के पटटे में, दादी के मंगलसूत्र के बिरोबर, कोई सुनेरी चीज चमक रही थी, वो खच्चित ही, वो ही वो तमगा होगा, जिकी बात नानकी कुछ देर पहिले कर रही थी। हो सकता है, इस कुतरे को, इसी गेंद को खेलने की परीक्षा में अव्वल आने के एवज में मिला हो, ये तमगा।

नानकी, ओका हाथ पकड़े-पकड़े, नान्या को, उन ऐहलकार साहब के ऐन अग्गे ले अई तो वो कसूरी करने वाले लड़के की मुजब, उनके सामने जा के खड़ा रै गया। नानकी ने नान्या को बोला—'नमस्ते करो।'

'नमस्ते... !' नान्या ने झिझकते हुए बोला।

'कौन है, ये... ?' साहब ने तपासा। साहब की आवाज तो, दायजी की आवाज से भी मोटी थी, और उसके बोलने से उनकी नाक के नीचे की, मूँछ भी हिल रही थी।

अभी बँगले वाले साहब ने, जो काँख में दबा रखा था, वो रूल को नजीक से देखने पे, लगा कि वो गुरुजी के रूल से जादा बड़ा, काला, गोल और चमकीला है। उसमें एक सुनेरी मूँठ भी थी। गुरुजी की काँख में, जब रूल होता और वे, जिस कक्षा के सामने से, रूल लेके निकलते, वो वाली कक्षा की कचर-बचर की आवाज को सोख लेता, वो रूल। पूरी भरी की भरी कक्षा, ऐसे लगने लगती कि पूरी की पूरी खाली ज हो। जैसे कि वाँ पे, कोई हो ही नी। एक काला चिड़कला भी। और बच्चा तो एक भी नी। ये सब हो जाता, काले रूल के कारणे। ऐहलकार की काँख में दबे रूल के कारणे ही जैसे कि याँ पे भी, सबकुछ चुप था। झाड़ चुप। फूल चुप। नानकी चुप। ना कहो कि बायरो भी चुप।

तभी, ओ का ध्यान गया कि बँगले के भीतर से,एक गोल थाली में कुछ उठाये-उठाये दायजी आ रहे हैं। वो भी चुप। उणने वो थाली, जि'में कुछ-कुछ तो भी रखा था, बँगले वाले साहब के सामने रखी छोटी मेज पर रख दी। और, वो भी ऐसी जुगत से कि आवाज ही नी आवै। मनेकि थाली भी चुप। फिर दायजी अपने दोनों हाथ बाँध के सीधे-सट्ट खड़े हो गये। शायद से इसी को कहते होंगे, हुकूम में रहना। दायजी हुकूम में खड़े थे। झाड़ भी हुकूम में खड़े थे।

'दयाराम... ! क्या ये तुम्हारा बेटा है... ? काफी बड़ा हो गया है। अब इसे गाँव से यहीं ले शहर ले आओ। अच्छी तरेह से कामकाज करने लायक हो गया। है...बँगले पे, ये भी तुमको मदद किया करेगा।' साहब ने दायजी की ओर देख के फिर नान्या की ओर देखा तो नान्या के मन में आई कि वो कह दे कि दायजी बँगले वाले साब को ये बात बता दें कि—'अग्गे से वो यहीं रहेगा...अपना 'शाला छोड़ने' का प्रमाण पत्र भी ले साथ आया है। नान्या याँ भणेगा और वो याँ पे राजा-बेटा ही

तो बणवा आया है। पर, कुछ नी बोला। दायजी के मुण्डे पर थोड़ा भरा-भरा भाव आ गया था, जैसा ओ की तारीफ सुनने पे, कदी-कदी बड़े'बा के मूँडे पर आ जाता है। नान्या की बात पे तो बड़े'बा, अपनी मूँछ को सँवारने लगते हैं। तब, दादी बोला करती है—'म्हारो नान्यो, सेरगाम में भणेगा और ऐलकार बणेगा।'

दायजी ने बोला तो नी, पर ओ के इसारे से, ये जरूर समझाया कि बँगले वाले उनके इन ऐहलकार को, वो झट से पाँयलागी कर दे। नान्या ने, थोड़ा-सा, एक पाँव अग्गे रक्खा और वो उणकी पाँयलागी करने के वास्ते, जब झुका ही था कि वो एकदमै-से चौंक गया।—'बाप रे, बाप..! पग में पेहनी हुई, उनकी पनीही तो, ऐसी चमके कि मनख अपना मूँ ही देख ले। पता नी काय के चमड़े की है। इत्ती चमक तो नाग-महाराज की काँचळी भर में होय। हौ...लगे, इन्हीं को कहते होंगे, जिनको कि दादी बोलती है—बूट। येई होगी पतलूण, जो ऐहलकार ने पेन्ह राखी है। पूरी टाँग ढँकी है। धोती होती तो पिण्डली दिखती और वो देख के पिचाण लेता कि ये पग-पाल्या है कि नी... ? क्योंकि चम्पाबई दाई माँ की कड़क अँगुली के निशान तो अलगै से पिचाण लेता।

'ये लो...हाँ, पकड़ो अपने हाथ में...।' साब ने, वो गोल थाली में से, दो फाँक उठा'के ओके आगे बढ़ाई। पहिले ओ'ने दायजी की आड़ी देखा कि वो इसारा करेंगे तो ही वो लेगा। नान्या सकुचाया-सा ठैरा रै गया। तो तब तक नानकी ने आगे बढ़के, वो फाँक बिना हिचकिचाये उनके हाथ से ले ली। ओ ने, नानकी के हाथ में आयी उन फाँक की तरफे, थोड़ा गौर करी के देखा। शायद से, सेरगाम के ओगले झाड़ का, कोई बड़ा-सा फल था, जिकी कि ये फाँक थी। ऐसे फल की थी, जिको सच्ची में ओ'ने तो अभी तक देखा' ज नी था। क्योंकि फाँक चौखूट थी। हाँ, ल्लो एकदमै चौखूट। भगवान् जाने, ऐसा फल याँ पे, बाड़े में के कौनसे झाड़ में लगता होगा... ?

ओ'ने, फिर थाली में देखा—ल्लो भैया...! गज्जब...! थाली भी चौखूट। थाली में चाय थी। और चाय कप-बस्सी में थी। ऐं... ? नान्या को, ये देख के भीतरे ही भीतरे तो और ही घनमथन होने लगा कि ये कैसा न्याव है कि इत्ते बड़े ऐहलकार और उनको रजी-सी, ये बात भी नी माल्लम कि कप-बस्सी में चाय, कोई बामण पीवै भी है... ? दादी होती तो इन से, अभी की अभी पूछी बैठती—'ऐ, रामशरण भैया, यो तो बताव कि तम किना गौत का बामण हो... ? ...ऐं ?...'शर्मा' तो आजकल कोई भी लगई लै। बताव तो सई म्हारे...तम ?...बलई-बामण हो, कँई... ? कँई तमारे या बात माल्लम नी है कि कप-बस्सी, ढोर-ढँगर की हड्डी से बणे है। इणमें चाय पीणे से, बामण तो समझो बिटली ही जावै। हाँ, अ-बड़ई जावै।'

पर, अभी वो कुछ भी बोलने की हालत और हैसियत में नी था। पीपड़ल्ले के पण्डित पन्नालाल परसाई से, जब ये ऐहलकार सतनारायण की कथा करवावेगा, तो आपो-आप पता चल जायगा। तब फिर वोई करावेंगे, इनको क्षिपरा नदी के रामघाट पे, हिमाद्री-असनान।

तभी नान्या ने देखा कि बँगले वाले ऐहलकार ने, वो फल की दो फाँक, अपनी थाली में से उठई और फाँक को, दोनों हाथ से पकड़ा और दाँत से काटा फिर एक घुटका चाय का लिया और दूर देखवा लाग गये। नान्या ने, उसकी आड़ी देखा—'बताव, दायजी की आँख से, कित्ती अलगै तरेह की आँख है। हर बार, अलग बदल-बदल जाने वाली। ऐहलकार की आँख ऐसेई होती होगी। दादी कहती है—'ऐहलकार जो होवै, ऊ सब के संका से देखे रै...छोरा नान्या...। कब्बर बिज्जू सरीखा...मनेकि, अपनी आँख में तो ऊ ऐसी हिकारत भरी के रक्खे, कि आँख से थूँकणे की जुगत होय, तो समझ लो कि ऊ अपणा मूण्डा के ही लीप दे रे,थूँक से। अने, जब भी बोले भी तो बस, खाली डाँट वा का वास्ते ही बोले...नी तो नेंठूई गूँगो गणेश है।'

'अरे दयाराम...! और काहे की देर कर रहे हो, तुम...? मालूम नहीं क्या तुमको कि हमें वहाँ जल्दी पहुँचना है, ताकि उनको लेकर, हम जल्दी ही लौट सकें।' नान्या तो डर ही गया। दायजी को, ऐहलकार ने, अपनी डखोरे करती आवाज में, डाँटा नी, बल्कि समझ लो कि एकदमै-से हड़काया है। ओ'के तो खून में, उथलधड़ा होने लग गया। पर, नानकी को तो, ऐ बात की कोई सनागत ही नी...अपने हाथ की फाँक, ओके पकड़ा के वो, कूदती-फाँदती, बँगला का भीतरै ऐसे भरा गई, जनेकि वो, वाँ पे वो रोजई की, आने-जाने वाली हो। वो, बेल्कुल ही नी डरी। बताव, ना कुतरे से, ना ऐहलकार से।

ऐहलकार साहब ने, चाय का कप, मूँ में जल्दी-जल्दी से, ढलक-ढलक उड़ेला। कँई माल्लम आधी पी, कि आधी छोड़ी। और फिर खड़ा हो गया। वो, उसके इत्ता कने खड़ा था कि देखके लगा, ये तो भौतई ऊँच्चा है। इसका जरूर से, अपने घर के भीतर के मौलवे में, माथा फूटता होगा। नान्या को, तभी ऊकी पतलूण देख के, गियान बैठा कि ईमें तो, खड़े-खड़े फी-फी करना पड़ती है। ये जदि खड़े-खड़े, वाँ गाम में, घर के पिछवाड़े, फी-फी करें तो दिवड़ी से भी दूर, ठेठ बागुर तक मुत्ती मार दे। वो, चलवा लगे तो वो कुतरा, उनसे भी आगे दौड़ गया दायजी भी, ऐसे घर में घुसे, कि वो तो बाहरे ही नी आये। वो, ऐकल्ला रै गया था।

वो ऐकल्ला रै गया था, फल की फाक को पकड़े-पकड़े। ओ'ने देखा, नरम लुच्च-सी है, ये फाँक। खाणे से ज्यादा, ईके, सँभालणे को साँसों। ओके, सूझ ही नी पड़ रही थी, कि वो, याँ पे, ऐकल्ला खड़ा-खड़ा क्या करे...? थोड़ी देर में, कहीं से तो भी, मोटर का भर्राटा उठा। फिर गते-गत, वो दूर जाता हुआ, बन्द हो गया।

तभी, नानकी बँगले के भीतर से, निकल के, बाहर आयी तो ऊकी साँस में साँस,थोड़ीक तो लौट ही आयी।

'अरे, तुमने ये खाई क्यों नँई...?' नानकी ने, ऐसा पूछा जैसे कि वो, माँ के इत्ती बड़ी हो गई हो। हड़का के, बात करणे वाली। हाँ, जनेकि माँ के'ई बिरोबर। वैसेई तो पूछती है। ओके मूँ पर याँ, बँगले पे आणे के बाद तो, एक अलगै चिलका और

झमका आ गया था। वो, बगीचे में आई और ऐहलकार सा 'ब वाली कुड़छी पे, बिना कोई झिझक के बैठ गई। कोई धड़का ही नी। फिर, नानकी ने, वो वाली लाल दड़ी को, जिससे सा 'ब और उनका, वो काल्या कुतरा खेल रहे थे, पाँव की ऐसी ठोकर मारी, कि ओके माँय, आपो-आप 'ई ऐसी इच्छा हुई कि दौड़ के, वो उनी दड़ी के पीछे-पीछे जावै और बीच में से ही पकड़ी के, वापस नानकी के, पाँव के कने ला के रख दे। पर, नान्या, एकदमै से रुक गया। ओ 'के लगा कि इस तने से तो वो, फिर ऐहलकार के, काल्ये कुतरे मुजब ही, काम करने वाला हो जावैगा। अपने आप को कुतरा लगेगा।...धत्त... ! वो कोई कुतरा थोड़ेई है। जाणे क्यों, ओ 'के मन में साब के कुतरे को ले 'के, कालूण्डी ही चढ़ रही थी।...बताव, पट्ठा साबुन से न्हाता है और कपड़े पेन्हता है।

नान्या, वो चौखुट्टी फाँक वाले फल, जिके वो जानता नी था, ऐ का वास्ते नानकी से, ऊ की पूरी और पक्की जानकारी लेना चाहता था कि आखिर, ये क्या है.. ? ताकि, जब वो गाम पे जायेगा, तो बोन्दू को, ये गियान बाँट के पछाड़ देगा। वो, ऊकी, नरम-लुच्च फाँक को, पकड़े-पकड़े वहीं खड़ा था।

'खाकर के, खतम क्यों नहीं कर देते, इसको।' नानकी तो जैसे कुड़छी पे बैठे के, हुकूम की बोली बोल पड़ी हो। कुड़छी में, ऐहलकार से भी और जादे पसरती हुई नानकी, ओ से बोली थी। लगा, वो ये समै में, ऊकी छोटी बेन नी है।

'पर, पेलाँ मेरे को, ये बात बताव कि ये है, काहे की फाँक... ?' नान्या ने, सेरगामी बोली की नक्कल करते हुए, नानकी से पूछा। अभी तक, सबसे बड़ी फाँक ओ 'ने तरबूज-खरबूज और कद्दू की ही देखी थी। ये तो, गणित के सवाल से भी, जादे कठिण बात हो रही थी, ओके वास्ते। अगर, पाठशाला में गुरुजी, ये फाँक, सबको दिखावैं और फिर पूछें पूरी कक्षा से ये सवाल है—'बताओ बच्चो... ! ये किस वृक्ष के फल की फाँक है... ?' तो फिर, ये बात तो खच्चित ही है कि सगळे ही बच्चों की, घिग्घी ही बँध जायगी और अगर, इस बात की, गुरुजी पाठशाला में परीक्षा ही रख दें, तो फिर नतीजे में, सारे बच्चे हो जावैं, एकदम नापास। शून्य बटे शून्य...।'

'ये कौन से झाड़ के फल की फाँक है... ?' नान्या ने, हिचकिचाते हुए, अपना वो ही सवाल फिर से पूछा।

'अरे, ये फल थौड़ेई है... ! ये तो डब्बल-रोटी है, डब्बल-रोटी, हाँ।' नानकी बोली और इत्ती जोर से खिलखिला के, हाँसवा लगी कि गाम में, ओकी कोई भी बात पे, या कि कसूरी कर देने पे, ना कभी दादी इत्ती हाँसी और ना ही कभी बड़े 'बा। नान्या तो एकदम से, झेंप ही गया। ओ के लगा, कि ओ की तो भौतई भद्द हो गई है।

दादी होती तो इम्मे देर थोड़ेई करती। हाँ, मूँ पेई झाड़ देती। कहती—'ऐल्लो, ये बताव कि ये कँई रोटी है? किक्खे गेल्या बनाव दादा? रोटी कँई चौखूँट होय?' नान्या की तो समझो कि नेंठूई अक्कल ही औंधाड़ी हो गई। फिर 'डब्बल' जैसा नाम

तो वो, पहली कावा सुन रहा था। पर, अग्गे कुछ भी पूछवा की हिम्मत नी हुई। लगा, कि उसकी कोई और नई भद्द हो सकती है।

नान्या को, भूख जैसा तो लग रहा था, खाणे की इच्छा भी थी। पर, ये खच्चित था कि वो इस डब्बळ को तो, खा ही नी सकेगा। नान्या, अग्गे बढ़ा और उन फाँकों को, ओने मेज पर छोड़ दी गई थाली में, वैसे की वैसेई वापसै रख दी। बताव, थाली भी चौखूट...हुँह...। लगे कि बँगले में जो कुछ है, वो सबी है, चौखूट्टा। ओ के, हाँसी और रुलाई दोनों ही, एकई साथ आने को हुई। नानकी, कुड़छी से उठी और ऊने ओके हाथ से, वो चौखूट फाँक झटक-के छीन-सी ली और खाणे लगी। फिर चौखूट थाली को उठाया और बँगले में, भीतर बेधड़क होके जाने लगी। उठाये-उठाये ही ओ'ने, नान्या को बोला कि वो भी अब भीतर आ जाये। ये क्या... ? नानकी के आगे, वो तो ऐसे हो गया जनेकि नान्या उसके वास्ते जैसे गारे का गणपति। जाँ बिठाव, वाँ पे बैठी जावै। जदे उठाव उठी जावै।

नान्या ने, नानकी से पूछा कि इनके घर में कौन है.. ? तो उसको ये जानने के बाद, तज्जुब हुआ कि घर में कोई है नी। और वो ऐकल्ली ही, ये घर देख लेती है। कभी माँ भी आ जाती है।

घर के भीतरे, जब वो नानकी के साथ घुसा, तो उसकी आँख तो फटी की फटी रै गई। राते कैणी में, दादी, राजा दसरथ के महल का, जो बखाण करती है— समझो कि, आक्खा का आक्खा, वोई का वोई जैसा। आँखें कहे कि मैं वो देखूँ और चीज कहे कि नान्या, इधर देख...हाँ, म्हारा आड़ी। एक चीज को देखे, तो तब तक जैसे दूसरी चीज चीखने ही लाग जावे कि अरे ओ नान्या, वाँ कहा देख रहा है... ? हमारी तरफै देख। नान्या को लगा कि ओके दोई कान तो जनेकि चीज होण की, लहर और ललकार से लबालब हुई गये हैं। ऐसी चीज होण कि जिनका वो नाम ही नी जाणे। ना दादी और ना बड़े'बा। बड़े'बा की तो बात छोड़ो, बोन्दू तक को नी...। अरे, हा नी तो...बोन्दू को कोई कम गियान है... ? काँ से लाया होगा, ये ऐलकार, इत्ती सारी चीज होण... ? फिर नान्या को लगा कि ये पग-पाल्या है और वाँ की जिगेह का सुन्ना-चाँदी, येई पट्ठा खोद-खाद के हेड़ लाया है। उसी का ये झमका है।

खटाखट नान्या की निगहे घूमती जा रही थी कि अचानक घूमती-घूमती, जब वो ऊके जीमणे हाथ के कोने में, ऊपर जाने वाले सिढ़ाव के तरफे गई, तो नान्या के गले से तो चीख ही हिट पड़ी—वो बुरी तरह घबरा के, जान छोड़ता-सा भागा और भाग के, सबसे पहिले ओ'ने अपनी छोटी-बेन नानकी को पकड़ा और अपनी बाँह में, कसके भींचा और खींच के दरवज्जे से बाहर लाके दरवज्जे के किवाँड़ भिड़ाये और फिर हत्थे मिला के साँकल जैसी जो कड़ी थी, ऊके फुर्ती से लगई दी। ओ का कलेजा धड़क-धड़क के, ओ'की पाँसली से टकराये जा रहा था।

'नानकी... ! वो वहाँ पे न्हार घुसी आयो है, खई जायेगा।' कहता हुआ, नान्या, उसे खींच के दरवज्जे से और दूर बाहर ले जाने लगा। ये हबड़-तबड़ से भरी इस घड़ी में, उसके मूँ से डर को भगाने वाला, बड़े'बा के द्वारा रटाया गया। गायत्री-मंत्र भी नी निकल पा रहा था। जाने काँ रै गया था। तभी नान्या को, वो दादी वाली जुगत याद आ गई और जोर से बोला—'अरे ला तो नानकी ! म्हारी बारा-बोर की बन्दूक।' ओ'ने जान-बूझ के, ये बात इस तरेह अल्ड़ा के बोली कि न्हार के कान में, ये बात पड़ जाये और बन्दूक का नाम सुण के ओके पोटे फटे, अने वो के, भागते बाट ही नी मिले। नान्या को निरात हुई कि ओ'ने ऐन बखत पे भौत होश्यारी से काम ले लिया है।

नानकी समझ ही नी पा रही थी कि अचानक, ये क्या हो गया कि नान्या ऐसा उजबक जैसा कुछ तो भी करने लगा। उसने पूरी बे-लिहाजी से जोर का झटका देकर, खुद को नान्या से छुड़ाया और अपने गले की सारी ताकत लगा के, चीखते हुए बोली—'अरे मैं कहती हूँ...चुप हो जाव, नान्या...ये क्या कर रहे हो...पग्गल हो गए हो क्या... ?'

नान्या को सम्पट ज नी बैठ पा रही थी कि ये नानकी, जो रजीक-सी और ओ'से भौतई छोटी है, कैसी बोल रही है। एकदमै-से ये क्या हो गया।...कि उस पे, ऐसे घघा के बोल रही है, जनेकि वो नेंठूई गेलसप्पा है? अरे कँई, ई'की सगळी अक्कल, घास चरने चली गई है, जो कि ये समझ नी रही है कि वो, जो न्हार घर में घुस आया है...हाँ, वो न्हार हम दोनों भाई-बेन को कच्चा ही खा जायेगा...और हाँ, हमारे हाड़के भी नी छोड़ेगा। परताब'बा की बकरी की तरेह उठा के लेके चला जावैगा। डूँगरी की गुफा में।'

'न्हार का मतलब क्या... ? अरे नान्या बताव कौन है, न्हार...और कहाँ है? फालतू में चीख-पुकार क्यों मचा रहे हो... ?...ऐं... ?' नानकी बेधड़क-सी बिना डरे, हाथ छुड़ा के नान्या से कुछ दूरी पे खड़ी थी और ओ के बुरी तरह डाँट के पूछ रही थी। पर, नान्या का बदन तो इस घड़ी में सिर से पाँव तक, धूजणी से भरा गया था। आवाज काँप रही थी। आक्खा बदन पसीणे में भींज गया था। ये समै तो ऊकी साँस भी, इत्ती तेज-तेज चलने लगी थी, जनेकि कोई छोटी-मोटी धम्मण चली री हो। नान्या ने, हाथ के इसारे और घबड़ाहट भरी आवाज में, रुक-रुक के बताया कि वाँ...हाँ, घर के भीतरे, सिढ़ाव के बेल्कुल कने, न्हार घुस के बैठा है...वो, हमें खई जावैगा...ऐका ल्लेणे वो अब्भी दरवज्जा ना खोले...और आसपास के लोगों को हेला पाढ़ के, भेळे करले, ताकि सब मिलके हल्ला-बेदा करके, न्हार को भगा सकें।

जब, नान्या ने सब बात, तफसील से नानकी को बताई तो नानकी, गुस्साना छोड़ के नेंठूई पग्गल जैसी हाँसणे लगी। फिर वो, नान्या के द्वारा बन्द कर किये गये, किवाड़ खोलने लगी तो नान्या ने, ओ के चीख के फिरसे बरजा भी—'ऐ नानकी... ! रुकी ज्जा... !' लेकिन वो तो ऊकी हलकार की अनसुणी करती हुई, घर के भीतरे

ही, दौड़ के भरई गई। नान्या, मारे डर के भेळा हुआ, असहाय-सा पाँगळे मनख मुजब, मुँह बाये खड़ा था, अपने गाम के काँकड़ देवता से मन्नत करता हुआ कि 'वो, वाँ पे सिढ़ाव के पास छुपा हुआ न्हार, ओ'की बेन नानकी को कुच्छ नी करें...हे...! भगवान् तू वैसा ही न्हार के मूँ में ताला लगा दें, जैसा कि शिवजी साँप के मूँ पे लगा देते हैं। नान्या को संका हुई कि ऐहलकार के इस घर में ये न्हार के रूप में बैठा कोई इच्छाधारी तो नी है... ? लग रहा था कि बस कुछ ही पल में न्हार के दहाड़ने की आवाज आयेगी और वो, उसकी नानकी को फाड़ खायेगा।

नान्या की आँख के अग्गे, इन्धारा फैल गया था।

पर कुछ ही पल बाद नानकी दरवज्जे से दौड़ती, दाँत काढ़ती साबुत बाहर आयी। फिर नान्या का हाथ पकड़ के बोली—'अरे नान्या...! वो न्हार नहीं है चीता है। हाँ, साहब ने उसका शिकार किया था, अपनी बन्दूक से और मरने के बाद, इसमें भूसा भर के, इसको घर में रख दिया है।...चल, अब अन्दर चल...।' नान्या को, ये बात सोच-सोच के, भौतई अचरज हो रहा था कि न्हार के पेट में, माँस नी...भूसा मनेकि घास-फूस। बैदजी होते तो बोलते—'दा'साब, मृत्यु के बाद देखिये कि एक दिन माँसभक्षी के पेट में भी घास-फूस पहुँच जाता है। शाकाहारी होना ही सत्य है।'

वे, बात पूरी करके, खिल-खिल करती हाँसती हुई, नान्या का हाथ पकड़ के, घर के अन्दर ले जावा लगी। फिर न्हार के पास जाके, रुकी और न्हार से बोलने लगी—'ल्ले...खाले मुझे..ले खा के दिखा...।' बाद ये बोल के, नानकी उछल के, न्हार की पीठ पे चढ़ गई और वहाँ बैठ कर, वो जोर-म-जोर हाँसने लगी और दूसरे ही पल कूद के, वापस उसके पास आ गई। इस तरेह, ओ ने नान्या के डर को भगाने की जुगत और जतन किया। लेकिन नान्या अभी पूरी तरह 'भे' से, बाहर नी आया था। नानकी ने, नान्या का हाथ पकड़ के, ओके जैसे ही पास की कुड़छी पे बैठाया, तो वो कुर्सी के भीतर लुढ़क ही गया। जैसे, ओका बदन गड्डे में उतर गया गया हो। नानकी, फिर से दाँत काढ़णे लगी। वो झेंप गया। वो झटके के साथ खड़ा हो गया।—'बाप रे बाप, ये घर में तो हर जगेह, धोखा ही धोखा खा जाव।' एकदमै से नरम-लुच्च-सी है, ये कुड़छी।

वे, पसीने से तरबतर हो रहा था। पसीना, ओ'की गरदन के आसपास तो तिरप ही आया था—पर, भीतर की बण्डी तो नेंठूई भींज गई थी। नान्या को बिसास आणे, में थोड़ीक देर लगी। पर, नान्या के मन के माँय संका उठी, कि कँई ने कँई तो भी गड़बड़ जरूर है, क्योंकि ओ'की आँख के आगे फैला अन्धेरा, कम होने के बजाय बढ़ता ही जा रहा था।

नान्या ने, साँस खेंच के दरवज्जे के बाहेर निगेह डाली, तो समझ में आ गया कि असल में बात सारी ये है, कि साँझ हो रही है, ऐ का ही कारणे, घर के भीतरे, इन्धारा बढ़ रहा है। और ये दीया-बत्ती की बखत है। वो, अगर ये बखत गाम में होता, तो

दादी उसको हेला पाड़ के बोलती—'जा तो रे नान्या... ! और तुलसी का क्यारा में, घी को दीवो तो लगई के आ जा।' वो, नानकी से पूछना चाहता था कि आगपेटी हो तो, जाँ पे भी तुलसी का क्यारा होगा, वो वाँ जाके, दीया लगा सकता है।

नानकी ने, नान्या का हाथ पकड़ रक्खा था। वो, ओके खींचती हुई बगल की भीत के पास ले गई और ओ ने बताया, तो देखा कि वाँ पे, एक गोल काली-सी, उसी भीत में चिपकी डिब्बी थी। नानकी ने, ऊके अँगुली से दबाणे की बोली। पर, वो अभी भी काफी डरा हुआ था, नान्या ने मने कर दिया फिर, नानकी ने, वो डिब्बी पे, अँगुली रख के,ओको जैसेई दबाया पूरा का घर पूरा घर जगमगा उठा। जनेकि, कोई पटेल'बा के यहा के ब्याव का घर हो और ऊ में कोई ने, एक पचौल मशाल, एक साथ जला दी हो। घर की एक-एक चीज, दन्नाक से दमक उठीं। नान्या ने, अपनी गरदन ऊपर उठा के देखा...वाँ, घर के पटाव में, आग के भलका मारते अँगारे की मुजब, एक गोला जल रहा था। उसे डर भी लगा कि कहीं वो, जादे गरम हो के फटाकदनी-से फूट ना जावै।

'नान्या, ये बिजली है..।' नानकी बोली।

'क्या आसमान की, जो बरसात में कड़क के चमकती है...गाज-बीज माता? जिके दादी पूजती है। पर, अभी ओके गिरणे की तो गड़गड़ाट ज नी हुई... ?' नान्या की तो मारे अचरज के, आँख फटी पड़ रही थी। ओ के लगा कि कुच्छ भी हो, ये झाझा जर्मन लगते इस ऐहलकार ने, गज्जब तुकतान भिड़ायी। दादी होती तो देख के कहती—'लो इन्नै, आसमान की बिजळी का, धरती पे घर-बासा करई दिया...वाऽ भई वाऽ।' पर, दादी ने, ऐहलकार के बारे में, ये कुछ तो कभी बताया ही नी था। ऐसी जुगत तो गाम में, ओ'की पाठशाला के, एक भी लड़के ने देखी ही नी थी। बताव बोन्दू तक ने भी नी। यदि ओने देखी होती तो वो, जरूर से बताता। गज्जब की बात तो ये, कि नानकी को तो ये वाली जुगत, चलाना भी आता है। नान्या को, तज्जुब हुआ और संका भी कि कहीं ऐसा तो नी कि नानकी, ओके से बड़ी हो...क्योंकि नानकी का गियान तो, बोन्दू से भी जादे लग रहा था। और दादी कह रही थी कि बोन्दू मेरे से दो-साल बड़ा है—'जिना साल, पिण्डारियों होण ने गाम में धाड़ा पटका था। वो साल बोन्दू पैदा हुआ था।'

बाद इसके, नानकी ने कहा—'अब तुम जरा खिड़की से बाहर झाँको...वहाँ, बगीचे में।' नान्या ने बगीचे में देखा। वाँ पे काफी इन्धेरा हो गया था, जिमें वो सगले झाड़क्ये भी डूब गये थे, जो लाल-रंग की पागड़ी बाँधे खड़े थे। नानकी ने, खटाक-से जैसेई कोई जुगत दबाई कि खम्बे पे रक्खे, वो सारस के सारे सफेद अण्डे, चाँदनी के रंग से भर गये। एकदम जनेकि दूध से भरे हण्डे हों।

'सुनो... ! अब तुम यहीं रहना...और सुन लो, यहाँ से कहीं जाना मत. और निगरानी रखना कि कोई आये-जाये नहीं...माँ ने बोला था कि मैं तुमको यहाँ छोड़

के, थोड़ी देर के लिये घर आ जाऊँ...। इसलिए, मैं घर जा के अभी आती हूँ।' नानकी ने कहा और घर के दरवज्जे से बाहेर निकल गयी।

वो इत्ते बड़े घर में ऐकला रै गया।

नान्या ने, पहिले भर-मुँह साँस से गायत्री-मंत्र बोला। बोल कर लगा कि ओ का डर अब फुर्र हो गया है और वो उछल के न्हार की पीठ पे अलाँग-फलाँग बैठ सकता है। पर, ऐसा ओ 'ने खाली सोचा, करा नी। क्योंकि, थोड़ी धुकधुकी तो अभी भी थी। ओ ने सोचा, इस ओगले घर में, निवरी होश्यारी बघारणे से कँई मतलब? ऐं? बाद ईके ओने इत्ते उजाले में, एक कावा फिर से सगळी चीज होण को गते-गत और गौर से देखना शुरू किया लगा कि वे सब, ओ को पिचाण रहीं हैं। जब, वो नानकी को पिचाणती हैं तो फिर उके वास्ते ओगली थोड़ैई रहेगी... ? वो नानकी का ही तो भई है। और वो भी बड़ा। उके साथ, ये कोई भी उलट-सुलट बेवार नी करेगी। नानकी जाते समै, जो बोल गई थी, ओ के हिसाब से तो नान्या को, भौतई चौकन्ना रैना था। मनेकि हवा भी हरकत कर दे, तो वो हलकारे और हड़का दे। वो फिर से सब चीजों को देखने लगा और ऐसा चौकन्ना होके कि कोई चीज पट्ठी उठके, गुपचाप और गते-से, बाहर ही नी सटक ले।

तभी, नान्या की निगेह, कोने की एक छुटँगी-सी मेज की आड़ी चली गई तो ओ 'ने देखा कि वाँ पे, ऐहलकार का, वो रूल रक्खा हुआ है। नान्या ने अग्गे बढ़कर, वो चिकणे और काले-कुट्ट रूल को उठाया और काँख में रखा तो लगा कि ओ में तो एकदमै कोई नई तर्राटी आ गई है। ऐसी कि वो दिन उसने जैसा बकरी का दो गिल्लास दूध एक साथ ही पी लिया था तो कैसा लगा था...कि कुछ नी तो बायरा से ही बलबटै भिड़ जावै। नान्या को लगा कि अगर ओने वो रूल घुमा दिया तो समझो कि चारी-आड़ी सनाका खिंच जायेगा। सगली चीजें काँप उट्ठेगी और अपनी जगेह से, तिल भर भी, हिलणे की भी नी सोचेगी।

बस, क्या था, उसने उछल के वो रूल, हवा में ऐसे घुमाया जैसे बनेसींग 'बा बनेठी घुमाते हैं...और फिर सारे देखने वाले को सन्न कर देते हैं। बनेठी की तरेह, रूल घुमाने के बाद, नान्या ने घर की सगळी चीजों पे निगेह डाली तो पाया कि सगली की सगली चीजें सन्न रै गई हैं। वो, ये समै खुद को रूलकार लगा। झाझा जर्मन। फिर यई बात पे ओके हाँसी भी अई गई।

नान्या ने वापस से देखना शुरू किया—देखा, भीत पे लटके हैं, रंगीन छापे। एक गंज बड़ी गेज, जिस पे चम्मच और गिल्लास ही गिल्लास रखे थे। जिनावरों के हाड़के वाले कप-बस्सी। घड़ी, जिकी तीनोई टाँगें चल रही थीं। पर, ओ में लिक्खे अंक, उकी पढ़ाई में ही नी आ पा रहे थे कि वे, क्या लिक्खे हैं। न कहो जानबूझ के ही, ऐसे माण्ड दिये कि पट्ठा ये ऐलकार ही समय को देख सके और कोई नी। मनेकि ओ का अपना इकल्ले का ही समै हो गया तो इस घड़ी में तो

नान्या का तो समै ही नी था। देखना ही मुस्किल, ओ के वास्ते। बाकी तो आक्खा घर बन्द ही था। रोटीघर भी बन्द।

रोटीघर का खयाल आतेई, नान्या को तो एकदमै-से, जोर-म-जोर की, नेंठूई पेट-काटू भूख लग अई। ऐसी कि थोड़ी देर में कुछ खाणे को नी मिला तो वो बँजारा-बाग जैसा ही लस्टम-पस्टम हो जावेगा। अब, ओ के समझ में ई नी आ रहा था कि वो क्या करे.. ? नानकी भी वापिस अई नी थी। ओके, एकदम से अपनी दाँदी की याद अई गई। नान्या को रुलाई आने लगी। दादी ये सब जानती है, कि नान्या की भूख का कोई भरोसा नहीं। ऐ'का वास्ते वो चूल्हे के पीछे की ओळ में रोटी को, डिब्बे में छुपा के रखती है। चूल्हे की ओळ में रखी रोटियाँ गरम भी रहती हैं, क्योंकि, दादी चूल्हे के भभूर में भार के रखती है, हर समै आग। दादी को बड़े'बा जादूगरनी कहते हैं। भूख से भिड़ने के वास्ते घर में, जाने कित्तेई इन्तजाम कर रखे हैं। डागळे में लकड़ी के चढ़ाव के पास सिंकी हुई मूँगफली भरी है, एक मटके में। एक में है, चावल के चरखी के लड्डू। काँच की बर्नी में आम-रस को धूप में सुखा के बनाये पापड़। फिर मूँग के पापड़, चने की पापड़ी। ऊम्बी-होला...पर बताव इस ऐहलकार के घर में ऐसा कुच्छ भी नी था। बस वोई चौखुट्टी रोटी। दादी याँ होती तो कहती—'भूख के अग्गे सुन्नो-चाँदी सब गारो...देख नान्या...! .चाँदी भी है, रोटी की बाँदी। हीरा को रायतो झबड़ाय थोड़ी रे नान्या...रे। इत्ता बड़ा ऐहलकार का घर, और ऊ में, खाणे के वास्ते ऐसा कुच्छ भी नी...ऐं... ? मनेकि बिसर-भूले में ईना घर में, कोई ऊन्दरो घुसी आवै, तो ऊ बिच्चारो भूखो ही मरी जाय।'

तभी, नान्या ने देखा कि बड़ी मेज के बगल में, नीचे एक ढाँकणी से ढँका हुआ कुछ रखा है। खोल के देखा तो पाया कि—'अरे ये तो एकदमै से वोई तो है—चौखूँट फाँक मुजब डब्बल रोटी। हालाँकि, नानकी जो खा रही थी, वो से ये, थोड़ी-सी अलग लाग रही थी। पर, दादी कहती है ना कि—'भूख नी देखे बासी-कुसी और ना ही देखे सूखी-पाकी।'

नान्या ने, जल्दी से वो चौखूँट रोटी निकाली और भूख के भड़ीके में, सरपाटे के साथ खाते-खाते देखा कि बस आखिरी ही एक फाँक बची है। जैसे कि कटोरदान में रही जावे, पैंदे की रोटी, जिके दादी, हमेंशा से भूरिया को ही डाल देती है। नान्या ने रोटी की आखिरी फाँक छोड़ दी। दादी कहती है—'कटोरदान में, बरकत की एक रोटी राखी छोड़णों चईये रे नान्या।'...

रोटी खाने के बाद, लगा कि अब कहीं जा के ओ'का जीव में जीव, लौट आया है। दादी तभी तो निहाल बुआजी को बोलती है कि—'हमारो नान्यो तो रोटी को जीव है।'

बाहर, बड़े वाले फाटक के खुलणे की आवाज आई और वो, दौड़ के देखने के वास्ते जावै कि कौन आया है—तब तक तो नानकी, दायजी और ऐहलकार दरवज्जे पे थे। उनके पीछे-पीछे दौड़ता भीतर आ गया था, उनका वो काला कुतरा। डाब्बर-

मेन... ! सबके पीछे आई, एक उगाड़मत्थी अने, कटिया बाल की बईराँ। ओ'के मूँडे पे, रामलीला की कैकेई जैसी हिड़मची पुती थी। शायद से ऐहलकार की ऐहलकार नी ही होगी। नान्या को लगा कि दसरथ का महल में जनेकि आ गई है—कैकेयी। ल्लो बोलो... ! वे, इस सगली हबड़-तबड़ में, ऐहलकार को नमस्ते करना ही भूल बैठा। ऊ की निगेह, दायजी पर ही थी कि कहीं वे, इस बात से नाराज तो नी हो गये। उनने, आँख के इसारे से समझाया, तो वो, समझ गया कि अब ऊ के याँ से,घर आड़ी चल धरणो चईये।

'अरे, दयाराम.. ! शेरू को उसका खाना दो।' ऐहलकार ने दायजी को रूलकार की आवाज में बोला तो दायजी फुरती वो बड़ी वाली मेज के नीचे झुके और उनने, वो ढाँकणी उठाके देखने लगे।

ढाँकणी में, खाली पैंदे की रोटी मुजब, बची हुई फाँक को देखके, शायद से, अचरज में दायजी ओके, उलट-पलट रहे थे कि बाकी की फाँक काँ गई। नान्या ने, ओ आड़ी देखा तो सन्न रै गया। ऊ का दिमाग में चाँचुए की तरेह, ये बात लगी—'तो क्या म्हने, ऐहलकार के, ये काल्ये टेगड़ै की चौखुट्टी रोटी खा ली है... ? शायद से, ऐ'का लेणे ही, वो अलगै सी लाग भी रही थी। दिखणे में भी, और खाणे में भी। कुछ कचड़घाँद सी।

नानकी ने, ओ का हाथ पकड़ लिया था और वो, उसको बाहर ले जाने के वास्ते, दरवज्जे की ओर खींचे ले जा रही थी। वो, गते-गत, इस तरेह चल रहा था जनेकि कोई ने, ओ के पाँव में लकड़ी का भारी-सा, काबरी गाय को बाँधा जाने वाला, डींगला बाँध दिया है और ओ से, चला ही नी जा रहा है। नानकी बोल रही थी—'माँ ने आज तुम्हारे कारण ही, जल्दी खाना बना लिया है। क्योंकि, पापा ने बोला था कि तुमको, भौत जल्दी रोटी खाने की आदत है।'

नान्या को, एकदमै-से बिछलती-सी रुलाई उठी और लग रहा था कि ओ के कण्ठ में, करौंदी के से कँटीळे काँटे उग आये हैं। वो, बाहेर फैले इन्धारे में, नानकी का हाथ पकड़े हुए, धीरे-धीरे, बिना आवाज किये गुपचाप, फूट-फूट कर रोता हुवा चलने लगा था।

ऐहलकार का काला कुतरा भौं-भौं करके जनेकि दायजी को हड़का रहा है।

दायजी, वहाँ बँगले पर हुकूम में हाजरी दे रहे हैं और वो, ऐहलकार के याँ पे, लोहे की लम्बी साँकल से बँधा हुआ है। तो ऐहलकार, झाझे जर्मन से दिख रहे हैं और अपनी काँख में दबे, काले-कुट्ट और चिकणे चपट रूल को निकाल के, ओसे, ओकी पीठ पे, दनादन मारे जा रहे हैं। रूल, हर बार ओ की पीठ और पेट पे, दनाक-से ऐसा पड़ता है कि वो बिलबिला उठता है। पर, दायजी भी ओ'के देख के भी पिचाणते ही नी। वो, उकी तो आड़ी देख ही नी रहे हैं। वो, रो-रो के दायजी का हाड़िया-पग खाता हुआ बिनती कर रहा है कि—'यहाँ साँकल में, इना ऐहलकार ने,

जिको कुतरा बना के बाँध रक्खा है, वो कोई कुतरा नी है, दायजी...वो तो मैं हूँ...तमारो नान्यो...। हाँ, मैं हूँ, जिके, कल तमने ही तो गोद में उठा के, सेरगाम को लाणे वाली मोटर में चढ़ायो था।' वो जोर से गले की पूरी ताकत लगा के, दायजी को हेला पाड़ता है—'देखो, दायजी...! ई, ऐहलकार म्हारे, कित्ता-कित्ता मारी रह्या है...ई तो, म्हारा हाड़का भी तोड़ी लाखेगा।' लेकिन ऊकी आक्खी आवाज, कँई माल्लम क्यों, खाली भौं-भौं में बदली जावै। ओ'ने भूख के भड़ीके में, जैसे ही सँजा में, वो चौखुट्टी रोटी खाई, और फिर धीरे-धीरे रात में, पेलाँ ओ'को मूँ लम्बा होने लागा। फिर दाँत बड़ै-बड़ै होने लगे। अने, फिर आखीर में, ओके पूँछ निकली, हिलती-हिलती। और वो, एकदमै से पूरा का पूरा, कुतरे में बदल गया।

वो, चीख-चीख के, नाक-मूँ रगड़ी के, गिड़गिड़ा के दायजी से बोल रहा है—'दायजी...!...म्हारे याँ साँकल खोल के हेड़ दो। छुड़ा के, घर ली चलो। हूँ, वापिस गाम चलियो जऊँवा और कभी भी अँई आड़ी, अपनो मूँडो भी नी करूवाँ...सच्ची, भगवान् जी की सौगण, दादी की सौगण, बड़ा'बा की सौगण...।' पर, वो ऊकी बात पे, कान ई नी धरते और बँगले के हुकूम की हाजरी में लगे हैं। बोन्दू के दायजी ने तो गुरुजी के अग्गे, बोन्दू को छोड़ के बोला था— 'ई को माँस-माँस तमारो, हड़का-हड़का हमारा...! पे, याँ तो दायजी ने ऐहलकार के, शायद से ये बोली दियो है कि 'माँस भी तमारो और हड़का-भी तमारा...।'

फिर, नी-जाने काँ से नीम की दातून करते, बड़े'बा आ गये हैं। वो, बड़े'बा को देखी के बेकली से हेला पाड़ता है, पर उनने तो अपन कान में, पेले सेई रूई का पूमड़ा खोंस रखा है और उसकी कुच्छ भी नी सुन रहे हैं। बोन्दू भी, गैंती और गुलैल लेके, बँजारा-बाग की आड़ी ऐकल्ला जा रहा है, सुन्ना चाँदी खोदने। खाली, दादी दौड़ती हुई, ऊ का आड़ी आती दिखी है—'नान्या रे, म्हारा नान्या...।' जनेकि दादी ने, ओ की आवाज सुण ली है। ओने जोर-म-जोर से, गला चीर के दादी को हेला पाड़ा। दादी के माथ पे आलनिये कण्डे का टोपला है। वो पग उठाती आ ही रही है।...और तभी ओके, ठोंकर लगी और वो औंधा मुँड्डे जई पड़ी है। ओ'का टोपला माथे से गिर गया है और ओ'के सारे कण्डे बिखर गये हैं। येई घड़ी में ऐहलकार का, काल्या कुतरा दौड़ा और ऊ ने दादी का लबरका भर लिया...आधा सेर माँस हेड लिया, दादी की टाँग काँ वो, ये देख के जोर से जैसेई चिल्लाया तो ऐहलकार ने, वो काला रूल, ओ के माथे पे, ऐसा जोर से मारा कि वो, चित्ता-ताली हो गया। ओ का, पूरा का पूरा कपाल खूना-खून हो गया है। आँख के आगे तारे ही तारे चमकणे लगे फिर ओ के, जोर की भिन्नाटी आई और वो धम्मदनी-से, जमीन पे ल्हास की मुजब गिर पड़ा।

बस, अँई नान्या गिरा और ऊँई नान्या की नींद खुल गई।

वो, सच्ची में नींद में से, लुढ़क के खाट से जमीन पे गिर पड़ा था। पहले थोड़ी देर तो ओ'के बेल्कुल सम्पट ज नी बैठी कि वो काँ है.. ? गाम में कि सेरगाम में... ?

फिर एकदमै-से ओके धियान पड़ा कि वो, अपनी सण की खाट से नी, बल्कि तखत से, जमीन पे गिरा है और वो दादी के कने गाम में नी है...वो तो, दायजी के यँा पे, सेरगाम में, घर के अग्गे के हिस्से में, ऐकल्ला तखत पे सोया था। चारी-आड़ी घुप्प इन्धारा है। नान्या ने पाया कि ओ'के बण्डी और कमीज, पसीने में तर-बतर हो चुके हैं। ओ के जोर-म-जोर की रुलाई आई और मन हुआ कि इस बेकली में, वो माँ और नानकी को हेला पाड़े कि कहे कि वो से तो अब, उठणे कि नी बनी रई है— 'अरे... ! कोई आव और म्हारे उठई दो रे।'

फिर, नान्या को दादी की बात याद आई—'सुण रे नान्या, कभी भी अपणने, हिम्मत नी हारणो म्हारा छोरा।' और ओ'ने तखत का कुन्ना पकड़ के खुद को, कैसे तो भी उठाया तो—वो, धकड़िया खाता हुआ, दरवज्जे तक चला गया। आँख मसल के नान्या ने बाहरे देखा, इन्धेरा पातला पड़ गया था और बखत परोड़े-परोड़े हो गई थी।

आक्खी रातभर नान्या, बिस्तर में आलचाल होता रहा था। लगता रहा कि जो, वो'ने चौखुट्टी रोटी ऐहलकार के घर में, पेट-काटू भूख के कारणे खाई थी, वो भाटे की तरह आँत में कहीं जाके कहीं भीतरे फँस गयी है और पेट में खदबदा रही है। शुरू में, पहले ओके तालु से, पानी छूटने लगा तो नान्या को लगा, कि अब जोर की उछाँट हो जायेगी—और वो, नानकी और माँ को हेला पाड़ के जगा देख। पर थोड़ीक देर में, ऊका जीव, थोड़ा सुसमला हो गया तो फिर ओ'ने उनको आवाज नी दी। फिर पाछली रात में जा'के, पेट में गुड़-गुड़ चल्लू होने लगी। और, अभी ओ के, अपना माथा और पेट दोनोंई, एकदम से, ऐसे अने इत्ते भारी लग रहे थे कि जैसे वो, फिर से धकड़िया खाके, गिर पड़ेगा। नान्या को लगा कि वो तुरन्त 'झाड़े' जाये। क्योंकि, पेट में जो कुछ भी था, वो सब खक्कल-बक्कल होता जा रहा था। ओ'ने पेट पकड़ के, दरवज्जा खोला।

अब वो घर के बायरे था।

बाहर में, वो बखत हो गई थी, जब गाम में, वो पीतल का बड़ा गिल्लास ले'के, बकरी का दूध पीणे के वास्ते, पण्डासेरी के तरफे दौड़ के जाता है। ये बखत तक तो दादी, ग्वाड़े में गाय का दूध काढ़ के, दोनों देगची लबालब, भर चुकी होती है। पे, यँा पे, पूरे बाड़े में कोई नी था। खाली एक टिटोड़ी थी, जो माथे के अद्दर अक्कास में, इधर से उधर, और उधर से इधर होती हुई उड़ती-उड़ती टरटरा रही थी। कहीं अण्डे दे के रक्खे होंगे ओने और शायद से भूल गई होगी। बड़े'बा दादी के जल्दी जाग जाणे पे, बोल देते हैं—'नान्या रे.., या थारी दादी तो नेंठूई'ज मुर्गी है, मुर्गी...एकदम सबेरे-सबेरे जागी जावै और उठी के निवरी ज बाँग दे...तू तो, सोयो रहिया कर।'

ऐसे में दादी, वहीं से दाँत काढ़ के बोलती है—'नान्या... ! थारा बड़ा'बा से कही दे कि हूँ, मुर्गी नी हूँ...हूँ तो टिटोड़ी हूँ, रात भर ज जागती रहूँ।' पर, यँा, दायजी के यँा पे, तो इत्ती सुभे कोई जागा ही नी है। नानकी और माँ भीतरे सोये हैं और दायजी बँगले के हुकूम पर हाजरी में हैं, सो रात-भर से वहीं रहते हैं।

नान्या को, इस बात का डर भी सतत सताता रहा था कि वो, जब रात में बँगले की हाजरी से घर में आवेंगे, तो सबसे पेलाँ आके, वो से येई सवाल तो पूछेंगे—'क्यों रे नान्या... ! शेरू की रोटी, क्या तूने खा-खुटाई दी।'...क्योंकि 'शेरू को खाना दो दयाराम... !' ये बात जैसेई ऐलहकार बोला था, तो दायजी वहीं मेज के नीचे, बगल में ही तो टटोलने लागी गए थे।

पेट में, फिर से आँत-काटू गुड़-गुड़ उठी तो ओ'ने पेट को दबाया और गते-गत चलता हुआ, कुण्डी के कने पोहँच गया। वाँ पे वही, कल वाली बाल्टी और चरू पड़ी थी। बाल्टी में अभी भी पाणी भरा हुआ था, शायद कल का ही भरा पड़ा था, जो कि उत्ता का उत्ता ही दिख रहा था। ओ'ने ऊ में चरू भरी और बाड़े के कुन्ने की तरफै, जाँ पे, झाड़-झड़ुकलियों का झुण्ड था, 'झाड़े' जाने के वास्ते चल दिया। एक कावा ओ'के नानकी की बात याद भी आई कि वाँ पे साँप रैता है, लेकिन ये बखत ओ के कोई बात रोक नी सकती थी। फिर पग-पाल्या की तो छाँव से ही वो अन्धो हुई जावैगो।

नान्या को लगा कि कोठा साफ होने में थोड़ीक देर लाग गयी है। शायद से, वो चौखुट्टी-रोटी ओके बुरी तरह से 'गच' कर गई थी। ऐसा तो येक दफे तभी हुआ था, जब नुकते में कोई काच्ची बाटी खई ली थी। 'झाड़े' होकर, जब वो कुण्डी आड़ी आया, तो बँगले की तरफ से दायजी आते हुवे दिखे। दायजी ने, घर की तरफे मुड़ते-मुड़ते, कुण्डी की आड़ी गरदन फेरी तो ओ'के, वाँ पे खड़ा देख के रुक गये। फिर उनने जाने क्या सोची के, घर के भीतरे चले गये। थोड़ीक देर में, वो भी कुण्डी के पाणी से, अच्छी तरेह से, हाथ मूँ धो-धा के, घर के अन्दर चला गया।

'वहाँ, कुण्डी पर क्या कर रहे थे, तुम... ? ऐं... ?' दायजी ने, घर में घुसते ही नान्या से, जिस तरेह से पूछा, नान्या को लगा, जनेकि उनकी तो रात भर में, वाँ रैने से, आवाज में ऐहलकार की आवाज मिल गयी है। ऊ में, चक्कू-सा चीरा-मार, कड़कपन था। नान्या, उलझाँट में फँस गया। ओ'ने बोला कि वो तो, उधर 'झाड़े' गया था।

'झाड़े... ?' दायजी ने ओ'की पूरी बात तो सुणी ही नी और उनके तो आक्खे'ई बदन में, एकदम-से आग-झाल हो गई। पाँव से चोटी तक पिन्नाटा सनसनाने लगा। उनका मूँ लाल बरंग हो आया, जैसे कभी-कभी, बड़े'बा बलई-सेरी के बगदिया को सेंटाणे के पेहिले हो जाते हैं। फिर, उनने दाँत पीसते हुवे, गरज के पूछा—'कहाँ... ?' तो ओने बताया कि वहीं पे जाँ, बाड़े के कोने में, झाड़-झड़ुकलियों का वो झुण्ड सरीखा है।

'क्यों रे मूर्ख... ! क्या इसे भी तूने कोई गाँवड़ा-गाँव समझ रखा है कि उठाया लोटा और जहाँ मन पड़े, वहाँ नाड़ा खोल के कर दी टट्टी... ! ऐं... ? अबे ढोर, वो कोई टट्टी करने की जगह है... !'

दायजी, जिस तने से ओ पे भड़के थे, नान्या को लगा कि अब, एक रेपटा ओके गाल पर पड़ने वाला है। पर, वे रुक गए थे। फिर घर में, शायद से रोटीघर की तरफे जाते-जाते बोले—'हाथ मुँह धो लिया है तो अपने कपड़े बदल लो।'

दायजी, हड़का के चले गये।

नान्या तो वहीं का वहीं सूमड़े-सा खड़ा रै गया। ओ'के तो लगा कि नी तो ओ'से अब तो चलने की बन रई है, और नी ही रोवा की। दादी, अभी दिख जावै तो उसको कहे—'दादी, तू कहती थी नी कि—नान्या सेरगाम में जई के तू राजो-बेटो बणी जावैगा...ल्ले ऐस्सो बणी गयो है, नान्यो, थारो राजा-बेटो...!'

वो नेंठूई सीना-बीना हो गया था। कुण्डी, झाड़-झड़क्लिये,बाड़ा, बँगला सबै गोल-गोल घूमने लगे। नान्या को लगा, ये सब ओगले और बिराणे हैं और याँ पे, अब ऊका कोई नी है। ना नानकी, ना माँ और ना ही दायजी। ओ के दादी की ही याद आये जा रही थी—लगा कि वो दादी को जोर से हेला पाड़े, जैसा कि वो ओटले पे खड़ा होके, गाम में हेला पाड़ता था, दादी को। और सुण के, निहाल बुआजी, अपने घर से बाहेर निकल के, आँगणे में आके बोलती थी—'कारे नान्या...! तू तो इत्ती जोर से हेला पाड़े जनेकि कँई लाय लागी है, घर में... ?' तो वो भिनक के बोल पड़ता था—'हाँ, लगी गई है—म्हारा पेट में। अरे बुआजी भूख लागी री है।' पर, अभी तो सबै आँग-आँग में लाय लाग री थी। पर, याँ अबे कौन मनख है कि ऊके बोलूँ बतऊँ... ?

नान्या का, गला इत्ता भर आया था कि ओके लगने लगा कि अब तो वो, जोर से रो ही पड़ेगा। पर, तभी पेट से गोल-गोल घूमता-सा कुछ उठा और ओके गले में पहुँच के, गुछ्ळी जैसा बना और ऊप्पर अटक गया। नान्या ने, मन ही मन सोचा कि दादी सामने होती तो वो उससे तुरत पूछता—'दादी...! आखीर तू ज बता कि मैं 'झाड़े' जऊँ भी कि नी... ? कँई कोई भी मनख 'झाड़े' जाया बगैर रै जावे ? फिर याँ 'झाड़े' नी जाव तो काँ जाव... ? ऐं... ? कँई आगुन में... ? याँ पे तो, खाने पे भी मार...और हागने पे भी मार... ! ओ'के याद आया कि दादी कहा करती है—'नान्या रे, अपनो घर हाग भर, दूसरा को घर थूँकने को डर।' सच्ची दादी... ! यो तो दूसरा का ही घर है। नान्या, हाँ, नान्या शर्मा को नी है।

जादे, बिलम नी लगा। ओ'के माय ये घड़ी भीतरे ही भीतरे, एकदमै-से तै हो गया कि ये घर ऊका नी है। दायजी, माँ अने नानकी का है। ओ'ने मन में या बात धार ली कि अब वो याँ नी रैवेगा, पीछा गाम में ही रैवेगा और वहीं ज बोन्दू के साथ पाठशाला में ही भणेगा...नी बणनो ओ'के ऐहलकार...चौखुट्टी रोटी खाणे वालो मनख। दादी थारा हाथ का, ऊई चाँदका ही अच्छा।

नान्या के मन में एक कुरेदती कालूण्डी भर गई थी। कालूण्डी में ही पग उठाता हुआ, घर के भीतरे गया। वाँ ये बखत में, बैठक में कोई भी नी था। दायजी, शायद से भीतरे, रोटीघर की आड़ी चले गये थे।

नान्या ने अग्गे बढ़ के, कुन्ने में बे-कदरी से पड़े, अपने पोटले को लाके, तखत पे रक्खा और गते-से, गाँठण खोलके, जैसेई वो अपने कपड़े निकालने लगा, तो बान्दरे-बान्दरी सबसे पहिले उछल के बाहर आ गये, जनेकि पट्ठों का पोटले के

माँय बँधे-बँधे दमै ही घुट गया था और पोटले से बाहरे आ के सुसमले हो गये हों। ऊ के लगा कि इणके तो याँ पे बेल्कुल ही नी छोड़ेगा। क्योंकि बोन्दू का भौतई मन था, और ओ'ने ओ से माँगे भी थे, पर नानकी के खेलणे सरू, वो उनको याँ पे, ले आया था। बान्दरी से तो वो बात भी करता था। दोनों में, कभी-कभी दादी और बड़े'बा मुजब भिड़न्त भी करा देता था। नान्या ने, अपनी तीनोंई निकर जरूर से रख ली। निकर में तो दादी ने भौतई मजबूत बटन लगाये थे, अपन हाथ से। हाँ, ऐसे कि किसी के बाप से नी टूटे।

पोटले में से, अपना झोला निकाल के नान्या ने, जब अपने कन्धे पे लटकाया, तो ओ का मन भारी होने लगा था। क्योंकि ओ'के मन के माँय, ये खच्चित-सा हो गया था कि वो अब याँ पे, सेरगाम में कदी वापस नी आयगा। याँ पे दायजी रहें, याँ पे नानकी और माँ के साथ मौज करें। ये सब, सोची के ओ'की आँख में आँसू तो आने-आने पे तुले तो थे, पर ओ'ने उनको, जफोतना सीख लिया था। फिर जब भी, गाम में कोई बात पे, वो रोने लागता था, दादी भी तो कहती थी—'कारे गेल्या, तू रौवे काय वास्ते... ? ऐं... ? अब देख थारा बड़ा'बा से, म्हारी माथाफोड़ी हुई जाय, तो कँई हूँ रोऊँ... ? देख तो, हूँ मौज में ऐ'का ही वास्ते, रहूँ हूँ, क्योंकि हूँ सारी बात, दाँत काढ़ी के बोलूँ...और थारा बड़ा'बा, सारी बात दाँत पीस के करे है। है कि नी... ? ई का मारे उई, जादे दुखी रै है, रे।' नान्या ने अन्दाज लगाया कि शायद से, ये ही कारण है कि बड़े'बा के दाँत, दादी के दाँत से भौतई कमजोर हैं। नान्या को, जाने क्यों लगा कि दादी की याद से ओ में एकदमै से तर्राटी जैसी आ जाती है। कहो कि बकरी के, दो गिल्लास पीवे सरीखी।

नान्या, बड़े फाटक के पेट के माँय बने, छुटके फाटक को खोलके, अपना झोला कन्धे पे लटकाये, बाहरे आ गया था। बाहरे सड़क पे। सड़क पे, सुभे-सुभे का नरम गाँधला, तड़का था।

बाहर की सड़क, एकदम वैसी ही लाग रई थी, जैसे कि कल ओ'ने, मोटर में बैठने के पहिले देखी थी। काली, जनेकि कोयले के चूरे को घोल के, वोई से, इसको पोत दिया हो। वो, इत्ती चौड़ी थी कि ऊके लगा कि वो, एक दौड़ लगा दे। तभी, सामने वाले बँगले के, एकदम कने से जाती सड़क से, एक मोटर निकली, तो उसे देख के नान्या को लगा, कि 'येल्लो, ये तो जैसे कि वोई तो मोटर थी, जिमें बैठ के, वो और दायजी, गाम से, याँ पे आये थे। हाँ, यहीं बँगला क्रमाँक पाँच तक।' नान्या ने, अन्दाज लगाया कि ये तो खच्चित ही है कि मोटर-हाँकणे वाले, वो मनख ने, ओ के दूर से ही देख के, जरूर से पिचाण लिया होगा कि नान्या खड़ा है। क्योंकि, ऊके कल, सेरगाम आती बखत, ओ'ने 'जै-रामजी की', दो दफे जो बोल दी थी।

नान्या ने देखा, कि सड़क के, वो तरफे वाला बँगला भी, बेल्कुल ऐसाई बँगला था। वाँ भी, बड़ा फाटक था। पर, वाँ फाटक के ऊप्पर, तितली के पँखों के मुजब, रंग-बिरंगे फूलों वाली कोई बेल थी, और जिकी लतर होण से, मुलक सारे फूल, झर-झर के नीचे गिरके, हवा-बायरे से चारी आड़ी बिखर गये थे। वाँ पे, उन फूलों को कोई बीनने वाला 'ई नी था। गाम में, इत्ते फूल दादी को दिख जावै तो, वो बीन-बून के, सब के सब ही भगवान् जी को चढ़ा दे। वाँ, बँगले के दरवज्जे के सामने दो बच्चे खड़े थे। उन बच्चों का देख के,नान्या ने अपने कन्धे का झोला, कसके पकडा और दौड़ लगाई—और वो, एक ही साँस में, सड़क को पार करके, अब उनके दोनों के कने पहुँच गया था। नान्या को, ये बात बिचारने के बाद, मने-मन निरात हुई कि अच्छा है कि ओ 'ने दायजी के, घर से निकलती बखत, अपने बान्दरा-बान्दरी को, झोले में धर लिये थे। वो, उन दोनों बच्चों को झोले में से, अपने उन बान्दरा-बान्दरी को हेड़ के बतायेगा, तो न कहो, वो खुद 'ई अग्गे रै के, ओ 'से दोस्ती गाँठने के वास्ते, राजी हो जावै और ओ 'के पूछने पे, वो ये बता देवें कि उसके गाम की आड़ी जाने वाली सड़क कौनसी है।

नान्या ने सोचा कि वो, अब इनसे ही तपास कर लेगा, कि वो, अपने गाम लई के जाने वाली मोटर में, काँ से चढी सकेगा... ? नान्या ने, दोनों छोरों की आड़ी, कुछ गौर से निगेह डाल के देखा—ओ 'के लगा कि एक तो, खच्चित नान्या की ही, उमर का लग रहा है—अने, दूसरा समझ लो कि उससे थोड़ाक जादे बड़ा लग रहा था। मनेकि बोन्दू की बिरोबर का। वे दोई, बँगले के फाटक के, एकदम सामने खड़े थे। नान्या, ये देख के दंग ही रै गया कि ल्लो उनके कने, कैसे अने कित्ते, नवे-नवे जूते हैं, नवे-नवे कपड़े और नवे-नवे बस्ते भी। दोनोंई का रंग, इत्ता गोरा-गट्ट था कि दादी होती तो देख के बोलती—'ओ बई, इत्तो-इत्तो गोरो कि उणके दीया से भी लू लागी जाय। निहाल बई, उणके देखी के तो, तड़को भी तै करे कि उणपे हूँ पड़ूँ... कि नी ?' शायद से येई होंगे, जो भणने से बन गये होंगे, राजे-बेटे। पेलाँ ऐसे नी रहे होंगे। ओके जैसे लगते होंगे।

बँगले के फाटक के पास, एक मुछाड़िया मनख था, चिट्ठीरसा काका के मुजब, खाकी रंग का कपड़ा पेन्हे, जो ये समै, बागुर की बेल में, झारे से पानी दे रहा था। उन दोनों बच्चों को देख के, अचानक नान्या के मन के माँय, मड़मड़ा के उठ आई, एक बरबण्डी इच्छा। हौ, कि ओ 'के पास भी, आ जाये, इनके सरीखे, ऐसेई नवा-नवा जूता,नवा-नवा कपड़ा और नवा नवा बस्ता। पर, ऐसी इच्छा के उठते ही, नान्या एकदमै-से चेत गया। ऊ के याद आ गई, दादी की बताई गई, वो जुगत कि ऐसी घड़ी में वो, अपनी कमीज के खीसे में, सेरी से उठा के, एक काँकरा रख ले। नान्या ने, जराक भी देर नी लगई। वो, तुरत ही झुका और ओने खटाकदनी से, सड़क से एक काँकरा उठाके, अपने कमीज के खीसे में रख लिया, जो सड़क की गिट्टी थी।

उठाने के तुरतै बाद ही, नान्या को याद आया कि ऊके मन में तो, दो-तीन इच्छा एक'ई साँते उठ अई हैं—मनेकि, नवा-नवा जूता की, नवा-नवा कपड़ा और नवा-नवा बस्ता की भी। हौ, तीन-तीन। ओने, बिना कोई चूक करे, दो काँकरी और उठई और उनको भी अपने खीसे में धर ली।

तभी, हरी बागुर के भीतर वाँ पे, पौधों को झारे से पानी देता वो मनख, फटाफट, तेजी से चलता हुआ, नान्या के कने आया और फाटक खोल के हड़का के बोला—'अबे ओ छोकरे, अभी नीचे झुक के, क्या चीज उठाई रे, तूने... ! ऐं... ? निकाल तो अपनी जेब से बाहर... ।'

नान्या तो सुन के, नेंठूई गूँगा गनेस बण गया। जबकि, वो कहना चाहता था कि काँ उठाई,ओने कोई चीज... ? वो तो खाली-माली काँकरी होण है। नान्या ने, धुकधुकाते मन से, अपने काँपते हाथ से अपनी कमीज के खीसे से, वो तीनई काँकरी होण के, बाहर निकाला तो उस मनख ने, ओ के हाथ से तीनो'ई काँकरी छीनी, और दन्नाके दूर फेंक दी। फिर, अपन गीले हाथ से ओ'की कनपटी पर कसके, एक ऐसा झापड़ा मारा, कि नान्या के दिमाग की तो तनन-भट्ट हो गई। चारी आड़ी तारे ही तारे चिलकणे लाग गये, आँख के नीचे। कन्धे से ओका झोला, तो कोई पिराणे भर की छेटी पे जा के गिरा...और वो तो खाली धकड़िया ही खाके रह गया। सँभलता नी तो समझो कि औंधे मूँ ही गिर पड़ता। नान्या ने देखा कि ऊके बान्दरे-बान्दरी, झोले से हिट के बाहर, सड़क पे फिंका गये हैं। ओके, ये घड़ी में, समझ में ही नी आया कि एकदमै से, ये क्या हो गया... ? ऐसी कौन कसूरी कर दी, ओ'ने...बिना बात की... ?

'तो साले... ! तू ही वोई हरामी है, जिसने कल खिड़की पर, गिट्टी फेंक के, बँगले का काँच तोड़ दिया था...ऐं... ?' बाद उसने, नान्या को, एक और झापटा मार के, पीठ में भी दो-तीन जोर के घमूके जमा दिये। फिर मार हड़का के बोला—'देख, भाग यहाँ से...कमीने... ! अब आगे से इस सड़क पर मुझे, तू कहीं दिख भी गया न, तो ये जान ले कि मैं तेरी टाँगें तोड़ के, तेरे हाथ में रख दूँगा...समझे...हरामी कहीं के... !'

नान्या की तो जैसे, वाचा ही चली गई। न चीख निकली, न रुलाई ही आयी। खाली, ऊकी पूरी कनपटी झनझना रही थी। और पीठ में घमूके की मार से, सुभे-सुभे के, बिना बकरी के दूध वाले, खाली-पेट वाली छाती के भीतर से, डुच्चा जैसा उठ रहा था। आँखों के आगे तो हरे-नीले-पीले तैरते तारों की, तादाद बढ़ गई थी। नान्या के वास्ते, मुस्किल ये हो गई थी कि वो, अब काँ और कँई आड़ी जावै... ?

'अबे, स्साले...हरामी ! ढीठ जैसा खड़ा-खड़ा, मेरे तरफ क्या देख रहा है... ? आँख हेड़ लूँगा तेरी...कबर-बिज्जू...भग यहा से... !' उस मनख ने, फिर दुतकार के बोला। और, इसी बीच उस मनख की निगेह, झोले से निकल के, दूर जा पड़े, ऊके बान्दरे-बान्दरी पर गई तो वो गुस्सा के बढ़ा और ऊने, नान्या के बान्दरे-बान्दरी पर, कचकची खाके, अपना मोटा जूता रक्खा और उनको मसल दिये। बोलता जा रहा

था—'ये स्साले, कचरे बीनने वाले लौण्डे...भौतई हरामी होते हैं...ये आँख बचा के, बँगले में चोरी भी कर लेते हैं।'

नान्या की आँखों से, टपाटप मोटे-मोटे आँसू...लड़ की तरेह झरने लगे। ओने सोचा, दादी की उनी छबीली छोरी की बात में, काँकरे की जिगे, फूल धरणे की जुगत होती तो नज-मजे का रैहता। वो 'इच्छा' को दबाने के वास्ते, फाटक के पास, बेल से झड़ के गिरा, कोई फूल उठाके, खीसे में धरता और मन में, मड़मड़ी खाके उठती इच्छा को दबा लेता। पे, ये सोच'के नान्या और भी ज्यादे डर गया कि तब तो, ये मरकण्डा मनख, ऊकपे, फूल चुराने का इल्जाम लगाता और चोरी के जुरम में पोलिस को पकड़वा देता।

येई, बीच अचानक से, एक छोटीक-सी मोटर अई, तो वो दोई छोरे तो, वो में बैठ के, येज्जा-वोज्जा हो गये। नान्या को, ये देख के, फूट-फूट के रुलाई आने लगी, कि वोई दोई छोरों में से, कोई एक भी, ऊ'के आड़ी भीड़ पे बोलने नी आया।

नान्या, धीरे-धीरे सड़क के किनारे-किनारे चलता हुआ, वो बँगले से दूर आ गया। इस समै ऊके कालजे में, दादी और बड़े'बा की याद बुरी तरेह उठ आयी। सच्ची ओके बड़े'बा, ऐ बखत में, याँ पे होते तो वे, पिन्नाटे में भरके, ये मनख की तो गलगच्ची ही दे देते। और कहते—'अरे कुतरे के गरू...! तूने मेरे नान्या पे हाथ उठाया...ऐं...? ल्ले तेरा हाथ, अबै मैं, गोड़ से उखाड़ देता हूँ...अबे तू सेरगाम का लालूसींग है, तो ल्ले...तेरे को मार-मार के मैं, अपणे गाम का कालूसींग बणा देता हूँ, तूने, मेरे नान्या पर, हाथ उठाणे की हिम्मत ज कैसी करी...?'

पर, क्या करे वो, बड़े'बा याँ पे जो नी है। पर, ओ'ने अब ये तै कर लिया था कि अब वो, इसी बखत गाम आड़ी चल धरेगा। ओ के, कलेजे के जनेकि, भौतई माँय से, जोर की रुलाई ऐसी फूटी कि मन हुआ कि वो, अपने बड़े'बा को, इत्ती ताकत से गला खोल के हेला पाड़े, कि बद्दलों की पोपड़ी फोड़ के, अक्कास का पेट में भी चीरो पटकती, गड़गड़ा जावै, ओ की हेला पाड़वा की आवाज। गाम में भी सुणी लै, बड़े'बा और दादी कि उनको नान्यो हेला क्यों पाड़ी रियो है?

तभी, सड़क की ओ'ई आड़ी से, कोई मोटर के आने की आवाज आने लगी तो नान्या ने देखा, शायद से ये, वोई मोटर है और उधर के कोई मनख को, टिक्कट काटने के बाद, बिठाड़ के ला रही है। ओ'ने, मने-मन तै कर लिया कि वो, अबै हाथ ऊँच्चा करके, इसारा करेगा, जैसाकि दायजी ने, कल येई मोटर पे, चढ़ती बखत किया था। फिर, ओ'के संका हुई कि क्योंकि वो, कोई दायजी या बड़े'बा इत्ता तो ऊँच्चा तो है नी कि मोटर हाँकणे-वाला मनख, ओ'के हाथ हिलाता देख ले और मोटर रोक के, उसे बिठाड़ ले। न कहो कि वो, मोटर को हाँकता हुआ, सीधा-सट्ट ही निकल जावै।

ये, जोखम को भाँपने के बाद, नान्या के दिमाग में, एकदमै एक जुगत आई कि मोटर जब बँगला के सामने आवेगी तो फटाक-दनी से, वो दौड़ लगा के, ओ'के

सामने खड़ा हो जावेगा। और ये बात तो पक्की है कि मोटर हाँकणे वाला वो मनख, ऊ'के तुरत ही पिचाण लेगा, क्योंकि ओ'ने कल, ऊके 'जै-रामजी की' आक्खी दो कावा, जो बोल दी थी। बोन्दू कह नी रहा था क्या? कि 'जै-रामजी की' बोल दो तो, मोटर हाँकणे वाला मनख, अपन को मुफत में ई, मोटर में बिठाड़ लेता है।

मोटर भर्राटा करती, तेजी से नान्या की तरफे ही चली आ रही थी।

नान्या ने, मने-मन पक्की तैयारी कर ली थी कि वो, मोटर के सामने, बीच सड़क के जाकर खड़ा हो जावेगा, फिर तो दारी की मोटर को तो, रुकना ही पड़ेगा। ये बखत, नान्या के रोम-रोम में तो थरथरी, अब ये बात को सोच के भरती जा रही थी, कि वो, मोटर पे चढ़ा कि बस अपने बड़े'बा और दादी के पास वापिस गाम पोहँचा। दादी तो, ओ को देख के, मार खुशी के गलतान हो जायेगी—'अरे ओ निहाल बई...! घर में कँई करी रई हो...अरे, बई तम बाहर अई के तो देखो...देखो तो, अपणो नान्यो अई गयो...।'

मोटर, अपनी तेज गति से, ओके के सामने की, उस सड़क को रौंदती हुई, दौड़ी चली आ रही थी और नान्या तो अब पूरी तरेह से, तैयार था कि वो ऊके रोकने के वास्ते, मोटर के सामने एकदमै-से दौड़ के खड़ा हो जावैगा। फिर तो मोटर हाँकणे वाला, वो मनख, ऊ के पिचाण के मोटर को रोक के, तुरत ही चढ़ा लैवेगा। अरे, ये तो वोई, कल वाला नान्या है। वो भी मोटर के सिढ़ाव से ही, मोटर हाँकणे-वाले मनख को, जोर की जै-रामजी की बोल देगा...ताकि टिक्कट काटने वाली, झँझट ही नी रहैगी।

मोटर, जैसेई उसके पास आई, नान्या ने, अपनी तै पाई, मुस्तैद दौड़ मार दी। पर, दौड़ने के बाद क्या हुआ...? मोटर हाँकणे वाला वो मनख, ओ'के पिचाण पाया कि नी...? मोटर रुकी कि नी...? वो सिढ़ाव पे चढ़ते ही, लगे हाथ मोटर हाँकणे वाले को, जै-रामजी की बोल पाया कि नी...? ये सब बात का पता, अब नान्या को नी था। खाली, ओके बस येई भान हो रहा था, कि वो गाम में पोहँच के, दादी की गोद के माँय, अपना माथा रख के सोया हुआ है। नान्या के कान में, कुच्छ भी सुनाई नी दे रहा था। ऊके, ये बखत तो, कोई की भी आवाज, सुनाई ही नी दे रही थी। ना पिन्नाटे में आके, वो मरकण्डे मनख को हेड़ देने वाले बड़े'बा की, ना दादी की, और ना ही उसके दोस्त बोन्दू और भूरिया की। माँ, दायजी और नानकी की तो बेल्कुल ज नी। अने, उन ढोल-ढमाके की भी नी, जिकी, दादी ने गाड़ी में, बैठवा के बखत बोली थी, जो ऊके गाम में बापिस आने पे, बजने वाले थे। नान्या के तो, ये घड़ी में पूरी तरेह, खाली इत्त'ई भान में था, कि दादी, ओ'के माथे के बालों में, गते-गत अपना हाथ फिरा रही है।

अब, नान्या के, कोई चिन्ता नी थी कि दादी का हाथ फिराणे से, ओ'का माथा का बाल की पाटी बिगड़ जावैगी। नान्या तो, धीरप से, दादी को खाली, ऐक'ई पछतऊ बात बोलना चाह रहा था—'दादी...! म्हारे तो नींद अई री है...पर, म्हारी नींद भूरिया जैसी काँ है, जो...? ऐं...

✿✿✿